「現成公按《げんじょうこうあん》」を現成する

『正法眼蔵』を開く鍵

奥村正博
宮川敬之 訳

春秋社

「現成公按」を現成する――『正法眼蔵』を開く鍵

目次

凡例

一　本書は Shohaku Okumura *"Realizing Genjōkōan——The Key To Dōgen's Shōbōgenzō"* Wisdom Publications, 2010. の全訳である。

二　（　）は原註、〔　〕は原文日本語あるいは漢語、〈　〉は訳註および出典を示した。

三　原著で英訳のみ挙げられている引用箇所について、本書では、道元禅師の著作また禅関係の著作については原文も挙げ、対照できるようにした。その際、原文が漢文の箇所は書き下して表記した。

四　章末にある［付記］は、原著者が本書において新たに付したものである。

五　原著では、序のあとに原著者による「現成公按」巻の英訳テキストが挙げられているが、本書では巻末に付した。

六　原著の、Taigen Dan Leighton 師による Foreword、Appendix1: 英訳版『般若心経』、Appendix2: 英訳版『正法眼蔵』「摩訶般若波羅蜜」巻、Appendix3: Dōgen's Life, from *Eihei Dōgen——Mystical Realist* by Hee-Jin Kim、および Glossary については割愛した。

七　本書は、原著者の通読を受けて改訂・修正を行ったものであり、したがって原著の改訂・決定版という側面をあわせ持つ。

「現成公按」を現成する——『正法眼蔵』を開く鍵

序

「現成公按《げんじょうこうあん》」巻は、道元禅師《どうげんぜんじ》（一二〇〇～一二五三）の『正法眼蔵《しょうぼうげんぞう》』のなかで、もっともよく知られた巻の一つです。この巻は初めて道元禅師の教えを学ぶ人達には最良のテキストであり、この巻を理解することは、菩薩行《ぼさつぎょう》としての坐禅と日々の実践の理解を深めていくために、きわめて重要です。

哲学的あるいは知的な研究だけで禅を理解するのには限界があるので、道元禅師は、禅修行の核となる日々の行いについての手引き書をいくつもお書きになりました。坐禅の坐り方について『普勧坐禅儀《ふかんざぜんぎ》（広く勧める坐禅の教え）』を書かれ、坐禅堂での正式な食事の仕方を修行者に教えるものとして『赴粥飯法《ふしゅくはんぽう》（食事をすることの法《ダルマ》）』を書かれました。また道元禅師は、禅寺の台所で働く時の心得も『典座教訓《てんぞきょうくん》（料理長への教え）』として遺されました。これらの著作には、毎日の生活のあらゆる側面のいちいちの行為についての具体的な教えが含まれており、また人生全般についてもどういう態度を保つべきかが示されています。これらの教えは、もともと、昔の禅寺の修行僧たちにむけて書かれたものですが、道元禅師の著述は、現代社会における僧侶ではない修行者の生活にとっても、同じように生き生きとした適切な教えであるのです。

「現成公按」巻は、『正法眼蔵』の最初の巻であり、道元禅師は、前述のような多くの具体的な教示を支える哲学的な原理を明らかにされています。「現成公按」巻は、すべてのことに対して菩薩行として取り組むべきであるという道元禅師の哲学を、精密な、かつ具体的な書き方で示しているのです。

「現成公按」巻は、道元禅師の著述のうちでもっとも広く読まれており、また基礎的なテキストであるにもかかわらず、理解するにはきわめて難解なテキストでもあります。仏教の教えを簡潔に説明するというよりも、詩的で精密な言葉を使って、ご自身の深い洞察と経験から生まれた理解を、綴っておられるからです。日本では『正法眼蔵』は曹洞禅の禅匠達によって書かれた註解書を手がかりにして研究されてきたのですが、これらの解説はしばしば原文と同じくらい難解なものでした。結局のところは、解説を読んでどれほど多くの有益な知識が得られたとしても、一方では、道元禅師の著述を、自分自身の坐禅と日々の修行の経験を助けとして読まなければなりません。これが、私が「現成公按」巻を理解してきた方法であり、みなさんとここで共有しようとしている読み方です。ですからどうぞ、私の言葉を額面通りに受け取らないでいただきたいと思います。つまり、このテキストをご自分の経験と修行によって参究していただきたいのです。仏法《ブッダ・ダルマ》はそのようにして何代にもわたって伝えられてきたからです。

さて、「現成公按」の参究に入る前に、私がなぜこの本を書くに至ったか、そしてこの本がどのように世に出ることになったかを、お話ししておきたいと思います。

私は、内山興正《うちやまこうしょう》老師の最初の著作である『自己』〈柏樹社、一九六五年〉を、この著が刊行された一九六五年の秋に読みました。大阪と京都のあいだの茨木市に住む十七歳の高校生でした。読むとすぐに内山老師の生き方に非常に興味がひかれ弟子になりたいと思いました。しかしその時には、その理由をはっきりとわかっているわけではありませんでした。内山老師の教えに触れた結果として、内山老師の生き方の源となった、曹洞宗《そうとうしゅう》の開祖である道元禅師について知りたいと思いました。

　当時の私の智慧と知識の宝庫であった公立高校の小さな図書室には、特定の宗教教育が公立の教育現場では禁じられていたためでしょうが、あいにく道元禅師の著作も、また道元禅師についての本もほとんどありませんでした。見つけたのは、「岩波文庫」に入っている『正法眼蔵《しょうぼうげんぞう》』と『正法眼蔵随聞記《ずいもんき》』でした。しかし、簡単な方のテキストである『随聞記』ですら、高校生が読むのには難しすぎました。というのも『随聞記』は、当然ながら、たくさんの仏教と禅の用語が用いられた十三世紀の日本語で書かれていたからです。道元禅師の著作を読解しようとすることは、あるいは、アメリカの一高校生がチョーサー〈Geoffrey Chaucer 一三四三?～一四〇〇〉を読んでみようとすることと、近かったかもしれません。

　道元禅師について書かれた本は、たった一冊だけ見つけました。その本には短い伝記と『正法眼蔵』「辦道話《べんどうわ》〈全心の修行についての講話〉」、「現成公按（生命実物を実現する）[1]」巻、そして「生死《しょうじ》（生と死）」巻についての著者の解説がついていました。なんの仏教知識も持っていなかった高校生には、現代日本語で書かれたこの解説すら難しかったのです。この本で読んだことを、ほとんどなにも理解できませんでした。しかしながら、道元禅師の文章の美しさ、特に「現成公按」巻の美しさには感動を覚えていました。その文章はほとんど詩のように思われたので、「現成公按」巻の全文をノートに書き写したりしました。「現成公按」巻の冒頭で道元禅師は、仏法《ブッダ・ダルマ》・仏道《ブッダ・ウェイ》、さとり《リアライゼイション》と迷い《デリュージョン》、修行《プラクティス》と悟り《エンライトメント》〈これらの用語については第九章参照〉、そして生と死とを論じていますが、そういったことは私の理解を超えたことがらでした。十代の多くの人々と同じように、自分を詩人だと思っていましたので（坐禅を始めてからは詩を書くことを辞めてしまいましたが）、このテキストの後半部、特に鳥が大空を飛び、魚が大海を泳いでいる道元禅師のイメージの詩的な美しさだけは味わうことができました。

理解できた、しかも深く影響された文章は、次のような箇所でした。「そのようであるから、海全体、空全体を知り尽くしてからでなければ、泳ごうとしない魚、飛ぼうとしない鳥がいるならば、それらは道も場所も見つけることはできないだろう。〔しかあるを、水をきわめ、そらをきわめてのち、水・そらをゆかんと擬《ぎ》する鳥魚あらんは、水にもそらにも、みちをうべからず、ところをうべからず〕」。この本の第十一章に書いていますが、私は本当に、泳ぐ前に大海を理解したいと願う魚、あるいは飛ぶ前に飛ばなければならない理由を知りたいと思う鳥のようだったのです。「現成公按」巻のなかで理解できたのはただこの箇所だけだったのですが、しかしこの一文はまず実際に「何かをはじめなければならない」ということを教えてくれました。それで一九六八年に、ブッダや道元禅師の教えを学ぶため、駒澤大学に入学しました。大学では、真剣に坐禅を修行する何人かの方々にお会いして、一緒に坐りはじめました。そののち、一九六九年一月に、京都にあった安泰寺《あんたいじ》に行き、五日間の「接心《せっしん》」――一定期間集中して坐る、禅における伝統的な修行期間――に参加しました。

それから二年もたたない一九七〇年十二月八日、二十二歳の時に私は「得度《とくど》」を受けて、正式に内山老師の弟子となったのです。得度式の翌日、老師は私にこう言われました。「昨日の得度式の前に、君のお父さんから、息子をどうぞよろしくお願いしますと頼まれた。けれども、私は君の世話をすることはできない。もし君が私の弟子になりたいと思うなら、君は自分の足で、私が歩いている方向へ歩いてこなければならない」。これが、仏法の大海をいかに泳ぐかということについて、初めて師匠から直接に受けた導きでした。

その折にはまだ大学生でしたが、大学をやめて安泰寺で修行したいと思っていました。しかし老師は学業を全うするようにと言われましたので駒澤大学に戻り、一九七二年の春卒業したあとで、すぐ安泰寺で修行を始めました。安泰寺には内山老師が引退される一九七五年まで安居《あんご》しました。老師が引退されようとされるその年の二月に、私は老師から嗣法《ダルマ・トランスミッション》〈仏法の正式な後継者となる儀式〉を受けました。その後、曹洞宗の教師資格を取るために瑞応寺《ずいおうじ》で六か月の修行を行い、それからパイオニア・バレー禅堂で修行生活を送るため、マサチューセッツへと旅立ちました。バレー禅堂では五年間を過ごし、内山老師のやりかたの只管打坐《しかんたざ》――ただ坐るだけ――の坐禅修行を勤めました。二十代を通じてこのような厳しい修行実践を続けることが出来たことを、この上なく幸運であったと思っています。

三十代になって、バレー禅堂での激しい労働によって身体を痛めてしまったので、私は日本に帰らざるをえなくなりました。一九八一年のことです。京都に帰ると、師匠から、道元禅師の教えを英語に翻訳するようにと勧められました。坐禅を実践し、翻訳を続け、その翻訳を使って道元禅師のお教えをいろいろな国々から来る人々と勉強できる場所をつくるように、望んでおられたのです。私は内山老師の録音された「提唱《ていしょう》」――師の公式な場での禅の教え――を繰り返し聞き、またときには、京都の近くの宇治にあったお住まいを訪ねました。一九八四年から一九九二年のあいだ、宗仙寺《そうせんじ》の細川祐葆《ほそかわゆうほう》師の御助力をいただいて京都曹洞禅センターの活動をしました。このあいだにも月に五日の接心を行い、そして欧米圏出身の修行者の手助けを得て五冊の翻訳書を世に出しました〈巻末著作リスト参照〉。そのようにして三十代に自分のライフ・ワークを見つけることができたのです。坐禅をし、翻訳をし、勉強をする、ということによって、私は師の生涯を通しての誓願、すなわち、坐禅の実践を次の世代に伝え、現代の読者が実践できるような正法のテキストを世に出す、という願いをどのように継承していくのか、そのやりかたを見つけました。三十五歳で結婚をすると私は今や、仏法の大海を、なによりもまず自分の家族と、そして西洋の人々とともに、泳ぐことになったのです。

四十代には布教師《ふきょうし》として再びアメリカで修行を行うこととなりました。Minnesota Zen Meditation Center（ミネソタ禅瞑想センター）の創立者である片桐大忍《かたぎりだいにん》老師が一九九〇年に逝去されたあとを受けて、ＭＺＭＣで教えるため一九九三年にはミネアポリスに引っ越しました。一九九六年まで臨時の主任教師として指導し、さらに一年、非常勤の講師として教えました。ＭＺＭＣの仏教研究プログラムの一部として幸運にも片桐老師の高弟の方々と「現成公按」巻の勉強会を続けることになりました。この勉強会には、スティーブ・ヘイガン師、浄円《じょうえん》・スナイダー・オニール師、マイケル・オニール氏、ノーム・ランドルフ師、瑞光《ずいこう》・レディング師、そしてカレン・スンナ師がいました。スウェーデンからはステン・バルネコー氏が、ミネソタ滞在のあいだに参加してくれました。本書で使っている「現成公按」巻の英訳は、この勉強会の成果です。

ＭＺＭＣでの主任教師の期間を勤め上げた一九九六年に、私はアメリカの禅修行者の助けを得て Sanshin Zen Community（三心禅コミュニティー）を組織し、希望に燃えて、新たな禅修行センターに適した場所を探し始めました。しかしこの探索は延期されることになります。というのは、日本曹洞宗が新たに創設した Soto Zen Education Center（曹洞禅北アメリカ開教センター、現名は Soto Zen Buddhism International Center 曹洞宗国際センター）の所長として、一九九七年の夏にカリフォルニアに引っ越さなければならなくなったからです。開教センターはロサンジェルスの禅宗寺《ぜんしゅうじ》に事務所がありましたので、そこでおよそ一年にわたって、月例で「現成公按」巻の講義をすることとなりました。一九九九年にセンターはサンフランシスコに移転したのですが、私は所長業務の一環として、アメリカ国内のさまざまな禅センターを訪れて多くの修行者と坐禅を行じ、道元禅師の教えをともに学びました。そのように五十代では、仏法の海に泳ぐ範囲は非常に大きくなり、カリフォルニアからニューイングランドまで、さらにアラスカからフロリダまで広がりました。

二〇〇三年に三心禅コミュニティセンター三心寺を創設し、インディアナ州ブルーミントンに移転しました。現在は曹洞宗国際センターの非常勤所長を兼務しています。三心寺を開いてから、十人以上の方々が弟子となり、多くの在家の修行者も一緒に、内山老師より学んだ坐禅の実践を行ってくれています。道元禅師の教えに基づくこのシンプルでなおかつ無限の深さをもつ修行生活を支えてくれる方々が、一緒に只管打坐を行じてくれていることに、深く感謝をしています。こうした修行者のみなさんがいなければ、仏法の海を泳ぎ続けることはできなかったと思います。

今年、ちょうど六十歳になりました。内山老師の著作『自己』を読んで老師の弟子になりたいとはじめて願ってから、四十年以上が経ちました。この生涯の大部分を、たった一つこの坐禅という泳ぎ方だけで、果てしのない仏法の大海を泳いできました。そこには、どのような鳥の飛んだ跡も、どのような魚の泳いだ跡も、なに一つ遺っていません。のろまな泳ぎ手ですが、自分がこの大海を泳ぎ続けて来られたということに幸運を感じ、師匠や法友や私の坐禅を支えてくれる友人すべてにこの上なく感謝をしています。さらに数え切れない方々に支えていただいて、私はこの狭いながらも果てのない道を進み続けることができました。例えば日本で托鉢《たくはつ》をしていたころ、数千もの方々の惜しみないお布施のおかげで、坐禅と翻訳を続けることができたのです。この托鉢僧に布施をして下さった方々は、私が誰で、どのように生きているのかなどということを知ることなく、支えて下さいました。それらの人たちから支えていただかなければ修行を続けることはできなかったでしょう。

本書の中心をなしている講義は、北アメリカ開教センターで録音されたものです。それを、智光《ちこう》・コロナ師にテープ起こしをしていただきました。智光師は当時、長年にわたって禅宗寺の主任開教師と北アメリカ開教総監《そうかん》をお勤めになられた山下顕光《やましたけんこう》老師のお弟子でした（師のご逝去の後、彼女は私の弟子となりました）。さらにセンターの機関誌『Dharma Eye 法眼』に、「現成公按」巻についての文章を連載しました。智光・コロナ師、広心《こうしん》・スティーブ・ケリー師、大岳《だいがく》・ルメー師の各師が私の日本語英語を立派な英語に直してくれました。この作業は数年続きました。

こうして集められた文章を、別の弟子である正龍《しょうりゅう》・ブラドレー師が単行本にするため、校訂作業に数年を費やしてくれました。モリー・ホワイトヘッド氏は親切にも彼女の時間を割いて原稿全体を通読して、より読みやすくするために多くの有用な提案をくれました。ストーン・クリーク禅センターの慈照《じしょう》・ワーナー師からも多くの有用な提案をいただきました。ウィズダム出版のジョシュ・バトック氏は、助言・手助け、そして激励をくださいました。深く感謝します。また、曹洞宗宗務庁様と曹洞宗国際センター様は、この素材をアメリカの出版社から刊行することを許可してくださいました。こちらにも深く感謝いたします。

今尾栄仁《いまおえいじ》氏には、果てしのない時間と空間を泳いでいるイワナが描かれている絵を表紙に使用する許可を頂いたことを特に感謝いたします。初めて氏の、魚が泳いでいる絵を拝見して以来、この絵が道元禅師の「現成公按」巻のイメージとして私の脳裏に刻まれました。この美しい絵は、本書で私が書き記したあらゆる言葉とも相まって、道元禅師の言葉の深い意味を運んでくれるものと信じています。

道元禅師が教えられた仏法と修行実践を敬愛する思い、その思いに根ざしたこれらの人々の惜しみない助力・助言・ご苦労がなければ、本書が、東洋と西洋の多くの修行者が明らかにしてきた、真実の相依生起〈2〉の生命実物を表明するものという現行のすがたに発展することは、できなかったでしょう。

最後に二十五年にわたって私と子供たちを絶え間なく支えてきてくれた妻の優子に感謝したいと思います。娘の葉子は二十一歳になり、また息子の正樹は、私が内山老師の著書に出逢った歳と同じ十七歳になりました。子供たちが、この果てしない大海を泳ぐ自分だけの個性的な生き方を見つけられるようにと願っています。

第一章　道元禅師の生涯と「現成公按」巻の重要性

道元禅師は西暦一二〇〇年に、京都にお生まれになりました。上流階級に生まれられ、父親の源通親《みなもとのみちちか》は内大臣であり、また摂政であった藤原基房《ふじわらのもとふさ》は母方の祖父だといわれています。父親は二歳の時に、また母親は七歳の時に逝去されたといわれています。母親の死に促されて無常を感じ、自ら仏教僧侶となろうと決心されたということです。十三歳のとき、当時の二大仏教宗派の一つであった天台宗、比叡山の延暦寺で出家されました。しかし比叡山での修行に不満を覚えるようになり、十七歳で比叡山を出てしまわれます。道元禅師が修行道場を出たその理由の一つとしてあげられるのは、参学中に立ち上がってきたある重要な疑問に対して、満足する答えを与えてくれる指導者がいなかったからといわれています。

伝記によれば、道元禅師の疑問とは主に仏性についての大乗仏教の教えに関連しており、それはまた当時の天台宗の教えにおいて特に重要なものでした。それは「本覚法門《ほんがくほうもん》（もともとの悟りの教えの門）」といい、天台宗の教えなのですが、それによればすべての生物と無生物とが、仏性《ブッダ・ネイチャー》を持っているがゆえにすでに悟りを得た仏《ブッダ》であると教えるものでした。しかし道元禅師は、もしすべてのものがすでに悟ったブッダであるのなら、ブッダたちみなが道を求め修行を行う心を奮い立たせるその必要がなぜあるのか、ということを疑問に思われたのです。インドでも中国でもまた他の国々においても、仏教の伝統においては、修行とはつねに非常に困難なものです。しかしもしも生まれつき悟っているのなら、すばらしい資質を備えた古代の祖師たちが、なぜ悟りを得るためにあのように厳しい修行をしなければならなかったのでしょうか。われわれすべてのものがもしすでにブッダであるなら、なぜわれわれは仏教を学び、修行の困難に耐えなければならないのでしょうか。

これこそが道元禅師が十代の頃より懐いた大きな疑問なのであり、禅師は後年にこの答えを見つけるまで、問い続けられたのでした。

道元禅師は多くの仏教の宗匠を訪れられましたが、誰も満足のいく答えを与えてくれませんでした。しかし伝統的記述によれば、訪れた宗匠の一人である公胤僧正《こういんそうじょう》（一一四五～一二一六）が、この深い問いに対して、ただ禅の修行によってのみその答えを得る事ができると告げたのでした。公胤はさらに道元禅師を激励して、当時、正統な禅修行の本場と考えられていた中国に行くようにも勧めました。公胤の勧めに従って、道元禅師は十七歳のときに比叡山にある天台の僧院を出て、一二〇二年に創建され、日本の最初の禅院である建仁寺《けんにんじ》の僧団に入られました。建仁寺を開いたのは中国から日本に臨済禅を初めて伝えた栄西《えいさい（ようさい）》禅師《ぜんじ》（一一四一～一二一五）でした。道元禅師が建仁寺で修行を始められたときには、栄西はすでに亡くなっていたので、彼の直弟子である明《みょう》全《ぜん》（一一八四～一二二五）について修行されることになりました。それは七年間、道元禅師が二十三歳まで続きました。

当時、禅は日本には新しいものでしたので、中国の正統な禅を学ぼうと、道元禅師は明全とともに一二二三年に中国へ留学されます。中国で二十七歳までの五年間学ばれましたが、残念なことに、道元禅師の最初の師である明全は、日本に帰ることなく亡くなってしまうのです。

中国に着いた当初は、道元禅師は天童山僧堂《てんどうざんそうどう》にて、住職である臨済禅の祖師、無際了派《むさいりょうは》（一一四九～一二二四）

の指導のもと修行をされました。了派が翌年に亡くなると、道元禅師は天童山僧堂を出て多くの他の僧院を訪れます。われわれが知る限り、この間に訪れたのはすべて、当時の中国禅において大変に流行していた臨済宗の伝統に属する禅匠方でした。つまり、道元禅師が禅修行を始めた最初の十年間は、臨済宗の伝統において修行されていたということです。しかし道元禅師は、これらの禅匠たちのあいだには、自分の正師となる人はいないと感じておられました。そこで正師を探すことを諦め、失意のなか日本に帰ろうとされたちょうどその時、道元禅師は天童山僧堂に、ある偉大な禅匠が住職に任命されたことをお聞きになります。一二二五年の夏、道元禅師は天童山僧堂に戻り、そこで天童如浄禅師《てんどうにょじょう》（一一六三〜一二二八）にお会いします。そして、この初めてお会いしたそのときに、この方こそ何年もかかって探していた正師であるということを知られたのでした。この幸運な出会いの同じ月に、道元禅師の最初の禅の師匠である明全は天童山僧堂で亡くなってしまいました。道元禅師は如浄禅師のもとで二年間修行を続け、如浄禅師から曹洞宗の法統の嗣法《ダルマ・トランスミッション》をお受けになったあと、一二二七年に帰国されます。

道元禅師は日本帰国後、再び建仁寺にて修行されました。しかし一二三〇年には建仁寺を出てしまわれます。それは、臨済宗のスタイルでは、独自のやりかたでの修行や指導が許されなかったからですし、また道元禅師自身も、建仁寺の修行者たちは栄西が創建した当時の禅の純粋な精神を喪ってしまっているように感じられていたからです。建仁寺を出られたのち、道元禅師は京都郊外深草《ふかくさ》にあった小さな庵《いおり》で数年間、たった一人で修行をして過ごされました。

すべての人々に坐禅修行を勧めるという誓願を持ち続けて、道元禅師は帰国直後の一二二七年に『普勧坐禅儀《ふかんざぜんぎ》』を著されました。『普勧坐禅儀』は坐禅の本質的な意義と坐ることの実践的な指導とが示された一篇です。庵に住んでから三年後、三十一歳の道元禅師は『辦道話《べんどうわ》（全心の修行についての講話）』を書かれ、仏教の教えにおける坐禅修行について十八の問答をお示しになりました。

一二三三年は道元禅師にとってきわめて重要で、しかも生産的な年となりました。ともに修行を行いたいと人々が次第に集まりだし、ついにその年に道元禅師は自分の叢林《そうりん》である興聖寺《こうしょうじ》を開かれたのです。この年にはまた、『普勧坐禅儀』を浄書されました。その本物の手蹟は現在も永平寺に国宝として収められています。興聖寺の最初の安居《あんご》、すなわち夏の修行期間に、道元禅師は『般若心経（マハー・プラジュニャー・パーラミター・フリダヤ・スートラ）』の短い解説として「摩訶般若波羅蜜《まかはんにゃはらみつ》（マハー・プラジュニャー・パーラミター）」巻を書かれました。そして、同じ年のやや後、秋になってから、道元禅師は「現成公按」巻を在家修行者に対してお書きになったのです。

私は、「摩訶般若波羅蜜」巻と「現成公按」巻とを通して、道元禅師はご自身の仏教教説の基本的理解を表明されていると思っています。道元禅師にとって坐禅を修行されることとは、「摩訶般若波羅蜜（大いなる完成された智慧）」を実践することなのであり、「現成公按」巻でその思想を詩的に表されているのです。私の英訳がその詩的な響きを移しているか自信はないのですが、原文の日本語の「現成公按」巻は美しいものです。

道元禅師は興聖寺で、僧団が越前へと移動する一二四三年までの十年間を過ごし、それから越前で大仏寺《だいぶつじ》（のちに永平寺と改名されました）を一二四四年に開かれます。越前の山奥で僧団を確立するためにさらに十年間修行実践に励み、一二五三年に亡くなるまで多くの著述を書き記されました。「現成公按」巻の後書き（奥書《おくがき》）には、一二五二年に「現成公按」巻を編集したとありますが、その年とは建長四年にあたり、道元禅師がお亡くなりになるまさに前年です。この「編集《コンパイル》（日本語では「拾勒《じゅうろく》」）」という用語の意味するところは、学者によって異なっています。学者のなかには、この用語は道元禅師が「現成公按」巻を『正法眼蔵』の冒頭に据えたということを意味している、と解釈する人もいます。いずれにせよ、一二五二年に道元禅師は「現成公按」巻を書き直されたと思われ、それはもともと禅師が若い頃に書き記されたものを、『正法眼蔵』の最初の章に置いたものでした。『正法眼蔵』には、数で言えば十二巻本から九十五巻本まで、いくつかの異本《いほん》が存在します。伝統的には七十五巻本が道元禅師自ら編集されたものであり、十二巻本を、追加編集のために七十五巻ののちに記されたものと考える学者もいます。徳川時代（一六〇三〜一八六八）の曹洞宗の学者が、さらにいくつかの巻を発見し、他の既存の巻とともに九十五巻本として出版しました。今日では、あるグループの学者たちが考えるのには、道元禅師はご自分の七十五巻本『正法眼蔵』では満足できず、全て書き直して百巻にするご予定であったとの説もあります。彼らの考えによれば、道元禅師が生前に完成することができたのは、十二巻本だけであった、とのことです〈3〉。

［付記］

（1）原著では、道元禅師の父親は内大臣であった源通親、母親は摂政であった藤原基房の娘であり、通親は道元禅師が二歳の時に、母親は七歳の時に逝去されたと述べました。これは面山瑞方《めんざんずいほう》（一六八三〜一七六九）『訂補建撕記《ていほけんぜいき》』（一七五四年）に書かれ、大久保道舟《おおくぼどうしゅう》『道元禅師伝の研究』（一九六六年）で確認されたとする説に従ったものです。しかし最近の研究によると、禅師の父親は通親の次男の通具《みちとも》であるとの説が定説に近くなっています。その場合、道元禅師の父親は禅師が中国から帰国する一二二七年まで存命していることになり、禅師が幼年時代に両親を亡くし孤児になったというイメージは、変わってきます。ただし母親が藤原基房の娘で一二〇七年に亡くなったという説は、今も支持されています。

（2）道元禅師の年齢は、日本では数え年で書かれることが多いですが、原著では西洋の年齢の数え方にあわせて、満年齢を使っています。

（3）天台本覚法門についての疑問を起こして比叡山を去られたということは、道元禅師の伝記に書いてあることで、禅師がご自分でそのように明記されている訳ではありません。とはいえ、後年書かれた「現成公按」巻やその他の御文章を読んでみると、正確にその通りの疑問を持たれたのかどうかわからないながらも、「なぜ修行しなければならないのか」ということが禅師のお心の奥深くにあったことは、確かだと思います。その頃の日本仏教では、本覚法門のように、すべての衆生は本来仏なのだから修行は必要ないという考えと、浄土教のように、末法の時代には、いくら修行しても悟りは得られない、阿弥陀如来の他力を信じ、すがるほかはない、という教えが世間に満ちていたからです。それに対する道元禅師の「修証《しゅしょう》一如《いちにょ》」という考えは、修行しなければいけないし、修行すれば証果はすでに修行の中にある、来世を待つまでもないということでした。

（4）原著では、深草閑居の間、道元禅師は一人で過ごされていたと書きましたが、如浄禅師の会下《えか》で禅師の同門であった寂円《じゃくえん》（一二〇七～一二九九）が一二二八年に来日しているので、少なくとも二人で住まわれていたと思われます。

第二章　「現成公按」の意味

「現成公按」「公按現成」という四字熟語として、あるいはひらがなも交えた「現成せる公按」「現成これ公按」などの表現は、『正法眼蔵』、特に七十五巻本の中で、何度も使われているものです。「現成」という日本語だけならば六十三もの巻において三百回以上も使用されています。「現成」という用語の意味するところを理解することは、「公按」の意味を理解することとともに、道元禅師の『正法眼蔵』における教えを学ぶうえで、たいへん重要であるということです。

中国の文字《チャイニーズ・キャラクター》、あるいはむしろ日本語の「漢字」として知られている体系においては、「genjōkōan」という言葉は「現成公案」と書かれます。「gen 現」は「to appear あらわれる」「to show up 姿を現す」「to be in the present moment 現時点に存在する」ということを意味します。なにか見えなかったものがいま見えるようになった場合の単語として使われます。「shutugen 出現」がその例で、雲に隠れていた月があらわれた場合や、家のなかにいた人が外にあらわれた場合に使われます（to come out 出、to appear 現）。また、「present time 今の時間」という意味で「genzai 現在」、「present moment 現時点」という意味で「gendai 現代」と使われます。つまり「gen」とは、なにか潜在的なものが顕在化するというようなあらわれのことであり、現実化することであるといえます。「jō 成」

は、日本語では「to become なること」「to complete 達成すること」「to accomplish 完遂すること」を意味します。それで動詞としては「genjō 現成」するという熟語は、「to manifest あきらかにする」「to actualize 実現する」「to appear and become 生起してなにかになる」という意味を持ちます。名詞としては、現時点、現実に起こっている現実のできごとを指す用語です。一方「kōan」という言葉の意味については、解説がより難しくなります。

日本語の「kōan」と読まれる漢字には、「公案」と「公按」という二種類の書き方があります。あとで考察しますが、これらの二つの書き方に区別をつけるべきかどうかは議論の分かれるところです。そうではありますが、どちらにしろ「kōan」は、禅においてたいへん有名な言葉です。「kōan」による修行は、特に臨済禅の伝統において重要な意義を持っています。臨済禅のやりかたによれば、弟子たちは、真理、禅の教え、あるいは悟りの表現とみなされている中国の祖師方の古い逸話や発言を使って、修行を行うのです。こうした、禅匠たちから修行を行うための実践的な問題集として「kōan」が弟子たちに与えられ始めたのは、中国の宋代（十一〜十三世紀）以来であり、以降ずっと使われてきたものでした。日本臨済宗の禅匠たち、とりわけ白隠《はくいん》禅師（一六八二〜一七六八）はこの「kōan」のシステムを発展させ、さらにのちに鈴木大拙によって、西洋社会に紹介されました。こうした言葉の使用例においては、「kōan」は真理と問題の意味をどちらも持っています。この意味での漢字として通常使われるのが「公案」です。

「公案」はまた通常には、「公府《こうふ》の案牘《あんとく》」の略語として、政府の役所の机に置かれた公的な文書のことを指す言葉として理解されてきました。古代中国ではこうした文書は皇帝によって定められた法律のことを指すもので、そのような法律は変えられるものでもなく、疑問を挟めるようなものでもなくて、さらに国民全員に適用されるものでした。中国の皇帝は絶対的権力を持っており、臣下は皇帝のいかなる勅令に対しても、いかなる状況下においても信奉することが求められました。禅の伝統においては、人々は公案の逸話や発言に、あたかも政府の文書のように、変えることのできない、権威あるなにかが表されていると考えてきたのです。このようにして禅の公案は、変えることのできない真理や悟りを表現したものであると受け取られてきました。

「公案」における「kō 公」とは「to be public おおやけであること」を意味します。この意味において「おおやけであること」とは、「to equalize inequality 不平等を平等にする」ことを意味しますが、この平等性は、古代中国の政府の役所としての職務に関連しています。住民のうちの争議を取り扱う場合に、政府の役所では関係者を公平に考慮し、その問題について公正で偏りのない解決を行うように務めなければならないからです。なにかを「おおやけにする」こととは、この意味で、なにかを平等に取り扱うということを意味しています。すなわち「公」とは、広い意味で、この無秩序で差別的な世界において起こりうる不正と不平等の状況に対して、それを平等にするという意味を持っているということです。

前述したように、漢字では「kōan」は二通りに書かれますが、その二つの綴りの違いとは、「an（案か按か）」についてでした。道元禅師の『正法眼蔵』原文では、「kōan」という言葉に通常使われる文字ではなく、より一般的でない漢字「公按」が使われています。つまり、臨済宗の「公案の修行」に使われる漢字「案」ではなくて、「按」の字を使っているということです。あまり一般的に使われない「按」の文字は、「案」と同じく「an」と発音するのですが、よく観察してみると、両方とも同じ「安」の文字をそれぞれの部分に持っているということがわかります。しかし、「案」のもともとの意味は「机」のことであるので、通常使われる「案」には、樹木や材木を意味する「木」の部分が含まれているのです。そのために「案」とは、考え、読み書きする場所である机のことを言い、また同じ「案」が机に置かれた書類や文書のことを指す言葉としても使われるのです。一方もう一つの「按」、道元禅師が「公按」として使っている言葉は、手を意味する漢字の部首「扌」を含んでいて、文字通りの意味では、「to press 圧する」とか「to push with a hand or a finger 手や指で押す」という意味を持ちます。例を挙げれば、マッサージは日本語では「an-ma 按摩」と言います。このように「按」は文字通りの意味では、「to push 押す」「to press 圧す」「to massage for healing 治療のためにマッサージをする」という意味を持つのです。広い意味では、「按」は、マッサージが身体を治療し元の健全な状態に戻すように、「なにか故障してしまったものを直すための研究をする」ということを意味します。

では、なぜ道元禅師が「kōan」に別の漢字を充てたのかという問題に移りましょう。『正法眼蔵』では、道元禅師は「kōan」の「an」に「按」を使っていますが、日本語でわれわれが解釈する場合には、この「kōan」に充てた二つの違った漢字である「公案」も「公按」も、同じ言葉として解釈することが許されています。『禅學大辞典』（大修館書店）のような禅の辞書においてすら、この二つに何の区別も与えていません。そのため、道元禅師がこの両者の意味に区別を行われたかどうかは、議論の分かれるところです。とはいえ、「現成公按」巻の最も古い注釈書である詮慧《せんね》（生没年不詳、詳しくは後述）の解説の冒頭では、詮慧と彼の弟子の経豪《きょうごう》（生没年不詳）とが、漢字「按」に基づいて「kōan」を定義づけています。すなわち、「公とはおおやけになることで、不平等を平等にするということ。按は自分の分際を守ること〔平ならざるを平にするを名づけて公といい、分を守るを名づけて按という〕」〈原漢『正法眼蔵註解全書』第一巻一八三頁、日本仏書刊行会、一九五六年〉と。

詮慧の「kōan」の定義のしかたは重要です。というのも、彼は道元禅師のもとで長年生活し、修行してきた道元禅師の直弟子だからです。道元禅師の侍者《じしゃ》（個人的な随行者）となったこともあり、道元禅師の正式な説法を集めた『永平広録《えいへいこうろく》』（道元禅師の広く集められた語録）』の第九巻と第十巻を編集しました。道元禅師の死後、京都に永興寺《ようこうじ》を開き、弟子である経豪とともに七十五巻本『正法眼蔵』の最初の注釈書を書きます。詮慧と経豪の注は通常は『御聴書抄《おききがきしょう》』とも、あるいは単純に『御抄《ごしょう》』とも呼ばれます。『御抄』は、徳川時代（十七世紀）以来、七十五巻本『正法眼蔵』のもっとも信頼できる注釈とされてきました。そうしたことで私たちは、詮慧の「公按」に対する定義を、道元禅師自身が意図したことと近いものと考えてよいと結論付けることができます。

詮慧が「按」に対して「自分の分際を守る」ことだと定義づけたのは、道元禅師の時代の人々には非常に重要な意味を持っています。当時の日本社会に属する個人は、みな自分の職業に基づいて異なった責任を持っていました。天皇、大臣、上流階級の役人、下流階級の役人、商人、農民、学者、そしてそれ以外のすべての人々にそれぞれの社会的持ち場があったのです。現代社会では、そのような固定した身分や階層は否定的にしか見られませんが、「自分の持ち場の分際を守る」こととは、自らの社会における立場を認識し、その立場での義務と責任を果たすということです。それはまた他の人々とは違った個人の特殊性ということでもあります。それは私たちみなが、自分を独自な存在にするユニークな特色や能力を持っていると自らが認めることであり、さらに、この人生において自分を他人と取り替えることができない、ということです。この意味において、「自分の分際を守る」ということは、独自な「個人として生きる」ということも意味しているのです。

このように「公按」を読んだ場合、「公按」にはすべてのものの平等性（公）と、個々のものの唯一性や個別性（按）との両方の意味が述べられていることがわかります。つまり、「公」と「按」とは互いに正反対のことばだということです。『御抄』では「公按とは正法眼蔵そのものである〔公按とは今の正法眼蔵を云也〕」〈原漢 同一八四頁〉と言われています。「正法眼蔵」ということばの意味は、「正しい法の眼の宝庫《トゥルー・ダルマ・アイ・トレジャリー》」であり、この「宝庫」は禅の伝統では、シャカムニ・ブッダから代々の祖師方に伝えられてきたものと言われています。言い換えれば「正法眼蔵」とは、「すべての存在の真の生命実物《リアリティー》」と単純に言ってもよいものです。そのようにして『御抄』によれば、「公按」ということばは、平等性（すべての存在の世界性・単一性・一体性）と非平等性（差違・唯一性・特殊性・個別性）とが交差する私たちの生の生命実物《リアリティー》のありようを表現しているのです。生命実物あるいは「空」とは、統一と差違の両方を含むものとしてあります。

「空」について説明するのに、私はよく手の例を使っています。手は全体として一つの手とも言えますが、また五本の指の集まりとも言えます。五本の指の集まりとしては、指の一本一本は独立しており、それぞれ異なった形と機能とを備えています。小指と親指とを取り替えることはできません。なぜなら、小指と親指それぞれがそれぞれの機能と形と、存在として独自のありようをしているからです。親指は小指とまったく同じように機能することはできず、また小指も親指のように機能することはできません。それぞれの指は真に独立しているのです。しかしながら、一つの手という観点から見るならば、五本の指は共同して働き、それぞれに分かれているわけではありません。指をこの統一されたありようで見るならば、それぞれの指は真に一つの手としてあるわけです。どの指も、手から切り離されると、「指」であることもできないのです。

私たち一人一人も同じように見ることができます。私たちは統一的であると同時に個別的です。この統一性と個別性とは、われわれのありようにおける隔絶した二つの側面ではないのに、それぞれが絶対的なありようとしてあります。一つの手は百パーセント一つの手ですし、五本の指は百パーセント五本の指です。この全体的世界は一つの全体的世界で、そのなかに離れたなにものもありません。そして、にもかかわらず、この世界は、一つ一つの個別の存在の集まりでもあります。これらの個々のありようは、同じものではありえません。それらはそれぞれの個別の時間と場所と因果関係の歴史を持っているからです。私たちはこの生命実物を相互に取り替えることはできません。なぜならすべてのものそれぞれが完全に独立しているからです。そして、そうでありながらも、この全体の世界、この全体の宇宙は、初めなき初めから、終わりなき終わりまで、ずっと一つなのです。自分たちにしろ、ほかのなにかにしろ、この統一性から引き離してしまうことはできません。つまり、私たち全てのものは、生命実物として一つの時間と空間を生きているということです。

このようにして、私たちは個々の独立したものの集まりとしての生命実物と、あるいはまた広い区切りのない全体としての生命実物とを、見ることができます。この生命実物の二つの見方があるという事実は、仏教哲学において重要です。大乗仏教哲学においては、人生の生命実物の二つの側面を二つの真実、すなわち絶対的な真実と相対的あるいは世間的な真実と呼んでいます。

たとえば、『般若心経』の「空」では、この世界においてものごとのあいだに何の分離もないという絶対的真実のことが、考えられています。「眼もなく、耳もなく、鼻もなく、舌もなく、手もなく、無もない」というのは、生きているものたちにとっては、この生命実物は、固定した実体としてではなくむしろ作用するものとしてあるということで、それが「空」ということです。生きているものは例外なく、他の多くの存在との相互のつながりを一貫して持ち続けています。私たちは全体で一つの生命を生きているわけです。このようにして、五本の指がただ一つの手であるように、宇宙全体は個々別々のものを含みながら、ただ一つのものです。しかし一方で、眼は眼であり、鼻は鼻であり、舌は舌であり、この私、奥村正博は奥村正博なのです。私はあなたではありませんし、あなたも私ではない。あなたが食べ物を食べても私のお腹は満たされませんし、逆もそうでしょう。禅においては、この二つの生命実物を「sabetu 差別（区別とか不公平という意味）」と「byōdō 平等（公平という意味）」と呼んでいます。一方の側面から見ればすべてのものは違っていて、もう一方の側面から見ればすべては同じです。一つの生命実物を二つの側面から見るこの見方は、禅もその一部に含まれる大乗仏教の基本的な観点なのです。このことは例えば、『般若心経』では「形は空であり、空は形である（色は即ち是れ空なり、空は即ち是れ色なり）」と表現されます。形のように、すべてのものは違っているのですが、これらの形は空なるものです。「空」とはここでは差異がないということを意味していますが、この空が形なのです。このようにして、私たちは、単一性と個別性とが交差し、混じり合ったかたちで一つの生命実物を見ています。

石頭希遷《せきとうきせん》禅師（七〇〇〜七九〇）によって書かれた禅の伝統的詩偈である、『参同契《さんどうかい》（差異と統一のまじわり）』

と呼ばれる有名な一篇のなかで、石頭は、差異と統一の二つの側面から生命実物について叙述をしています。「暗さ」で統一性を表現し「明るさ」で区別性を表現することで、この詩では、生命実物の本質がこの二つの側面が交差しているものであることを述べているのです。「明るさ」が区別性を表現するその理由は、外が明るくなれば、違った形、色、名前、働きをわれわれは見ることになるからです。しかしひとたび真っ暗闇になりますと、それぞれのものは依然として存在するにかかわらず、それらのあいだの区別をすることができません。それがちょうど、統一性という見方からものごとを見た時に、それらの個々の違いを見ることができない、ということと同じだということです。それで光と闇とが一つの生命実物の二つの側面であることが、ちょうど、差異性と統一性とが一つの生命実物の二つの側面であることと同じことになるわけです。この生命実物の見方が仏教と禅の基礎となっているものであり、この見方を理解することこそ、禅文学や仏教哲学の研究の本質に関わることです。

道元禅師はしかし、この一つの生命実物を二つの側面から見るだけでは十分ではないと言われています。私たちはこの二つの側面を、一つの行為によって同時に表現《エクスプレス》すべきであると言われるのです。たとえば『般若心経』では、生命実物の二側面は「形は空であり、空は形である〔色は即ち是れ空なり、空は即ち是れ色なり〕」と表現されています。しかし『正法眼蔵』「摩訶般若波羅蜜」巻では「形は形である。空は空である〔色是色なり、空即空なり〕。」〈『道元禅師全集』第一巻八頁、春秋社、一九九一年〉と書かれています。言い換えれば、私たちが「形が空であり、空は形である」と述べる場合、そこでは、言語の二分法的な性質のために、形と空とは依然として別々のもののままです。二つの別々のものを「即・是」を間に入れることによって、同一のものだと言われているのです。しかしもし、形が真に空であり、空が真に形であるならば、私たちはただ「形は形で、空は空だ」と言えばいいことになります。これはつまり、「形」と呼ぶときに空はすでにそこにあり、また「空」と呼ぶときに形はすでにそこにあるということです。この基本的な点を理解すれば、私たちは「現成公按」巻の最初の三つの文を理解することができます（この点については次章でもっと深く解説します）。

（1）すべての法が仏法である場合に、迷いがあり悟りがあり、修行があり、生と死があり、ブッダたちと衆生がいる。

諸法の仏法なる時節、すなはち迷悟あり、修行あり、生あり、死あり、諸仏あり、衆生あり。

（2）万法が（固定された）自己なしでいる場合、迷いもなくさとりもなく、ブッダたちも衆生もおらず、生もなく死もない。

万法ともにわれにあらざる時節、まどひなく、さとりなく、諸仏なく、衆生なく、生なく、滅なし。

（3）仏道はそもそも豊かさと乏しさ（の二分法）を超越しているので、生ずることがあり、滅することがあり、迷いとさとりがあり、衆生とブッダたちがいる。

仏道もとより豊倹《ほうけん》より跳出《ちょうしゅつ》せるゆえに、生滅《しょうめつ》あり、迷悟あり、生仏《しょうぶつ》あり。

道元禅師の教えに従って参究し、修行をする場合には、この生命実物の二つの側面を単に知的に理解すること以上に、日常の行為において現実に現していくということが重要です。この点が、道元禅師の著述に一貫している、急所であり、また困難なところです。たとえば『典座教訓《てんぞきょうくん》（料理長への教え）』において、道元禅師は「コミュニティーの料理長〔典座《てんぞ》〕となった場合には、その仕事に対して完全な責任を負わなければならない〔中《なか》に就《つ》いて典座の一職《いっしき》は、是れ衆僧《しゅそう》の弁食《べんじき》を掌《つかさど》る」〈原漢『道元禅師全集』第六巻二〜三頁、春秋社、一九八九年〉と言われて、料理の仕事は、個人的な修行であるわけです。しかしこの個人的な修行は、僧堂という集団生活のシステムのなかで一つの機能を持っているために、単なる個人的な活動以上のものとしてもあります。料理長になった場合には、「これは私の修行だから自分の好きなように行ってもいいものだ」とは言えません。なぜなら食事の準備を整える決まったやりかたがあり、使える食材も限定されており、また準備すべき時間も決められているからです。料理長は僧堂全体の修行を保つための食事を準備するわけですから、料理することは、僧堂というコミュニティー全体と料理長個人の両者のための修行になるということです。

このように料理長が個人のための修行と僧堂全体のための修行の両方を実現しなければならないように、私たち全員が、自分の身体と心とを用いて、自分の修行と同時に何らかのコミュニティー全体のための修行を実現することを、その目的としなければならないのです。私たちは自分にこう言い聞かせます。「これは私の修行であり、なんぴとも私のために行ってくれるものでない」と。しかしまた一方でこうも言うのです。「この修行は実際には、自分のためだけのものではなくコミュニティー全体のためなのだ」と。私たちは、コミュニティー全体に対してどのようにすれば最も良い奉仕ができるかということを見つけなければならないのですが、それは自分の行動と責任とを通じて行わなければなりません。一人一人は完全に独立しているのですが、一方では同時に、完全にコミュニティーの一員でもあるということです。それでは、どのようにすれば、ただ一つの行動でもって、この生きていることの両側面を実現できるのでしょうか。このありようこそが、私たちの生において真に基本的な核心なのです。このありようは、すべての存在にとっての真相なのですが、特に、個人的な独立が強調されている今日の社会に生きる私たちにとって重要なことがらです。

もし自分をただ独立した個人であると考え、他人のことを考慮しないということになれば、私たちは他人との協調のうえに生きていくことはできなくなります。かといって、もし個人性を集団よりも価値の低いものと考えれば、それもまた健全な考えではないでしょう。たとえば昔の日本では、家族、流派、集団、そして国々といった社会的単位は、そこに所属している個々の人々よりも重要だと考えられました。お家《いえ》のため、会社のため、お国《くに》のためということが過大に強調されました。これは個人主義とは正反対の一例ですが、一種の集団主義あるいは全体主義であって、極めて不健全なものです。しかしもし個人性だけを大事にして「私は自分のやりたいことは何をしてもいいのだ」と考えれば、それも孤立した利己的なものに陥ります。この二つの極端な考えは、一つの生命実物を誤って見ているという点において、ともに病的なのです。生命実物では、私たちは独立した、唯一無二の個人として生きているとともに、集団全体の一部として、他の人々とも生きているのです。健全であろうとすれば、この真実の両側面のうちに生きていかなければなりません。集団主義にしろ利己主義にしろ、ただ一つの側面だけしか理解せず、それにしたがって生きていくならば、個人の生活も社会全体も病的なものになります。他人とともに生きるためには、ある意味で、自分たちが唯一無二であることを脇に置いておかなくてはならないのです。ブッダの最も重要な教えに、「中道《ザ・ミドル・ウェイ》を見極めるべし」ということがありますが、私たちは極端な利己主義や集団主義を避けて、中道としての生命実物《リアリティー》＝現実のうちに修行していかなければなりません。そしてそうした道は、今ここ、自分自身で見つけ、作り出してゆくほかはないのです。なぜなら、いかなる状況にも動じない中道などは存在しないからです。現実の社会では両極端が常に、流動し変化しているので、その中道もまた動きます。あらゆる状況を観察し、その状況下で最も健全で、最も幸福である方法を探し出すように努力すべきだということです。この点は、仏教と道元禅師の教えの双方において重要な要所なのです。

「現成公按」巻において道元禅師は、生命実物の個別性と世界性とを表現するのに、一つの比喩《ひゆ》を使われています。個別性は水滴一滴に、そして世界性あるいは平等性は月の光に喩えられています。この世界的な月の光は、最小の水滴のなかにも映されている、と道元禅師は言われるのです。これこそがわれわれの生の生命実物です。すなわち、私たちは個別であると同時にまた世界的でもあります。広く限りない月の光はわれわれの生のうちに映っていて、私たちは修行を通じて個別性と世界性の両方の生命実物に目覚め続けることができるのです。生命実物について考える場合、私たちはどちらか極端な一方に傾きがちになります。思考はわれわれの経験、――それが業《カルマ》なのですが――から導き出されます。過去のわれわれの経験から、私たちは生《なま》の生命実物のうち一方のほうがもう一方よりも重要であると考える傾向を持つのであって、全体としての生命実物を見る視界を喪ってしまうのです。坐禅の実践に基礎を置くことによって、日常行うすべての行為一つ一つが、個別性と世界性の交差点としての生命実物において実践し、またそれに目覚めるような機会となります。生命実物を極端な片方のありようから解放することによって、私たちは、生のもっとも生き生きとしたありようである、個別性と世界性とを同時に包含する中道を見つけようと努力します。

私の理解するところでは、この個別性と世界性についての教えこそが、「現成公按」巻の題名の本質だと思います。「現成」は「公按」にほかならず、「公按」は「現成」にほかなりません。そして「現成」は「現在、実際的に生じている生命実物《リアリティー》」を意味し、「公按」は「相対的な真実をも包含した絶対的な真実」あるいは「真の生命実物からのわれわれへの問いかけ」を意味しています。ですから「現成公按」とは「真の生命実物からの問いに、日常の行為における修行実践を通じて答えること」を意味していると言えます。

［付記］

「正法眼蔵」という表現は、もともと釈尊から摩訶《まか》迦葉《かしょう》に伝えられた仏法の名前として、中国禅の歴史の中でつくられたものです。それ以前の仏教では、「清浄法眼《しょうじょうほうげん》」という言葉が使われていました。真実をそのまま見ることのできる、三毒《さんどく》（貪《むさぼり》・瞋《いかり》・痴《おろかさ》）の汚れのない清浄な眼という意味です。初転法輪《しょてんぼうりん》（初めて釈尊が行った説法）で五人の比丘《びく》が釈尊の教えを真実に理解できた時、彼らは「清浄法眼」を得たと言われています。ですから仏教の最初期から使われていた言葉です。「正法眼」も同じ意味です。大乗仏教では、『金剛般若経』に「五眼《ごげん》」という表現が出ています。「肉眼《にくげん》」「天眼《てんげん》」「慧眼《えげん》」「法眼《ほうげん》」「仏眼《ぶつげん》」です〈『般若心経・金剛般若経』一〇八～一〇九頁、岩波文庫、二〇〇一年〉。最初の二つは違いを分別する眼です。慧眼は空、無差別、平等を見る般若の無分別の智慧の眼です。そして法眼は、分別と無分別を同時に見る眼とされています。仏眼は、前の四つが完全に備わった仏の眼です。ですので、「正法眼蔵」は個々の物の独自性を分別し理解する能力と、すべては空で無差別平等だと見る能力との、両方を自由に使えるところから見えてくる諸法の真実のあり方だということができます。

第三章　仏教思想の三つの源泉——「あり、なし、あり」

「現成公按」巻の本文について論じる前に、まずそれぞれの箇所の中心テーマについて簡略にまとめを提示しておきます（節の番号は、英訳の冒頭にカッコ内で示したものです）。

1〜3　道元禅師が理解する仏教教説が総括される。

4　自己と万法（すべての存在とすべてのものごと）との関係によるものとして迷いとさとりが定義される。

5　仏たちは自分自身が仏であるとは知覚せずに、全心《ホールハーティッドリー》で修行している。

6　仏道を学ぶということは自己を学ぶことであり、自己を学ぶということは自己を忘れることである。

7　空間的に、自己と万法との関係として仏法を学ぶことを、舟を漕ぐことと比較する。

8　時間的に、薪と灰のたとえを用い、生と死とが論じられる。

9　個人とさとりの関係性が、水滴一滴と限りない月の光との関係に比較される。

10　修行とは、無数の法の性質について限りなく探求することである。

11　自己と環境との関係が、水中を泳いでいる魚と大空を飛んでいる鳥に比較される。

12　修行がそのままさとりである仏法を歩む時、一つのことに出会ってそのことを理解し、一つの行に出会ってその行を身につけていく。

13　麻谷宝徹《まよくほうてつ》禅師の逸話が語るように、風の性質は常に存在するものではあるが、「風を感じる」には、「扇を使わ」なければならない。

それでは、テキスト冒頭の三つの部分について注意を向けましょう。

（1）すべての法が仏法である場合に、迷いがあり悟りがあり、修行があり、生と死があり、ブッダたちと衆生がいる。

　諸法の仏法なる時節、すなはち迷悟あり、修行あり、生あり、死あり、諸仏あり、衆生あり。

（2）万法が（固定された）自己なしでいる場合、迷いもなくさとりもなく、ブッダたちも衆生もおらず、生もなく死もない。

　万法ともにわれにあらざる時節、まどひなく、さとりなく、諸仏なく、衆生なく、生なく、滅なし。

（3）仏道はそもそも豊かさと乏しさ（の二分法）を超越しているので、生ずることがあり、滅することがあり、迷いとさとりがあり、衆生とブッダたちがいる。

　仏道もとより豊倹《ほうけん》より跳出《ちょうしゅつ》せるゆえに、生滅《しょうめつ》あり、迷悟あり、生仏《しょうぶつ》あり。

これらの「現成公按」巻冒頭の文章は、三つの異なった源泉からの仏教の教えの核心を示したものです。最初の一文はシャカムニ・ブッダの教えを要約しており、二番目の文では『般若心経』から大乗仏教の教えの核心の一つが持ち込まれ、さらに三番目には道元禅師自身の教えが含まれています。

すべての法が仏法である場合――四法印《フォー・ダルマ・シールズ》

四聖諦《フォー・ノーブル・トゥルーシズ》と十二支因縁《トゥウェルヴ・リンクス・オブ・コーゼーション》といった、仏教における基本的な教説は、原因と結果の考えを中心にしています。「現成公按」巻の冒頭の一文が言及するシャカムニ・ブッダの教えの最もよく知られている要約に、四つの法のしるし《フォー・ダルマ・シールズ》（四法印《しほういん》）があります。

日本では、しるし（印）とは判子《スタンプ》のことで、アメリカにおける署名（サイン）のような役割を持っています。そのような印鑑あるいはサインがあれば、その書類や絵画、あるいは書は、特定の個人の作品であることが証明されます。同じように、四法印が含まれていれば、その教えは仏法あるいはブッダの教えであると言うことができます。

四法印の第一は、この世の中のすべてのものは苦《サファリング》を含んでいる（一切皆苦《いっさいかいく》）というものです。二番目は、すべてのものは永遠ではない《インパーマネント》（諸行無常《しょぎょうむじょう》）。三番目は、すべてのものは独立した実在性《インディペンデント・エグジステンス》が欠如して《ラック》おり、また確固たる自己《フィクスト・セルフ》も欠如して《ラック》いる（諸法無我《しょほうむが》）。四番目には涅槃《ニルヴァーナ》とは静寂《トランキリティー》である（涅槃寂静《ねはんじゃくじょう》）ということです。これらは、別々の独立した項目ではなく、組みあわせると、シャカムニ・ブッダから私たちへの、一つのメッセージになります。そのメッセージとは、自分の生を輪廻《サンサーラ》（第一法印）として生きるか、あるいは涅槃《ニルヴァーナ》（第四法印）として生きるかの、二通りに生きることが可能だ、ということです。サンサーラかニルヴァーナか、どちらで生きるかは、「非永続性《インパーマネンス》〔無常〕という現実」（第二法印）と「独立した実在性の欠如《ラック・オブ・インディペンデント・エグジステンス》〔無自性〕」（第三法印）に目覚めるかどうか、という点に掛かっています。

非永続性〔無常〕と独立した実在性の欠如〔無自性〕

まず、第二と第三法印について、すなわち、非永続性〔無常〕と独立した実在性の欠如〔無《む》自性《じしょう》〕について論じましょう。これらの法印は、人間の生の生命実物、そしてすべてのものの生命実物のありよう（諸法実相）を表しています。大乗仏教では、何物も永遠に変わらないものではなく、また独立したものでも、固定された存在でもないという生命実物を、空《エンプティネス》として表現します。初期仏教では「空（シューニヤター）」という表現はいまだ使われませんが、第一と第二の法印は、「空」と同じ事実を指します。空の生命実物を見るならば、私たちは遅かれ早かれ死ななければならないわけですし、われわれのうちに、変化することのない性質などなにものも持ち合わせていないことがわかるわけです。身体も心も、五つの蘊《スカンダ》、すなわち五つの集合体《アグリゲイツ》（形《フォーム》／物質性《マテリアリティー》〔色《しき》〕・知覚《センセーション》〔受《じゅ》〕・感覚《パーセプション》〔想《そう》〕・心理形成《メンタル・フォーメーション》〔行《ぎょう》〕・意識《コンシャスネス》〔識《しき》〕）の集まりにすぎず、それがすべてのものの基本的な構成要素となります。この五蘊《ごうん》自体も、永遠のものでも実体のあるものでもなく、われわれが生まれてきた瞬間より継続して変化してきたものであり、それで人間存在の本質としてなにか恒久的な所有者／操縦士がいるわけではないと、そのようにブッダは教えられました。それにもかかわらず、なぜか、われわれの内に変わることのないなにかがあると見なしてしまうのであって、この思い込みが自分のアイデンティティーの基盤をつくるのです。

私の身体的、心理的状態は、私の子供時代、青年期を通じてずっと変化し続けており、現在の年齢に至るまで変化し続けています。にもかかわらず、なんらかの点で、赤ん坊の時も十代でも、今と同じ人間であったと信じているのです。自分のなかに変わることのないなにかがあって、それはあたかも人が自動車を所有し操作するように、われわれの身体と心を所有し、操作するなにかであると思っています。この変化することのないなにかを、日本語では「我《が》」と言い、サンスクリット語で「アートマン」と言います。英語で「self」とよばれるものとほとんど同義語の「アートマン」の仏教における定義とは、「常一主宰《じょういつしゅさい》」と言われます。「常一主宰」とは、「常である（常）」「単一の（一）」「身体と心との所有者（主）」が、「身体と心とを操縦する（宰）」という意味です。

ブッダの教えでは、アートマンあるいは自己は究極的に存在するものではないと言われています。生きているものあるいは存在するものは、異なった要素の集まりであり、ずっと変わり続けているものだと教えられたのです。われわれの生は他の存在や要素に依拠しているのであり、そのおかげで個人としてこの瞬間に存在できるのです。ですから、もしわれわれが依拠している要素の一つが変化した場合には、それがわれわれの内なるものか外なるものかにかかわらず、われわれもまた変化せざるを得ないのです。このことこそ、実にブッダがわれわれに示された、すべてのものは永遠ではなく、実体的な存在ではない、ということの意味です。このことはわれわれの生の基本とする生命実物のありようなのですが、しかし、それを受け入れることは、なかなか難しいことがらでもあります。

頭だけで、非永続性（無常）と独立した実在性の欠如（無自性）という教えを理解することならば、そんなに難しいことではありません。ですからこれらの教えを聴いた場合に、なるほど確かにその通りだと思うことはできるでしょう。しかしながらもっと深いレベルではおそらく、自分のことは依然として「自分」とし、他人のことは「かれら、それら」あるいは「あなた」として捉えてしまっています。いくつかのレベルで、自分自身に、「私は常に私として存在している」「私は大事な自分というものを持っている」と言ってしまいがちです。例えば、私自身についていえば、「私は仏教の僧侶で、キリスト教の神父や修道士でもイスラム教の法学者でもない。私は日本人で、アメリカ人でも中国人でもない」と言ってしまいます。

もし、自分の内になにか変わらぬものを持っていないと考えた場合は、社会のなかで責任を持って生きるということが、非常に困難になるでしょう。そのため、仏教の教えにあまり親しんでいない人々は、往々にして次のような質問をします。「もし変わることがなく、本質をなす存在というものがないならば、ぼくの過去の行為に責任を持つなんてことは必要なくなるね。だってぼくは過去のぼくとは別の人間になっているんだろう?」。しかし、もちろんのこと、ブッダが「われわれには変わらないアートマン、すなわち本質的な存在性を持たない」と述べたのは、こうした意味ではありません。

この点については、われわれの生と河とがよく似ていることを考えれば、理解の手助けとなります。河の水は刻々と流れ、異なった水が通過して、継続して変化していきます。しかし、河全体として見た時に、河としてのある種の継続性もまた存在しています。たとえばミシシッピ河を例にとりますと、この河は何百万年も前からずっと同じ河であることが知られています。しかしながら、ミシシッピ河に流れている水はいつも異なり、いつも新しいわけですから、実際のところ、たったひとつ、これだけがミシシッピ河だと言えるような固定された存在はないことになります。このことは次の比較ではっきりとわかります。ミシシッピ河の源流はミネソタ北部にあります。そこに行くと、人が跳び越えられるような小さな小川なのだそうです。ところが河口にある、ニューオーリンズでは、海と同じような広大な河となっています。私たちは、このどちらが本当のミシシッピ河であるか、言うことはできません。要するに、これらのうちのあるものをミシシッピ河と呼ばせるものは、状況の問題にすぎないということなのです。実際に、河とは、土地のある形状に流れる大量の水の集まりのことにすぎません。「ミシシッピ河」とは、さまざまな状況と変化し続ける諸要素に与えられた一つの名前にすぎないわけです。同じようにわれわれの生も、状況の集まりにすぎず、変化しない、ミシシッピ河そのものがあるとは言えないのと同様に、変化することのないたったひとつ本当の自分自身などがいるとは言えないのです。赤ん坊の私、十代の私、そして今日の私を、つらぬく変わりのない自分など、いるとは言えません。例えば、私が小学生の頃に、あるいは高校生の頃に、重要に思ったもの、興味を引いたものに対して、現在の私はまったく興味をいだかないように、気持ちも、感情も、価値観もつねに変化しているからです。このことが、すべてのものが永続せず、独立した存在性はない、という教えの意味するところなのです。

そうでありながらも、私たちは依然として、自分たちの生のうちに、ある継続性を認めてしまいますが、それこそが因果性《コーザリティー》であり、この因果性のために、私たちは昨日自分が行ったことがらに責任を持つ必要が生じるのです。この意味において、自己のアイデンティティーが重要になります。実際には、変化しないアイデンティティーなど存在しないにもかかわらず、「私が赤ん坊だった頃……」「私が少年だった頃……」「私が十代だった頃……」というような表現を、依然として使わざるを得ません。われわれの生における変化を語るのに、そしてその変化を意味あるものとして伝えるためには、変化を経験し、自身は変化することのない「私」があるとみなして語らなければならないからです。さもなければ、「変化」ということば自体が、意味をなさなくなってしまうでしょう。しかし仏教哲学によれば、自己自身、あるいは「私」というものは、心によって作り出された概念であり、私たちはいくつかの点における便利さと有用さのために、自己自身なるものを作り上げているのです。私たちは、ためにに、ただの道具、シンボル、しるし、概念でしかない自己自身を、実体化してしまうのです。この道具やシンボルやしるしや概念である自己自身のおかげで、考えること、区別することが可能になり、また、この社会で自己自身というものを、社会において責任をもって生きるためには使わなければならないのですが、しかしその生き、役割を果たすことができます。けれども、自己自身があるというのはわれわれの生の唯一の生命実物ではなく、生命実物の一つの側面にすぎず、社会で他人とともに生きるうえで使われる道具の一つにすぎないのです。

第一法印――すべてのものは苦しみを含んでいる

「すべてのものが苦しみを含んでいる」ということとは、私たちが非永続性〔無常〕と独立した実在性の欠如〔無自性〕という生命実物を認識しなかった場合、苦しんでしまう、ということを意味しています。もし、あたかも恒常的なものであるかのように独立した自己にこだわり、自己中心的な欲望を、生きているうえでの最優先なものとして固執すると、生の全体が苦しみとなります。私たちが経験する肯定されるべきことがらと否定されるべきことがらの両方が、ともに苦しみのサイクルの一部をなしているわけですから、楽しみ、幸福、成功といったことがらについてすらも、「すべてのものが苦しみを含んでいる」という言い方ができるのです。

自己中心的な欲望と、自己が常なるものであるという思いを基礎にして生きる場合には、好きなものに対してはそれを握りしめ、嫌いなものに対してはそれを追いやろうとします。また、一生懸命に努力すれば、自分の生をなにか永久的に好ましいものにできると思うようになります。自分の生に対する「良いもの」をつかみ込み、それが変わらないことを期待します。他人の自我よりも自らの自我をより良いものとすることで、自分の自我を守り、それを価値あるものにし、強力にしていきます。成功し、幸福を感じる場合もあることはありますが、時には失敗し、失望感に陥ることもあります。これが輪廻《サンサーラ》です。サンサーラとは、仏教用語であり、通常は「存在の円環」のことで、地獄界〔地獄道《じごくどう》〕・餓えた霊魂の世界〔餓鬼道《がきどう》〕・動物界〔畜生道《ちくしょうどう》〕・戦う霊魂の世界〔修羅道《しゅらどう》〕・人間界〔人間道《にんげんどう》〕・天上人の世界〔天上道《てんじょうどう》〕の六つの存在領域への転生《トランスミグレーション》すなわち生まれ変わりのことを指しています。

しかしここでは、私はサンサーラを、感情が「上がったり下がったり浮き沈みする」生の性質であると解釈します。つまり天上人のように幸福であることもあれば、次の瞬間には地獄にいる人のように、悲惨のさなかに落ち込むこともあります。自分の自我を守ろうとすることで、終わることのない円環であるサンサーラをわれわれ自身で作り出し、そこに迷い込んでしまうのです。この円環のなかで、時には天上にいるかのように、また時には地獄にいるかのように感じるわけですが、しかしどのような状況でも、永遠に続くものはありません。なぜならすべては常に変化しているからです。このことが転生であり、上がったと思ったら下がり、上がり下がり、上がり下がりして生きているのです。自己中心性に基づいて自分の欲望を満足させることを目的として生きるならば、幸福や楽しみや成功すらも、苦しみの一部となります。すべては常に変化し続け、永続するようなものごとは何一つないのであり、われわれが達成できたどのようなものごとであれ、遅かれ早かれ喪われてしまうからです。どんなに成功しようと、いつかは、死を迎えるまでもなく、すべてと別れなければなりません。つまり、望もうと望まなかろうと、「思いを手放し《オープン・ザ・ハンド・オブ・ソート》」していかなければならないということです。今日、世界の中心であると思って握りしめている、独立した自己という感覚は、いつか必ず毀れてしまうのです。

「open the hand of thought 思いを手放しする」というのは、私の師である内山興正老師の造語で、坐禅において思いを放っていくその過程を述べたものです。私たちは考える場合に、「ものごと」を思考という「手」で握りしめ、そこで作られた概念を実在するかのように信じていきます。坐禅の修行において、私たちがこうした握りしめている思考の手を開くと、概念はわれわれから落っこちてしまいます。

　自分の欲望を満足することができなかった場合、あるいは好ましくないことがらを避けることができなかった場合には、その生は苦痛なものになります。しかし、仮に成功し幸福であるにしても、その幸福や成功は、自分が永続的で独立している存在であるという間違った感覚を中心としてしまっています。ですからこうした喜ばしいことがらも、それが永続的であるように望まれ、われわれの欲望を満たすように望まれて、そのような望みをもとにしている場合には、往々にしてわれわれは、その幸福を支えているすべてのものごとが喪われてしまうことを怖れてしまいます。さらに、他の人々も同じ幸福や成功を欲求するので、人生は他者との競争になってしまいます。もし私が幸福だとすると、他人は同じ幸福を獲得できるよう、私から幸福を奪い取ってしまおうとするでしょう。競争は社会を、一方で幸福な人がいて一方で不幸な人がいるという、戦う霊魂《アスラ》の世界にしてしまうのです。

私はこうしたことが、「すべてのものは苦しみを含んでいる」という教えの意味するところだと思っています。この教えのことばを聞くと、仏教とは悲観的な教えだと感じてしまいがちですが、それはこの場合には当てはまりません。このことばが意味しているのは、われわれの生の肯定的と思われる側面すらも、サンサーラの領域にある以上、すべてが苦しみの円環の一部をなしている、ということなのです。「すべてのもの」とは、すべて、すなわち、苦痛や病気や死だけではなく、楽しみも幸せも成功すらも含んでいる、ということなのです。

第四法印――ニルヴァーナ

ニルヴァーナとは、非永続性〔無常〕と独立した実在性の欠如〔無自性〕という生命実物に目覚め、その目覚めに基づいて生きていく生き方をいいます。それは修行の特殊な段階でもなく、また特別な精神状態のことでもなく、ただ、生命実物に一致させて自らの生を生きるという生き方のことです。真に非永続性〔無常〕と独立した実在性の欠如〔無自性〕とを見つめたときに、なにものも所有することはできないのだと深く理解することができます。永続するなにものもないのですから。生命実物を見つめることは、われわれに、自らの生とその内容物への執著をあきらめるように勧め、生そのものに強制される前に、みずから思いを手放しする機会を与えてくれるのです。こうした観察《シーイング》、受容《アクセプティング》、手放し《レッティング・ゴー》こそが、仏教の修行実践です。

この生命実物を深く理解し、生命実物に一致するように実践を行った場合、われわれはもはや、他人とも、さらに自分自身とも比較する必要がなくなってしまいます。自分自身を他人よりもより重要なものとし、より強力なものであろうとする奮闘をもはや行う必要がなく、なりたい自分になろうと努力する必要ももはやないからです。この目覚めた修行実践こそは、それ自身がニルヴァーナであり、われわれを非永続性〔無常〕と独立した実在性の欠如〔無自性〕の生命実物に落ち着かせてくれるのです。そこにおいてはじめて、より平安に生きることができるのです。

ニルヴァーナは、ＬＳＤのトリップのような非現実的な精神状態なのではなく、あるいは特殊な神がかり状態のような、日常性から離脱している状態なのでもありません。さらにニルヴァーナに入れば苦しみや悲しみを経験しない状態になるわけでもないのです。たとえばブッダは、三十六歳のときにさとりを開かれました。そのときにニルヴァーナに入られたわけですが、その生涯は決して楽なものではありませんでした。例を挙げれば、旅行が困難であった時代にインド中を旅行し、苦痛を経験し、そしてついには亡くなってしまうのです。しかしブッダは自己中心性から自由になっておられたので、厳しい時にも、もはやサンサーラへ転生することはなかったのです。苦痛は単なる苦痛としてあり、喜びは単に喜びとしてありました。ブッダにとっては、それらはもはや苦しみの円環の一部ではなかったということです。ニルヴァーナに入るならば、私たちは肯定的な経験と否定的な経験との両方を、ただ「生命の風景《シーナリー・オブ・ライフ》」として感謝することができるのです。

「scenery of life 生命の風景」というのも、内山老師が坐禅修行の説明に用いた言い方です。老師は次のように言われました。私たちが菩薩の道を選択し、坐禅を修行して、思いを放っているにしろ、依然としてわれわれは人生のすべての局面で、たくさんのまたさまざまな状況に遭遇することになります。それらは苦痛なものもあり、愉しいものもあり、どちらでもないものもあります。しかしこのようなさまざまな状況というのは、ただ人生における風景にすぎず、私たちは出逢う状況に関係なく、働き続け勉強し続けるべきなのであり、そうしてはじめて無数の法（すべての存在やものごと）を参究することができるのです、と。ニルヴァーナのうちでは、私たちはすべての状況を受け入れることができますし、ある意味、それを楽しむことすらできます。とはいえ当然のことですが、そのような受容は、実践についての努力を要求するので、自分をさらに調練するために、また他人の苦しみを助けるために、働かなければならないのです。「この人（すなわちわれわれ自身のことですが）」を世界の中心として握りしめる考えを手放すならば、私たちの生は広がり、心はすべての存在へと開かれるのです。以上がシャカムニ・ブッダの基本的な教説です。

要するに、四法印はブッダの、原因と結果についての基本的なメッセージを含んでいて、道元禅師はこの基本的教説を「現成公按」巻の冒頭の一文で述べているということです。道元禅師が「迷いがあり悟りがあり、修行があり、生と死があり、ブッダたちと衆生がいる」と書かれたときには、個人性と原因・結果の観点から生命実物を見た、そのありようを提示されているのです。

万法が確固とした自己なしでいる場合——大乗仏教

中観派《マーディヤミカ》・瑜伽行派《ヨーガーチャーラ》・如来蔵《タターガタ・ガルバ》

「現成公按」巻の冒頭二番目の文では、ブッダの教えにおけるある哲学的な要点を理解するため、努力を続けた結果発展してきた、生命実物の見方が示されています。大乗仏教は、こうした努力の一つの結果として、紀元前一世紀ごろより始まった思想です。相異なる動きを持った、無数のグループが大乗経典を創り出しました。そのうちに、『マハー・プラジュニャー・スートラ〔般若経〕』、『サッダルマ・プンダリーカ・スートラ〔妙法蓮華経〕』、『アヴァタンサカ・スートラ〔華厳経〕』、浄土教経典、その他の経典も含まれています。

紀元二世紀あるいは三世紀ごろ、大乗仏教の偉大な宗師で、多くの大乗の宗派の開祖と考えられている龍樹《ナーガールジュナ》（一五〇頃～二五〇頃）は、般若経の経典群――このなかでは、歴史的には古いものではありませんが『般若心経』が最もよく知られています――に示された空の教えを基礎として、ある哲学体系を確立しました。ナーガールジュナは、般若経典群の注釈として百巻ある『マハー・プラジュニャー・パーラミター・シャーストラ〔大智度論〕』と、自らの哲学的思考を提示した『ムーラマディヤマカ・カーリカー〔中論〕』の作者でした。中観派《ちゅうがんは》は、『中論』の教説に基づいて四世紀から五世紀にかけて形成され、もう一方の大乗仏教の派である瑜伽《ゆが》行派《ぎょうは》と継続して論争を続けました。

瑜伽行派は、人間の意識を分析し、どのように個人が苦しみを生み出してしまうのかを説明しようとしてきました。無著《アサンガ》（三一〇頃～三九〇頃）と世親《ヴァスバンドゥ》（三二〇頃～四〇〇頃）という瑜伽行派の哲学者たちは、人間の意識は八つの「階層《レイヤー》」によって作られており、それぞれのレイヤーは私たちの存在の深みにあるものと考えました。はじめの五つのレイヤーは、人間の感覚器官が、それぞれ照応する感覚対象に出会う場合におこる現象に関連しています。他の三つについては順序を変えて第八識から見ていきます。瑜伽行派の哲学者によれば、われわれが経験するものごとすべては、最も深い意識であり、経験の種子を「倉庫」のように蓄える、阿頼耶《アーラヤ》識に蓄えられており、それがわれわれのカルマの源泉となるものだ、と考えました。忘れてしまった経験もこの意識階層では「蓄えられて」います。ですからある状況に遭遇すると、こうした種子がアーラヤから出て来てある決まったふるまいをするよう駆り立てるのです。瑜伽行派の哲学者の考えでは、第七識である末那《マナス》識がそこに蓄えられているものを本当の生命実物だと信じこみ、アーラヤに執著します。マナスはこうした種子として貯め込まれた生の経験を「私」であるとつかんでしまいます。第六識である意識《マノウ・ヴィジュニャーナ》は通常の心理的な意識であり、マナスの影響をうけます。こうした深層意識の構造が、われわれの思考がねじ曲げられ、空の生命実物、独立した実在性の欠如〔無自性〕をなぜそのまま見ることができないのか、そしてその結果としてなぜわれわれの生が混乱し、苦しみに満ちてしまうのか、ということの理由となるものです。これが瑜伽行派の基本的な教説です（瑜伽行派は一方で、こうした自己中心主義からどのように離脱するかということも教えるのですが、現在の箇所とあまり関係がないので、ここではそれを論じません）。

また別の大乗仏教哲学である如来蔵《タターガタ・ガルバ》思想では、平凡な人間がいかにして自分の生をサンサーラからニルヴァーナへと変換できるのかということについて、一つの解釈を提出しています。如来蔵の理論では、すべての生き物はブッダの性質《ブッダ・ネイチャー》（仏性）を持っているためにこのことが可能であるというのです。つまりわれわれは誰でも基本的にブッダの子供であるために、生まれつき、自分の真の性質である生命実物に目覚め、ニルヴァーナのうちに生きることができる可能性を持ち合わせている、というわけです。この理論は、現在どれほど迷っているにしろ、もし生々《しょうしょう》世々《せせ》にブッダの教えに従うならば、菩薩の五十二の段階を進んでゆき、いつかブッダのさとりに到達できるという確信を大乗仏教徒が持つことを可能にするものでした。如来蔵の理論を基礎とする学派は発展しなかったのですが、如来蔵思想は大乗仏教において、重要な要素を成しています。たとえば世親の『仏性論（仏性についての理論）』は、中国大乗仏教の形成に深い影響を与えました。

以上のように、中観派の空の教え、瑜伽行派の唯識理論、如来蔵思想の理論を簡単に見てきましたが、これらは、他の大乗学派や大乗思想家と同じように、ブッダが教えた因果の教えのさまざまな論点を説明するため、努力を重ねたその結果、発展してきたものでした。しかしその一方で、こうした過程を通じて、概して言えば大乗仏教運動は、初期仏教の教えとは根本的に異なって見えるものも発展させました。

「現成公按」巻の第二番目の文において、道元禅師は、大乗仏教の根本教説を提示しているので、第一文とははっきりと目立つ違いが示されています。この大乗仏教の本源的な教説は、『般若心経』の基本的主張として示されたものでした。そこで私たちは、少しこのことの検討に進みたいと思います。

『般若心経』

大乗仏教の人々は、『般若心経』をブッダの真の教説だと言っていますが、『般若心経』を不注意に読むと、このお経はブッダの教えを全否定しているのだというような結論に達してしまうかもしれません。

初期仏教の教えでは、世界全体が、形すなわち物質性、感覚、知覚、心理構成、意識という五蘊《ごうん》（五つのまとまり）だけで組み上げられているものだという教説を維持しました。ブッダはこれらの五蘊によってすべての存在を説明したのです。人間にとっては、一番目の蘊である形〔色〕（サンスクリット語・パーリ語：ルーパ）だけが物質についてのまとまりであり、他の四つは心理についてのまとまりです。そのようにブッダの教えでは、人間とはまったく身体と心とだけで組み上げられたもので、霊魂、あるいはアートマンなどといった、身体と心とから離れて存在して基礎をなす本質などというものは、存在しないと教えられました。

しかし『般若心経』の冒頭では、実際に、存在の構成要素であるすべての蘊を否定してしまいます。そこでは、他のものも空であるように、五蘊もまた無いと言われています。この意味で『般若心経』は表現としてはブッダの教説を否定しており、これが、初期仏教と大乗仏教との主要な違いです。

『般若心経』ではまた、「無知もなく、無知が尽きることもなく、老いて死ぬこともなく、老いて死ぬことが尽きることもない〔無明も無く、亦た無明の尽きることも無く、乃至老も死も無く、亦た老と死の尽きることも無し〕」と言います。これは十二支因縁《トゥウェルヴ・リンクス・オブ・コーゼイション》の教説についての言及です。無知《イグノランス》〔無明〕はこの因縁の鎖の第一の原因であり、そして老いて死ぬことは、鎖の最後の結果です。つまりこれは、因縁の最初と最後、さらにその間の十の因縁全部を否定する言明です。とはいえ、ここではまた、これらの因縁が尽きることもないとも言われています。そのように『般若心経』は、十二支因縁が存在するのではないが、しかし消えてしまうこともないと言っているのです。

「苦もなく、原因もなく、止むこともなく、道もない〔苦も集も滅も道も無し〕」。これは、苦しみ、苦しみの原因、苦しみの止滅（ニルヴァーナ）、そしてニルヴァーナへの道の、否定です。つまり四聖諦《フォー・ノーブル・トゥルーシズ》の否定です。この一文から、『般若心経』がシャカムニ・ブッダの教えを表面上否定していることは、明白です。

『般若心経』の制作者たちが、ブッダの教えを否定したいと思ったのならば、自分たちをブッダの後継者などと主張しなかったはずですが、実際には彼らは、後継者を自認していました。そして『般若心経』では、すべてのシャカムニ・ブッダの基本教説の前に「無《ノー》」と付しているにもかかわらず、そこにブッダの真の教えがあると主張しています。だから重要なのは、これらの否定が何を意味しているかを理解することです。こうした否定は、ブッダが教えた自由を実現することを助けるために書かれたのです。それは、執着からの自由です。この場合、実際に展開する生命実物に対応する能力を狭めてしまっている固定概念への固着です。たとえ仏教の教説であってもそれは空なるものなのであり、反論できないような真実であったにせよ、その概念と論理には執着すべきではない、と『般若心経』は言っているのです。

仏道《ザ・ブッダ・ウェイ》——道元禅師の教え

摩訶般若波羅蜜

「現成公按」の第三文は、道元禅師ご自身の、仏教者の修行実践に関する教えが提示されています。仏道としてとらえる道元禅師の伝統的大乗仏教解釈については、禅師の『般若心経』の解釈である『正法眼蔵』第二「摩訶般若波羅蜜」巻を検討することで、学ぶことができます。「摩訶般若波羅蜜」巻と「現成公按」巻は、数か月のうちにそれぞれが書かれていて、両巻は密接につながっています。申し上げましたように、「摩訶般若波羅蜜」

巻では、道元禅師は『般若心経』についての解釈を行うことによって、大乗教説について、ご自分の理解を表現されましたが、「現成公按」巻ではその理解を、独自の詩的な言葉で表現されました。

では最初に「摩訶般若波羅蜜」巻に注目してみましょう。次のようにはじまっています。

アヴァローキテーシュヴァラ〈観世音〉菩薩が、深いプラジュニャー・パーラミター〈般若波羅蜜〉を実践しているとき、五つのあつまり《アグリゲイツ》が空であることをみきわめた全身であった。

観自在菩薩の行深般若波羅蜜多時《ぎょうじんはんにゃはらみったじ》は、渾身《こんじん》の照見五蘊皆空《しょうけんごうんかいくう》なり〈『道元禅師全集』第一巻八頁、春秋社〉。

「aggregates あつまり」とは、蘊《スカンダ》の英訳です。この一文が『般若心経』冒頭の一文の言い換えであることはきわめて明らかです。道元禅師はただ一語、「全身《ホール・ボディー》〈渾身〉」だけを付け加えられました。

五つのあつまりとは、形・知覚・感覚・心理形成・意識であり、これは五つのプラジュニャーである。

五蘊は色《しき》・受《じゅ》・想《そう》・行《ぎょう》・識《しき》なり、五枚の般若なり〈同〉。

『般若心経』ではこれら五蘊は空であると言っていましたが、ここで道元禅師は「五つのプラジュニャー」としてあると言われています。つまり、この五つはそれ自体がプラジュニャー・パーラミター、智慧《ウィズダム》であるということです。

明晰に観ることそれ自体がプラジュニャーである。〈『般若心経』における〉この根本の真実を展開し明らかにすると、「形は空であり、空は形である」とある。形は形以外ではなく、空は空以外ではない。百の草々であり、万のものである。

照見、これ般若なり。この宗旨《しゅうし》の開演現成《かいえんげんじょう》するにいはく、色即是空なり、空即是色なり。色是色《しきぜしき》なり、空即空なり。百草なり、万象《ばんぞう》なり〈同〉。

道元禅師は『般若心経』と違ったことを言われているようにも見えますが、実際にはこのお経の重要な要点を明確にされています。「形は空であり、空は形である（色は即ち是れ空なり、空は即ち是れ色なり）」では、真実の一部分しか捕まえられていないことを、示されているのです。この言い方では「形」と「空」という二つのものがあり、その二つが実は一つだと言われています。しかし、もしこれらの二つが本当に同じものであるならば、「形は空である」と言う必要もありません。「形」それ自体が「空」であるわけですから。「形」というとき、「空」はすでにそこに含まれています。「形は空である」と言うことは、ある意味、必要のない余分ななにかを追加しようとしているか、あるいは分けられないものを分けた後にそれを再び一つにしようとしているということになります。これが、道元禅師が「形は形であり、空は空である」と言って明確にされた理由です。

「形は空であり空は形である」とは、いまだ思考作用の過程にあります。この過程において「形」と「空」とは頭の中で作られた別々の概念として存在しており、その後にこの二つの概念が一つのものであると言われているのです。しかし道元禅師は、われわれの現実的な生における、形と空の生命実物こそを指摘し、この生命実物はただの心理的作用や概念による見方を乗り越えたものである、と指摘されたのです。無数の万物の一つ一つがすなわち形です。すべてのものはそれ自体空です。しかし「すべてのものはそれ自体空である」と述べるときには、私たちは思考を作り出し、（すべてのものと空という）二つの概念をつないでいるわけです。

生命実物についてのこうした概念と思考は、われわれの心理の中で形作られたものです。それこそが、ものごとの空性という実際の生命実物を見ることを不可能にする道筋となるわけです。道元禅師はわれわれに、思考のみに頼って自分の生を生きるべきではないと、注意を喚起されます。思考に依存するのではなく、ただ見て、ただ生きるべきであるとわれわれに強く勧めておられるのです。こうしたやり方によって生きるというのは、われわれが出会う生命実物に対して、かりにそれが真に空であろうとも、それを空であると言わず、ただ見て、ただ体験するということです。それだけです。もし生命実物が真に空であるなら、「これは空である」と言う必要はないのです。道元禅師は、われわれが陥りがちな概念のみの現実よりも、存在するそれぞれの生命実物（諸法実相《しょほうじっそう》）こそに重きを置いておられるのです。真の生命実物とは、われわれが思考の中でいろいろ考えるものではなく、実際に起こっている無数のすべてのものごとなのです。このために道元禅師は次のように言われました。

形は形以外ではなく、空は空以外ではない。百の草々であり、万のものである。

色是色なり、空即空なり。百草なり、万象なり〈同〉。

「百の草々である」「万のものである」とは、「すべてのもの」という意味です。言い換えれば、すべてのものはそれ自体プラジュニャー・パーラミターであるということです。なぜならすべてのものは空であるからです。プラジュニャーは、われわれが獲得し、所有できるような、個人もちの智慧なのではなくて、むしろ、それぞれのものがそれ自身生命実物であり、それ自身プラジュニャー、すなわち智慧である、ということなのです。

十二の感覚の場所は、プラジュニャー・パーラミターの十二の実例である。

般若波羅蜜十二枚、これ十二入なり〈同〉。

「十二の感覚の場所《トゥウェルヴ・センス・フィールズ》」とは、眼・耳・鼻・舌・身体・心理〔眼《げん》・耳《に》・鼻《び》・舌《ぜつ》・身《しん》・意《い》〕と、これらの感覚器官に作用し合う六種の対象のことです。『般若心経』では、これらの十二の場所は存在しないと言いますが、道元禅師はそれに対して、これらはプラジュニャー・パーラミターの十二の実例であると言われているのです。

それから、十八のプラジュニャーの実例がある。眼・耳・鼻・舌・身体・意識、視界・音・匂い・味わい・触感・意識対象、眼・耳・鼻・舌・身体・意識の意識である。

また十八枚の般若あり、眼《げん》・耳《に》・鼻《び》・舌《ぜつ》・身《しん》・意《い》、色《しき》・声《しょう》・香《こう》・味《み》・触《そく》・法《ほう》、および眼・耳・鼻・舌・身・意・識等なり〈同〉。

同じように『般若心経』がこうしたことがらは存在しないというのに対して、道元禅師はこれらは、「非永続的〔無常〕で独立した実在性を欠いている〔無自性〕」のであるから、「空であり」、そのためにまさしくプラジュニャーなのだと言われるのです。すべてはプラジュニャーそのものであるわけです。

それから、プラジュニャーの四つの実例がある。苦痛《サファリング》、その原因《コージズ》、その停止《セッセイション》、（停止への）道《パス》である。

また、プラジュニャーの六つの実例がある。布施《ジェネロシティー》、浄い戒律《ピュア・プリセプト》、安らかな忍耐《カーム・ペイシャンス》、精勤《デリジェンス》、閑かな瞑想《クワイエット・メディテイション》、そして智慧《ウィズダム》である。

また四枚の般若あり、苦《く》・集《しゅう》・滅《めつ》・道《どう》なり。また六枚の般若あり、布施《ふせ》・浄戒《じょうかい》・安忍《あんにん》・精進《しょうじん》・静慮《じょうりょ》・般若《はんにゃ》なり

〈同〉。

ここに挙げられているのは六波羅蜜《シックス・パーラミターズ》です。サンスクリット語の「パーラミター」は、「perfection 完成」「(crossing the river 河を渡って) to reach the other shore 彼の岸へ着くこと」と訳すことができます。後者の翻訳が意味しているのは、菩薩たちは六波羅蜜によって、サンサーラとニルヴァーナとのあいだにある河を、「こちらの岸」を出発して「あちらの岸」に到着することができる、ということなのです。

また一つの般若の実例とは、それ自身が今ここで現れているプラジュニャーである。それは無上《アンサーパッサブル》の、完成《コンプリート》された、完全なる覚り《パーフェクト・アウェイクニング》のことだ。

また一枚の般若波羅蜜、而今《にこん》現成せり、阿耨多羅三藐三菩提《あのくたらさんみゃくさんぼだい》なり〈同〉。

「unsurpassable, complete awakening 無上の、完全な覚り」とは阿耨多羅三藐三菩提《アヌッタラ・サムヤク・サンボーディ》の翻訳です。アヌッタラ〔阿耨多羅〕とは「無上の」あるいは「比較を超えた」という意味、サムヤク〔三藐〕とは「真実」「正解」「純粋」あるいは「正統な」という意味、サンボーディ〔三菩提〕とは「覚る《アウェイクニング》（目覚める）」あるいは「さとる《リアライゼイション》（実現する）」という意味です。これらの熟語によって、菩提樹下でのシャカムニ・ブッダのさとりを示す通称となっています。

また、プラジュニャーの三つの実例がある。過去・現在・未来である。

また般若波羅蜜三枚あり、過去・現在・未来なり〈同〉。

過去、現在、未来（三つの時間、三世《さんぜ》）は、すべてプラジュニャーの実例となります。ここで道元禅師が時間について言われているのは、『般若心経』で「過去・現在・未来のすべてのブッダたちがプラジュニャー・パーラミターに頼っている（三世の諸仏は般若波羅蜜多に依る）」とあるからです。禅師は、これら三つの時間もプラジュニャー・パーラミターであると言われています。「現成公按」巻の第八節で（そして『正法眼蔵』「有時」巻全体においても）、道元禅師は時間の性質について論じ、独特で深い洞察である「時間は存在であり、存在は時間である（時《じ》すでにこれ有《う》なり、有《う》はみな時《じ》なり）」という見解が示されています（道元禅師の時間論については、本書の第八章で論じます）。

そしてまた、プラジュニャーの六つの実例がある。土・水・火・風・空間そして意識である。

また般若六枚あり、地・水・火・風・空・識なり〈同〉。

伝統的な仏教の教説では、これら六つの元素は、すべての存在、物体の構成物とされているものです。「四つの大いなる元素（マハーブータ）（四大）」とは次のようです。第一に土の元素とは、物体を共在させる固体性のこと。人体では、骨が土の元素であると考えられています。第二に水の元素とは、湿度のこと。人体を乾燥から守っている血液や他の液体などが水の元素にあたります。第三に火の元素。人体の温かな熱は、火の元素の一部であると考えられています。第四に風の元素。人体では、この元素のおかげで身体が成長するとされています。第五に空間の元素。大乗仏教がもともとの四元素に付け加えた要素です。他の四元素を存在させる場の元素です。第六には意識の元素です。

また、プラジュニャーの四つの実例がある。歩くこと、立つこと、坐ること、横になることである。

また四枚の般若、よのつねにおこなはる、行《ぎょう》・住《じゅう》・坐《ざ》・臥《が》なり〈同〉。

私たちが行うすべての行為はプラジュニャーなのです。歩くこと、立つこと、坐ること、横になることは、四つの行為（四威儀《しいぎ》）ですが、これらは人体のすべての動きの状況を含んでいます。目的地へ歩くことから、横になって寝ることまでを含むすべての行為が、一日二十四時間ずっと、修行の時間のうちに含まれているというのです。

実際、道元禅師の「摩訶般若波羅蜜」巻を考察するうえで、私たちは『般若心経』とは異なった仏教の表現に出会うわけですが、シャカムニ・ブッダの仏教における根本教説と照らし合わせて見てみますと、『般若心経』の教えと「摩訶般若波羅蜜」巻の教えとはまさしく同じであることがわかります。これらの三つの教えは、表現においては異なり、互いに対立しているように見えますが、述べている生命実物《リアリティー》は同じものです。

初期仏教では、四法印や四聖諦、十二支因縁の教えによってこの生命実物へ光を当てました。これらの教えの最も重要なメッセージとは、私たちが無知と自我への執著から自由になれば、サンサーラの苦しみから、苦しみの停止へ――それがニルヴァーナですが――自分の生を変えることができる、というものです。この変成された生命実物は、八聖道《エイトフォールド・ノーブル・パス》や他の修行実践を遵ずることによって出現すると言われます。

一方『般若心経』のような大乗仏教の教えでは、生命実物についての別の表現が強調されています。プラジュニャーの観点から見た場合、「サンサーラ」「ニルヴァーナ」、「迷い」「さとり」という固定された場所あるいは場面が実在すると考えてしまえば、修行実践が、望ましくないと考える場所や場面からの、逃避にすぎなくなってしまいます。このように考える場合には、われわれは決してサンサーラや迷いから離脱することはできません。なぜなら、サンサーラや迷いから逃げ出そうとすることそのことが、実際にはサンサーラや迷いを生み出してしまうからです。『般若心経』における生命実物の否定的な表現とは、サンサーラから逃避しニルヴァーナに入ろうとする欲望そのものからさえ自由になるための、導きとなるものです。つまり『般若心経』は、サンサーラとニルヴァーナがまさしく同じものである、と教えているのです。

道元禅師は『般若心経』の教えを反転させ、生命実物の積極的表現へと戻されました。五蘊がさとりの障碍となるのではないと言われます。なぜなら、五蘊それ自体は、非永続性〔無常〕と独立した実在性の欠如〔無自性〕を明らかにしているのであって、五蘊がすべての存在の生命実物を表現しているわけなので、プラジュニャーと言えるからです。人が、身体と心が五蘊の集まりであると受け入れること、それこそがプラジュニャーなのであり、道元禅師によれば、そうした身体と心を修行に使っていかなければならず、それは、身体からも心からも逃げ出すわけでもなく、また五蘊からも逃げ出すわけでもない、ということです。

道元禅師の教えの特徴的なテーマとして、「考えるよりも行動こそが修行である」ということがあります。「摩訶般若波羅蜜」巻において、道元禅師は、人生で出くわすすべてをプラジュニャーとして積極的に受け止めるよう、励ましてくださっているのです。

> そのようにして仏聖者《ブッダ・バガヴァット》は、自身がプラジュニャー・パーラミターなのである。プラジュニャー・パーラミターはすべての存在以外のなにものでもない。すべてこれらの存在は、形において空なのであり、起こることも滅することも、汚いこともきれいなことも、増えることも減ることもない。

> しかあればすなはち、仏薄伽梵《ぶつばぎゃぼん》は般若波羅蜜多なり、般若波羅蜜多は是諸法《ぜしょほう》なり。この諸法は空相なり、不生不滅《ふしょうふめつ》

なり、不《ふ》垢《く》不浄《ふじょう》、不増不減なり〈同一二頁〉。

ここで道元禅師はすべての個々の存在は空であるので、プラジュニャー・パーラミターである、と言われています。「良い」「悪い」「汚い」「きれい」「増える」「減る」といった概念に執著してはならないと教えられているのです。無数の法について、それを操作することも把捉することも執著することもしてはならず、ただ、思いの手放しをしなければならないのです。

このプラジュニャー・パーラミターを実現《アクチュアライジング》することは、ブッダ・バガヴァットを出現《アクチュアライジング》させるということである。

この般若波羅蜜多の現成せるは仏薄伽梵の現成せるなり〈同〉。

私たちはこのプラジュニャー・パーラミターを実現すべきであり、この実現とは、ブッダの法体、つまり生命実物そのものの実現です。ここでの「実現《アクチュアライジング》する」という単語は、「現成」の翻訳であり、ここから「摩訶般若波羅蜜」巻と「現成公按」巻との密接な関連を見ることができます。「現成公按（koanを実現《アクチュアライズ》すること）」とは、プラジュニャー・パーラミターを実現すること（すなわち修行して明らかにすること）と同じであり、その意味で、ブッダ・バガヴァットが現れることなのです。

問いかけよ！　修行せよ！　（プラジュニャー・パーラミターに）供養し、礼拝することは、ブッダ・バガヴァットにお仕えし、お世話することである。

問取《もんしゅ》すべし、参取《さんしゅ》すべし。供養礼敬《くようらいぎょう》する、これ仏薄伽梵に奉覲承事《ぶごんしょうじ》するなり〈同〉。

すべてのものがプラジュニャー・パーラミターであるわけですから、すべてのものに対して問いかけをおこすべきなのです。「すべてのものに対して問いかけをおこす」とは、すべてのものそれぞれの生命実物を見ようとするという意味です。言い換えれば、プラジュニャー・パーラミターは生命実物そのものであり、ブッダ・バガヴァットであるわけですから、私たちは生命実物の性質について問いかけ、それとともに修行しなければならない、ということです。非永続性〔無常〕と独立した実在性の欠如〔無自性〕の生命実物、すなわち「空」に対してどのようにわれわれは目覚めればよいのでしょうか。修行と日常生活の一つ一つの場面とにおいて、この生命実物をどのように実現すればよいのでしょうか。これこそまさしく、われわれが問いかけをおこすべきことなのです。

本書で私は、著作を通じて仏教と道元禅師の教えについての私の理解をみなさんにお伝えしていますが、このお伝えしていることがらが、非永続性〔無常〕と独立した実在性の欠如〔無自性〕の表現であるようにと願っています。しかしもし間違って、自分の自己中心的な考えに固執し、自分の考え方を納得してもらうために自分の理解について書き連ねているということになれば、それは到底プラジュニャーの表現などにはならないのです。そうなれば私の伝えていることがらは、ただの自己中心的な欲望を表現したものとなってしまいます。（そうならないように努力していますが、しかし、私が真にプラジュニャーを表現できているかは自信ありません。――ですからどうぞ、私を信用しないでくださいね！）。みなさんは、私が言ったことからまったく自由ですし、みなさんはみなさん自身で、プラジュニャーに問いかけて、プラジュニャーを修行することを行わなければなりません。

「摩訶般若波羅蜜」巻の最終の一文には次のようにあります。

「(すべての存在に) お仕えし、お世話することは、それ自体がブッダ・バガヴァットである〔奉覲承事《ぶごんしょうじ》の仏薄伽梵なり〕〈同〉」。ここで、「すべての存在にお仕えする」というのは、われわれが修行実践のうちで出会うすべてのことがらのことです。私たちが食事を準備するときには、プラジュニャーの表現として料理を行います。水・火などの、料理という仕事の構成要素もみなプラジュニャーです。それらは、人生で出会うすべてがそうであるように、すべてブッダの法《ダルマ》・体《ボディー》です。道元禅師は、われわれに、出会うすべてのものごとを深く尊敬するように教えておられます。プラジュニャーは、坐禅を行じたり法を学んだりすることだけではなく、他のわれわれの修行、行動そのすべてをプラジュニャー・パーラミターの表現として受け取るべきだということです。このことが、道元禅師の教えの本質をなすことがらなのです。

現成公按

ではふたたび「現成公按」巻の冒頭の三つの文にもどりましょう。最初の文で、道元禅師は次のように書かれました。

すべての法が仏法である場合に、迷いがあり悟りがあり、修行があり、生と死があり、ブッダたちと衆生がいる。

諸法の仏法なる時節、すなはち迷悟あり、修行あり、生あり、死あり、諸仏あり、衆生あり。

前述したように、これはシャカムニ・ブッダが教えられたことです。つまり、因果に基づいた法、個別性の観点からの法が示されているわけです。道元禅師は、こうした法に対して、われわれは問いをおこし、理解し、さらに受け入れるようにと言われるのです。第二文は次のようです。

万法が（固定された）自己なしでいる場合、迷いもなくさとりもなく、ブッダたちも衆生もおらず、生もなく死もない。

万法ともにわれにあらざる時節、まどひなく、さとりなく、諸仏なく、衆生なく、生なく、滅なし。

以前に説明しましたように、これは空の教説に基礎をおく『般若心経』の教えであり、絶対的統一性からの見方を示しています。続いて次のように言われます。

仏道はそもそも豊かさと乏しさ（の二分法）を超越しているので、生ずることがあり、滅することがあり、迷いとさとりがあり、衆生とブッダたちがいる。

仏道もとより豊倹より跳出せるゆえに、生滅あり、迷悟あり、生仏あり。

私は、この一文は、仏法についての道元禅師自身の教えを示しているものと考えています。

われわれは通常、豊富さ（ものごとが生起すること、さとること、そしてブッダたち）を追求すべき肯定的なものと考え、乏しさ（ものごとが死滅していくこと、迷い、そして衆生）を避けるべき否定的なものと捉えています。ブッダの教えを、このような常識的な仕方で理解した場合、われわれは、善きものとしてのニルヴァーナへ向かうために、悪しきものとしてのサンサーラから離脱すべきだ、と考えてしまいます。ニルヴァーナを、貧乏な人が一生懸命働いてお金持ちになりたいと思うのと同じような、到達すべき目標の一種であると考えてしまいます。

そして修行実践については、一生懸命働くことが裕福になるための方法であるのと同じように、ニルヴァーナへと到達するための方法であると考えてしまいがちです。

仏教の常識的理解では、無知《イグノランス》〔無明《むみょう》〕が、迷いのなかで生きている生を苦しみに変えてしまうものなので、無知を排除することで、ニルヴァーナへと到達することができる、と考えます。もし、こうした考えを単純に受け止めて、無知と自己中心的な欲望を排除する修行に自分の生涯を捧げた場合、このことが実現不可能であると思い知らされることになります。それは不可能であるばかりではなく、実際にはさらなるサンサーラを生み出してしまうのです。こうしたことが起こるのは、迷いや自己中心性から離脱したいと望む欲望自体が、迷いや自己中心性の原因となってしまうからです。そして、そもそもニルヴァーナとサンサーラがそれぞれ別個に存在する二つのものであるとすることが、基本的な二分法的幻想なのです。ですから、存在の一方の側から離脱してもう片方の側へと向かおうとする欲望が、自己中心性の別の表現となってしまうのです。

真にニルヴァーナにいる場合には、ニルヴァーナとサンサーラが二つの別物なのではないという事実に目覚めています。これこそが大乗仏教で教えるところであり、特に般若経典群は、サンサーラとニルヴァーナが一つであると告げているのです。もし、サンサーラのうちにニルヴァーナを見つけられなければ、ニルヴァーナを見つけることができる場所はありません。もし多事多忙な日常生活のうちに平安を見つけなければ、平安を見つけることができる場所などはないのです。このことこそが『般若心経』がブッダの教えを「否定」した理由です。つまり、思考によって形作られた二分法から、自分自身を解き放とうという意図があるのです。もしブッダの教えを常識、すなわち思考による損得、好き嫌いなどの計算的思考で理解しようとすれば、別種のサンサーラを作り出してしまいます。結局のところ、ニルヴァーナへ到達したいという欲求が日常生活をより困難なものにするので、より以上の苦痛を感じてしまうのです。苦しみを止めてしまいたいという欲求自体が、苦しみのもう一つの原因となってしまうので、『般若心経』では、こうした欲求が起こらないように、否定的な表現でブッダの教えを示したのです。

ニルヴァーナへの欲求からも自由にならなければなりません。しかしもし自己中心的に、頭で計算するやりかたで、こうした大乗仏教の教えを扱ってしまうと、修行の必要などないと結論づけてしまいがちです。自分自身にこう問いかけるでしょう、「もしサンサーラとニルヴァーナが本当に一つのものであるのなら、どうして修行する必要などあるだろうか」。これもまた、大乗仏教の教えを間違って理解したために、間違って導かれてしまったもう一つの考えです。すなわち、生命実物はすべてのものを含んでいて、世界のすべてのものは仏性を持っているわけだから、すべてのものは単純にそのままでよい、という考えであり、そこには何の問題もなく、生きたいように生きるのがニルヴァーナである、それだけだ、というのです。

この考えは、大乗仏教の祖師たちが伝えようとしてきた教えではありません。しかしながら道元禅師の時代の日本では、非常に流行した考えだったのです。そして事実道元禅師ご自身が、このような仏性《ブッダ・ネイチャー》の教えに疑問を呈されたのでした。第一章で説明したように、その疑問とは、「もしすべてのものが仏性を持っているならば、ブッダや祖師たちはどうして菩提心を発して修行する必要などがあったのか。すべての人が修行しなければいけないその理由とはなにか」というものでした。この疑問は、道元禅師の修行と教えが進展するために非常に重要なものでした。

この疑問に対する道元禅師のお答えは、「ただ修行する」ということでした。サンサーラから逃げ出したいからでもなく、ニルヴァーナへ到達したいからでもなく、何のためでもなく今ここで、修行実践を行うということでした。こうした修行においては、ニルヴァーナはまさしくここにあります。もちろんこの修行実践を行っているときに、サンサーラもまたここにあるのです。つまりこの修行においては、この瞬間に、サンサーラとニルヴァーナの両方が現れているということです。

これが「ただ修行する」「ただ坐る」ということの意味です。日本語では、只管打坐の「只管」とは、「ただそれを行う」という意味であり、「サンサーラは嫌だ、だからいつかニルヴァーナへ到達できるよう修行しよう」などと考えずに修行することです。このような目標へ向けられた考え方は、アタマで作り出した物語にすぎません。この物語のなかで修行している限り、決してニルヴァーナへ到達することなどできないのです。思いを手放して、自分が直面しているいかなる場面に対しても、それと相対《あいたい》することによって、真に平安を見いだすことができます。私たちは逃げ出すことも、別のどこかへ行こうとすることも必要ではありません。ただ今、ただここで、全心《マインドフルネス》でもって生きるだけでよいのです。これがサンサーラのただなかでニルヴァーナを生きることのできるその方法です。

「現成公按」巻の最初の二文では、道元禅師は「すべての法（諸法）」と「万法」とを、「仏法」と「自己を固定しないこと」とに同一視されています。しかし第三文においてはただ「仏道」ということばを使用されるだけです。このことに対する解釈のしかたの一つは、次のようです。「仏法」と「自己を固定しないこと」は、それぞれシャカムニ・ブッダの教えと大乗仏教の教えとを言い表しているのですが、一方「仏道」はわれわれの日常生活における修行を言い表しているということです。

この三つの文のうち第一文だけになぜ「修行」ということばを用いているのかと疑問に思うかもしれませんが、注意深く検討してみると、他の二文もまた修行実践について述べているということが明らかになると私は考えます。例えば第二文では、プラジュニャー・パーラミターの観点から述べられているのですが、プラジュニャー・パーラミターと修行は同じことがらです。プラジュニャーとは――修行の結果獲得することができる何かではなく、修行そのもの――であるということが、『般若心経』の冒頭の一文に明らかに示されています。すなわち「アヴァローキテーシュヴァラが深くプラジュニャー・パーラミターを修行した時に、五蘊はすべて空であるということを明らかに見た〔観自在菩薩の般若波羅蜜多を行深せし時、五蘊は皆空なりと照見せり〕」と言われているのです。この一文が言っているのは、修行の実践においてアヴァローキテーシュヴァラの身と心の全体が（つまり五蘊の集まりが）、五蘊を（つまり身と心全体を）空であると見たということであり、つまり、修行のうちでは、身と心とが、身と心自体の空性を見ている、ということです。「現成公按」巻第二文は、プラジュニャー・パーラミターの観点から述べられているのですが、ただ修行することのうちにのみプラジュニャー・パーラミターを実現することができる、と言われています。観自在菩薩《アヴァローキテーシュヴァラ》は、ひとたび「五蘊皆空を照見して一切の苦厄を度して」から後は、般若の修行を止めてしまったとは書かれていません。同じように「現成公按」巻第三文の主題となっているのは「仏道」ですが、これもまた修行することと同じことです。こうした理由で、道元禅師は、第二文にも第三文にも「修行」ということばを使われなかったのですが、同じく修行のことを述べておられるのだと考えます。

日常において全心で修行することこそが、道元禅師の教えのエッセンスでした。道元禅師は、研究者や特権的な修行実践者だけが研究できるような哲学的な体系を築こうとされているわけではなく、当たり前の日々の暮らしのなかで、仏教の教えをどのように修行実践するべきなのかを示したいと願っておられたのです。次に議論するように、道元禅師は「現成公按」巻の第四節において、われわれの日常の修行実践においていかにさとりを実現することができるのかということを説明されます。

［付記］

この章では、「現成公按」巻の最初の三つの文を説明するために、初期仏教と大乗仏教と道元禅師の立場との三つを比較して述べましたが、これはわかりやすくするために仏教思想史を極端に単純化したものです。歴史的に正確に理解するためには、大乗仏教出現以前の仏教については、ブッダの根本仏教と広汎なアビダルマ教学を構築した部派仏教を区別し、大乗仏教が批判したのはブッダの教えではなく、アビダルマの煩瑣哲学だったことを明確にしなければならないと思います。般若経典群やナーガールジュナの哲学の基礎になっている「五蘊は皆空なり」「有に非ず無に非ず中道なり」などの教説は、ブッダの根本仏教の教説が書かれたパーリ経典（ニカーヤ）の中で既に述べられています。アビダルマ教学の中で見失われていたこうした教説を大乗仏教は再発見したのだとも言えます。

第四章　花は散り、草は生える

（4）そのように、花は私たちが愛していても散ってしまい、草は私たちが嫌悪しても生えるのである。私たち自身を動かして修行——さとりを実行させることは、迷いなのだ。すべてのものごとがやってきて、修行——さとりを私に実行させるということがさとりなのである。迷いをしっかりと明らかにするものこそがブッダたちである。さとりについてはなはだしく迷ってしまうものが衆生である。さらにまた、さとりを超えたさとりを得るものもいるし、また迷いにさらに迷うものもいる。

しかもかくのごとくなりといへども、花《はな》は愛惜《あいじゃく》にちり、草《くさ》は棄嫌《きけん》におふるのみなり。自己をはこびて万法を修証《しゅしょう》するを迷《まよい》とす、万法すすみて自己を修証するはさとりなり。迷《めい》を大悟するは諸仏なり、悟《ご》に大迷《だいめい》なるは衆生なり。さらに悟上に得悟する漢あり、迷中又迷《めいちゅううめい》の漢あり。

自己とすべてのものとの交差点にわれわれは生きている

迷いとさとり、衆生とブッダとの関係性を論じるにあたって、道元禅師は、「jiko 自己」すなわち自分と、

「banpo 万法」すなわちすべての存在（ban とは一万、無数、多くの、という意味、po とは存在やものごとの意味です）との関係を論じられています。道元禅師によれば、迷いとさとりとは、ただ、自己と他との関係性にこそ存在するものです。迷いの原因は、心のなかにある固定したもの、もしそれが無くなればさとりに置き換わるようなものではない、ということです。迷いや煩悩はたとえばガン細胞のようなものです。手術してガン細胞を完全に取り除けば健康を完全に回復できるというほど単純なものではないように、迷いや煩悩を取り除けばそれでさとれるというほど単純なものではありません。

「花は私たちが愛していても散ってしまい、草は私たちが嫌悪しても生えるのである」という言葉では、「私たち」とは「自己」を意味し、花や草とは「万法」、すなわち無数のものごとを意味しています。花はただ生長し、咲き、そして散りますし、草もまたただ生長し、繁茂し、しおれていきます。花も草も、生来的に良いも悪いもなく、単に生長し、生きているにすぎません。しかし人間のほうが、ものごととの関係においていつも、中立的にはいられないのです。われわれは花を楽しむがために、花が咲けばそれを愛し、また、草を嫌うがために、草が生えれば不機嫌になるのです。そして花を愛でようとも、花はやはり散って、それを悲しく思い、がっかりします。同じように草については、それがたちまちに生長し広がっていくと、怒りを覚えるのです。

日本のお寺の僧侶にとっては、夏の草取りは大仕事の一つです。草はたちまちに生えてきます！　八月中旬、日本のお寺では、「お盆」の行事があります。お盆は、一週間続く、仏教の年間行事のうちでも最も大きなものの一つです。お盆が始まる前には、お寺の僧侶たちは、庭の草取りをし、お寺のさまざまな建物の掃除をし、この重要なおまつりの準備のため多くの雑用をしなければなりません。暑い中での草取りはこうした仕事のうちの最大のものなのですが、やれやれ終わったと思うと、最初に行ったところにはすでに新しい草が生えて、最初からもう一度やり直さなければならないのです。草はわれわれよりもしぶといものですから、完全に排除することなどできず、私たちは腹が立ったり、情けなくなったりするのです。これはちょうど、迷いとともにあるときには、挫折感を持ったり失望を覚えたりするのと同じです。もし、草取りを頼める人がいて実際に自分で草取りをしなくてもよければ、「客観的に」見ることができて、草を好きとも嫌いとも言わず、「草はただの草だ」と言えることでしょう。しかし、草取りの作業に従事しなければならない場合には、草をただの草だと言うことは、難しいことです。その理由は、生きているあいだ中、人間は自分が人生で出会うすべてのものとの関係性の中だけでしか、存在できないからです。神のように、世界の外側からものごとを観察することはできないのです。

第四節では、道元禅師は自己とすべてのものごととの関係性を論じ、有用で、意味があり、貴重だと思うものは好み、われわれに適当でないものは嫌ったり、無視したりするということを指摘されます。この評価というものは、自己と万法との関係の中だけにあり、そもそもの万法のうちには、こうした二分法などは存在しません。自己とすべてのものごととの出会いの中に、人間の眼から見て、良いと悪い、肯定と否定、正解と間違いが存在するのです。私たちは決して、万法それ自体の姿を見ることはできません。出会うものごとについてわれわれは思考し、名付け、格付けを行い、善か悪か、価値があるかどうか、好きか嫌いかという分類を行ってしまいます。自分が出会うものごとをいかに分類するかということに基づいて、自分で好ましい世界と好ましくない世界を作り上げるので、逆に言えば、私たちは実は自分たちが出会うものごとによってかたち作られているわけです。こうした好きか嫌いかという世界のうちでは、万法を、その実際のすがたで知覚できていないのです。好ましいものごとや嫌いなものごとは実際よりも大きく見えますし、興味のないものごとは小さく、あるいは目の前にあっても見えないままになることもあります。私たちが生きる世界とは、自分自身がどのように万法に出会っているかに基づいて作られた世界です。自分の意識が自分の世界を作り出してしまうことを中止させることはできませんが、われわれの意識が創造する世界が、真の生命実物を反映したものではないということをはっきりと理解することは可能です。このことを理解し、意識内で自作するストーリーと選り好みに対する強固な思い込みから自由になる修行が、「思いの手放し」をするということなのです。

自己とすべてのものごと

こうした自己とすべてのものごととの関係性については、仏教的伝統のあらゆるところで述べられています。たとえば、初期仏教の論者たちは、自己とすべての法との関係を説明するのに十二の領域――日本語で「十二《じゅうに》処《しょ》」と言いますが――を使いました。十二処とは、六つの感覚器官（眼・耳・鼻・舌・身体・意識）と、それぞれの感覚器官の六つの対象（色や形・音・香り・味・触感・心のうちの対象）のことです。初期仏教では、私たちと万法との関係が、私たちの感覚器官と対象とを通じてかたち作られているということの説明として、十二の感覚領域があると教えています。言い換えれば、われわれは色や形を自分たちの眼で見、耳で音を聞き、鼻で香りを嗅ぎ、舌で味を味わい、身体で触感を感じているということです。「心のうちの対象」とは、われわれが「見」たり「聞」いたり、あるいは感覚器官を使わなくても思いつくような、記憶・形象あるいは概念といったものです。そのようにして私たちが知覚するものは、実際には身体と心のうちで起こっている一種の仮想生命実物であって、決して「ものごと（ダルマ）」そのものを直接知覚しているわけではないのです。

十八の要素を示す「十八界《じゅうはちかい》」という教えもまた、初期仏教の論者たちの考えにあるものでした。十八の要素とは、六つの感覚器官と、これらの感覚器官それぞれに対する六つの対象と、それぞれの感覚器官に関係する六つの意識（六識）によって構成されます。この教説は、一つの感覚器官とその対象との出会いが、心の中に一つの意識の形態をもたらすことを示します。例えば、眼の意識（眼識）は、眼が色や形と出会うことによって生起し、味の意識（味識）は舌と味わいとが遭遇したときに発生する、といったようにです。

初期仏教論者は、生をこのように分析することで、身／心と外部にある対象との関係の外にアートマンや霊魂のような永遠に変化しない存在はありえないことを示しました。われわれの生は、たった十八の要素によって構成されるものであり、その十八の要素がわれわれの感覚器官とその対象と感覚意識の無数の関連を生んでいることを示したのです。

この十八の要素は、『心経』においては、それぞれの要素の前に「mu 無（無い《ノー》という意味）」という言葉を付けられて表されています。初期仏教論者はこれら十八の要素を、アートマンが存在することを否定するために使ったわけでしたが、『心経』はさらに、十八の要素そのものが固定された存在であることを否定するので、そのように「無」が付されたわけです。そのことによって、これらの要素に実体がなく、ただの現象にすぎないことを示したのです。こうして『心経』はわれわれに空の意味を教えました。

すでに述べましたように、「現成公按」巻の冒頭の二文では、初期仏教と『心経』の教えが表されています。最初の一文は、初期仏教で教えられているような十八の要素に一致しますが、第二文では、これらの要素が『心経』で行われたように、否定され、感覚器官と対象と感覚意識が存在するように見えているけれども、それらはすべて実際には空であることが述べられています。これは大乗仏教が、われわれを自己とすべての対象の執著から解放するために説いたことでした。

道元禅師の解釈

ここで再び道元禅師の『心経』についての解釈である「摩訶般若波羅蜜」巻に戻ってみましょう。覚えていらっしゃるでしょうが、道元禅師は次のように言われていました。

十二の感覚の場所は、プラジュニャー・パーラミターの十二の実例である。それから、十八のプラジュニャーの実例がある。眼・耳・鼻・舌・身体・心理、視界・音・匂い・味わい・触感・意識対象、眼・耳・鼻・舌・身体・意識の意識である。

般若波羅蜜十二枚、これ十二入なり。また、十八枚の般若あり、眼・耳・鼻・舌・身・意、色・声・香・味・触・法、および眼・耳・鼻・舌・身・意・識等なり〈『全集』第一巻八頁〉。

くりかえせば、ここで道元禅師は、『心経』で示された教えを改変して、空を積極的な意味の教説として捉えておられることがわかります。『心経』では、十八の要素は空であるがゆえに存在しないと主張しますが、道元禅師はそれらの要素は空なるものとして存在し、しかもそれがプラジュニャーであると言われるのです。プラジュニャーとは、「空を見極める智慧」のことですが、それはわれわれの頭の機能ではなく、ものごとそれぞれの真の姿を言います。道元禅師は、存在するものと存在しないもの、形あるものと空なるもののすべてを包括したすべての存在の真の姿を示されているということです。

この真の姿を認識することが、道元禅師が「摩訶般若波羅蜜」巻で「形は形であり、空は空である〈色是色なり、空是空なり〉」〈同〉と言われた理由です。くりかえせば、「形は空である」と言う時、形と空という二つのものがあると想定して、それからその二つが一つであると言います。このやりかたは、日常生活においてごくありふれたものです。たとえば花を見たときに、花を間近にしてわれわれは「今、私の目の前にこの花がある。とても美しいが、しかしいつかはしおれ、散っていくのだ」と思ったりします。実際の目の前の花は散ってもおらず、ただ咲いている花を見ているという否定しがたい生命実物《リアリティー》があるにもかかわらず、この考えを信じこんでしまうのです。それからこうも思います。「この花は今は咲いているが、過去は種だったし、いつかは散り、次代の花のための種を作るのだ」と。あるいはこう思うかも知れません。「ここにあるこの花は、空であり、無常なるものである。この花の確固たる実体などはなにもないのだ」と。ブッダの教えについて学んでも、われわれはこのように理解するわけです。しかし道元禅師が教えられるのは、花が咲いている実際の瞬間においては、花はただ花として咲いている、ということなのです。道元禅師は「われわれは花が空であることを知るべきだ」とは言われません。なぜなら、われわれがそのように言おうと言うまいと、花は実際に空であるからです。道元禅師にとっては、私たちが花を見て「この花は空である」と考えることが、私たち自身と花とを分けて概念的に考えてしまっている、ということになります。

プラジュニャーとは考えの仕方、理解の仕方なのではないのです。そうではなく、プラジュニャーとは花そのものであり、花は現実に空を現しているのです。こうした理由によって道元禅師は次のように言われます。

形は形以外ではなく、空は空以外ではない。百の草々であり、万のものである。

色是色なり、空即空なり。百草なり、万象なり〈同〉。

「百の草々、万のもの」とは万法すなわち無数のダルマのことです。それらは、概念的思考で加工処理される以前の、生々しいそれ自身として、存在しています。われわれの願望や嫌悪、そしてわれわれの内側と外側で起きるすべてのことがらは、たった一つの生命実物の生、すなわち仏心《ブッダ・マインド》や仏命《ブッダズライフ》のあらわれなのです。これが、「現成公按」巻において届けられた道元禅師からのメッセージです。禅師は、どのように真の生命実物のありようを見るべきであり、また、どのようにそこで生きていくべきかを、教えられているのです。通常われわれは、自己を主体と見て、万法を対象と見ます。そして主体が対象のことを考え、評価していくものと思っています。しかしこうしたわれわれの生についての理解の仕方は、必ずしも真実ではないのです。仏法《ブッダ・ダルマ》によれば、こうしたありようは生命実物ではありません。生命実物＝真なるすがたとは、自己も万法の一部にすぎないということであり、人間は自然や世界の一部にすぎないということです。万法とは万物であり、自己もそのなかに含まれています。われわれが「すべての法《オール・ダルマ》」と呼ぶときには、すでに自己もそこに含まれています。「すべての法」を離れればわれわれは一瞬も生きていくことはできないのです。もし魚が水を離れ、鳥が空から離れれば、魚も鳥も死んでしまいます。それは私たち人間も同じことで、万法とは水や空であり、自己とは魚であり鳥であるのです。ここはきわめて重要なところです。すなわち、われわれの通常の考えが、主体と客体とをそもそも区別し、離れさせることによって成り立っているということです。私たちは「私が主体であり、私のまわりのことがらが客体だ」と思うのですが、それは実際の真実ではないのです。

私たち自身を動かして修行――さとりを実行させることは、迷いなのだ。すべてのものごとがやってきて、修行――さとりを私に実行させるということがさとりなのである。

自己をはこびて万法を修証するを迷《まよい》とす、万法すすみて自己を修証するはさとりなり。

「現成公按」巻のこの部分において、道元禅師は迷いとさとりについての定義づけを行っています。「Realization」は、「さとり」を、「delusion」は「迷い」を英訳したものです。さとりも迷いも、自己と世界との関係性においてのみ存在するものです。実を言えばdelusionという英訳は、日本語や中国語で「迷い」や、「迷」

とも発音される言葉の翻訳としては、あまり適切でないものだと思います。「迷」は、煩悩によって意識上に引き起こされる心理状態のことです。意識の上では生命実物はつねに曲げられていて、私たちはものごとそのもののすがたを見ることができません。これが煩悩です。迷いは煩悩そのものではなく、煩悩によって引き起こされた心理状態なのです。これは、ものごとをそのまま見ることができないことによって引き起こされる一種の混乱《コンフュージョン》のことです。ものごとを明確に見ることができない場合、正当な判断もできず、進むべき道も明確になりません。それで迷いは「道に迷う」ことに喩えられるのです。この漢字の旁《つくり》には「米」が書かれていて、「めい」と発音されることを示しています。それはちょうど、どの方向に進めばよいかわからない時に出くわす道の交差点のように見えます。この漢字の下の部分は「歩く」という意味です。歩いてゆくときには、目的地がはっきりとしていなければなりません。もしそうでないと、混乱と不安のなかで迷ってしまい、間違った判断を行い、さまざまな問題を引き起こしてしまいます。これがサンサーラにおける苦しみの状態であるわけです。

「迷い」の状態にあるときには、われわれはつねに不安定であり、どの道を行けば良いかわからず、どういう行動をとればよいのかわかりません。自分の間違った考えから引き起こされた、間違って真実と思い込んでいる状況や行為に執著しがちです。その結果、より困難な状況へと陥ってしまうのです。このことが、道元禅師が「私たち自身を動かして修行——さとりを実行させることは、迷いなのだ。」という言い方で示されていることがらです。このことはつまり、われわれのねじ曲がった考えや欲求でもって世界の真実や生命実物を見つけようと努力している、ということです。私たちは、自分の考え、能力、意志力、努力を用いて生命実物を捕まえようと努力します。あるいは自分の生をしっかりとした、安泰なものにすべく、すべてのことがらを自己の管理下に置くためさとりを開こうと努力します。こうした態度こそ、道元禅師が言われるには、迷いだというのです。

すべてのものごとがやってきて、修行――さとりを私に実行させるということがさとりなのである。

万法すすみて自己を修証するはさとりなり。

修行をしている主体は、個人的な自分ではなく万物です。修行を行うとは、すべてのもの、すなわち万法につながっている自己に目覚めるということです。道元禅師は、これらの万法はそれ自体が仏法であると言い、そして万法の真実のありかたはブッダの体――法身《ダルマ・カーヤ》――であり、ブッダ自身であると言われました。自分自身がすべての法の一部分であるわけですから、修行の基礎となるものも、自分自身がすべての法の、そしてブッダの一部であるという生命実物に気がつくということでなければなりません。言い換えれば、修行するのは私ではなく、ブッダが私という身を通してブッダの修行を行うということです。われわれの坐禅修行も菩薩としての日々の修行も、個人の意志や努力によって行われる個人の行いではないということです。むしろそれは、万法すなわちすべての存在が、われわれ個人の身と心を通じて、修行を行うということなのです。

こうしたことから道元禅師は坐禅は人間がブッダになるための修行などではなく、坐禅はそれ自体ブッダの修行であると教えられたのです。道元禅師はブッダを「尽大地《じんだいち》（大いなる地の全体）」と定義づけられるのです。これはすべての存在と共に生きている自己を表現するものです。とはいえ、われわれはすべての存在とのつながりを生きていながらも、依然として迷いの中で、自分を中心にしてものごとを捉えてしまいます。われわれの生命実物の見方はひっくりかえっていて、「私が世界の中心だ」とか「これらのものは私の所有物だ」と考えてしまうのです。われわれはよく、世界のすべてのものは、「私」を幸せにするために存在しているのだと思ってしまいます。この考えこそが現代社会の価値観の基礎だと思われるのですが、しかしブッダと道元禅師は、これはものごとをさかさまに見る見方だと教えられています。坐禅の修行は、自分も世界の一部、自然の一部、ブッダの一部であることをハッキリと見ることができるようにしてくれるのです。坐禅においては、個人個人がブッダになるのではなく、最初からブッダの命を生きていることに気がつくことが必要だということです。

考えや意識を手放しすることで、すべての法につながった自己を実現することができます。それは、個人が生命実物に目覚めるのではなく、坐禅が坐禅に目覚めることであり、法《ダルマ》が法《ダルマ》に目覚めること、ブッダがブッダに目覚めることです。坐禅が坐禅を行じる、それは、他と切り離された個人が坐禅修行をしてさとりに到達するということではありません。このことを道元禅師は、「修行とさとりは一つである」と言われたのです。この修行を通して、普遍的な、すべてと通じ合っている生命実物がそれ自身を現していくのです。これが現成公按の意味なのだと、私は理解しています。

第五章　さとりを超えたさとり

ブッダと衆生《リヴィング・ビーイングズ》

では、前章で始めた探求を、さらに前に進めることにしましょう。

（4）……迷いをしっかりと明らか《リアライズ》にするものこそがブッダたちである。さとりについてはなはだしく迷ってしまうものが衆生《リヴィング・ビーイングズ》である。さらにまた、さとりを超えたさとりを得るものもいるし、また迷いにさらに迷うものもいる。

……迷を大悟するは諸仏なり、悟に大迷なるは衆生なり。さらに悟上に得悟する漢あり、迷中又迷の漢あり。

冒頭の「迷いをしっかりと明らかにするものこそがブッダたちである」という箇所において、道元禅師は修行の基礎的な真実について指摘されています。もし、自分自身に真に正直になり、誠実であれば、どのように激しい修行をしようと、その修行が依然として、幾分か自己中心的な動機に基づいているということを発見せざるをえません。道元禅師は、こうした自己中心的なものが修行の根底にあるとわきまえる智慧こそがブッダたちである、と言われたのです。つまりそれは、自分自身の自己中心性を真に見きわめる働きそのものがブッダであるということです。このような深いところにある自己中心性を見きわめた時、自分を利己的な動機から解放するために懺悔《リペンタンス（さんげ）》[1]へと向かわざるを得なくなるのです（このことについては後述します）。自分の自己中心性を直視し、さらにそれを手放すことを可能にする目覚めそのものである修行、それ自体がブッダなのです。自分が煩悩まみれであるありさまに目覚めること、ほとんど常にわれわれは自己中心的であり、非永続性〔無常〕と独立した実在性の欠如〔無自性〕という真実を見きわめることなどできないという事実に気がつくこと、そのことがブッダなのです。これが道元禅師が、煩悩を明らかにする《リアライズ》ことこそブッダとなると言われた意味です。

懺悔は、仏教の僧団の歴史を通じて、ずっと継続して行われてきました。満月と新月のときに（それは陰暦の一日〔朔日《さくじつ》〕と十五日〔望日《ぼうじつ》〕にあたります）、僧侶たちは「ウポーサタ（中国語で布薩《ブサ》、日本語で布薩《ふさつ》）」の修行にあつまります。仏教の初期では、サンガの指導者がこの機会に僧侶たちが受けた戒律を唱え、参加者の中のいずれかの戒を破った者達は、サンガ全員の前で自分の過ちを認め、二度と同じ過ちをしないことを誓いました。懺悔は、サンガのすべての者たちにとってきわめて重要な意義を持っていました。サンガの成員はみな、出家する際に、ブッダが制定したとされる戒律を受け、生活の指針とすることを誓っていたからです。戒律を破ることは、自分でたてた誓願《ヴァウズ》から逸脱することになります。参加者たちは自分の犯戒《ぼんかい》を認めたときに、それを懺悔し、自らの誓願に還ったのです。布薩の集まりは現在でも多くの仏教の伝統のなかで行われており、曹洞禅の僧堂でも、「略布薩《りゃくふさつ》（簡略化された布薩）」として、一月に二度行われていますが、現在この修行はきわめて儀礼的なものとなってしまっています。

大乗仏教では、懺悔はつねに、菩薩の誓願とともに、その一部として修行されてきました。誓願は、菩薩の道を歩むという決意の表明であり、進むべき道筋から外れてしまったという意識を持った場合には、懺悔によって正当な道筋に還るのです。自らの修行が不完全なものであると気づき、修行の道筋に戻るようにするということが、大乗仏教における懺悔の意義なのです。

さとりについてはなはだしく迷ってしまうものが衆生である。

悟に大迷なるは衆生なり。

ここで大事なのは、ブッダたちと衆生とは乖離した二つの集団なのではない、と理解しておくことです。すべての存在は、一つの全体的生命実物の一部であり、この意味で、ブッダたちと衆生とは何の乖離もないわけです。このことが「現成公按」巻冒頭第二文での、「ブッダもなく、衆生もない」という表現の意味するところです。われわれは、分離されることのない全体的生命実物のただなかで修行します。そこには、われわれと、われわれの修行と、ブッダとは何の分離もなされていません。生命実物をこうした見方から見るときに、修行しているわれわれは実際にブッダであるわけです。自分たちが知覚しているかいないかにかかわらず、全体的生命実物の一部として生きており、また、自分の思いのなかで、自分と他とを区別していながらも、生命実物においては自分と他者とのあいだにはなんの分離もないわけです。われわれの思考が、いかに自己中心的なものであるにしても、「相依生起の網の目《ネットワーク・オブ・インターディペンデント・オリジネーション》」のうちでつねに生きていて、この世界のすべてのありようとつながり、支えられているのです。「network of interdependent origination 相依生起の網の目」とは、「interconnectedness 縁起」の生命実物について述べるときに私がよく使う表現です。これはインドラ〔帝釈天《たいしゃくてん》〕の網という、大乗仏教でよく使われる喩えと近しく、この喩えでは、この世界のすべての物が、生命実物の無限の網のなかの無数の結び目として描写されています。

とはいえもう一方では、この全体的生命実物を別の見方から見ることも可能です。われわれはすべての衆生との全体的生命実物に生きているのにもかかわらず、それを、いつも自己中心的に見てしまい、生命実物への視界を失ってしまっていると見ることもできます。自己中心性は、自分の内部であるいは他人とのあいだで多くの問題を引き起こしてしまいますから、生命実物に則って自然で平和に生きるために修行実践を行わなければならないのです。自分自身から自己中心性を取り除き、生命実物に則った生活を行いたいというこの欲求が、坐禅修行と仏法への参学へむかう活力をわれわれに与えてくれます。こうした意味においては、煩悩によって生命実物との一体性から乖離していると見て、それを変えたいと願うこと、そうしたことは、われわれの人生のうちでわれわれを修行へと向けてくれているという意味で、きわめて重要なものであると言えます。身体に異常がある時、まず何か違和感を感じて、診療を受けて原因を探し、治療を受けることが健康を回復する第一歩だというのと同じです。「何かおかしい」と感じることが健康な生命の働きです。

坐禅において、われわれは自己中心的な自己を外し、この総合的で相互浸透的な生命実物、全体的生命実物、絶対的生命実物と一つになることができます。この絶対的生命実物を、分別する心によって見ることはできません。しかしこの相対的で自己中心的な視点を自覚し、そして手放しにすると、われわれはごく自然のうちに絶対的生命実物の一部になっているのです。絶対的生命実物は「すべて」を包含していますから、われわれの相対的で、区別してしまう心を閉め出すわけではなく、そのような迷った相対的な視点をも包含します。もし分別する心を包含しないのであれば、それは真に絶対的ではありえないからです。そのように、絶対的生命実物の全体的な動きの一部であるが故に、われわれはこの生命実物の観察者となることはできないのです。人が自分の身体の外側には出ることができず、身体から離れて自分の身体を客観的に観察することができないように、私たちの外側に出てこの絶対的生命実物を観察することはできません。このように、個別の立場から絶対を扱うことはできないので、私たちは、絶対的生命実物のうちにありながらも、カルマのなかにいる私、原因と条件によって生まれ、生き、死ぬ限定された個別の私として、絶対的生命実物を捉えてゆきます。われわれの視界はこのカルマのなかにいる「私」に基づいているために、世界を限定された視点から、より大きな世界のごく小さな部分として見ています。井戸の中から出たことのないカエルが、底から見える範囲の空が大空の全体だと思い込んでしまうようなものです。個別の、相対的で、カルマのなかにいる「私」の視界の狭さこそが、煩悩の源泉となるのです。

われわれは個々ばらばらで、カルマのうちにある存在として迷いのうちにあるわけですが、しかも同時に、仏法《ブッダ・ダルマ》そのものである絶対的で全体的な生命実物のうちに生きてもいます。そしてこの全体的な生命実物のうちに生きていきながらも、カルマのうちにある個々の私として迷ってもいるのです。これが人間の生の真実のありようです。つまりさとりのただなかで迷っているのです。修行のうちでわれわれは、自分が迷っているという生命実物に気がつき、目覚めることができるのです。そのようにしてわれわれは迷いを持ちながらも迷いに騙されて行動しなくてもいいのだと気づきます。しかしこうした仏法を修行する「主体」は、カルマのうちにある個々の私、すなわち「(一人称としての)私」ではなく、むしろ、全体的な生命実物そのものが修行し、生命実物を表明しているのです。修行の「主体」が個人から全体的な生命実物へと交替するというのは、道元禅師の「現成公按」巻における教えの中心となるものです。

さらにまた、さとりを超えたさとりを得るものもいる、……
さらに悟上に得悟する漢あり、……

修行のうちに生命実物をさとり、さらにそれを乗り越えようとする人々もいました。『正法眼蔵』「大悟《だいご》（大いなるさとり）」巻で道元禅師はこのように書かれています。

そのようにして、どのような感覚を持つもの、持たないものであっても生まれながらの知識がないものはないのだ。生まれながらの知識があるときには、生まれながらのさとりがあり、生まれながらの証明があり、生まれながらの修行がある。そのようにブッダや祖師たちは、すでに生きているものの良い調教者[2]なので、それを「生まれながらのさとり」と敬意をこめて呼ぶのである。彼らはさとりを保持しているからである。生まれながらのさとりを持つ人々は大きなさとりに満たされている。彼らは、さとりを学び、それを堅持しているからである。このようにして、三つの世界を保持して大いなるさとりをさとり、何百もの草々を保持して大いなるさとりをさとり、四つの大きな要素を保持して大いなるさとりをさとり、ブッダや祖師たちを保持することによって大いなるさとりをさとり、生命実物（公案）を保持することで大いなるさとりをさとるのだ。これらすべてがさとりを保持して大いなるさとりをさとり、またさらに、大いなるさとりをさとるのだ。まさしくそのときとは、今ここのことである[3]。

しかあれば、いづれの情・無情か生知《しょうち》にあらざらんと参学すべし。生知あれば生悟あり、生証明《しょうみょう》あり、生修行あり。しかあれば、仏祖すでに調御丈夫《ちょうごじょうぶ》なる、これを生悟と称しきたれり。悟を拈来《ねんらい》せる生《しょう》なるがゆえにかくのごとし。参飽《さんぽう》大悟する生悟なるべし。拈悟の学なるゆえにかくのごとし。

しかあればすなはち、三界を拈じて大悟す、百草を拈じて大悟す、四大を拈じて大悟す、仏祖を拈じて大悟す、公案を拈じて大悟す。みなともに大悟を拈来して、さらに大悟するなり。その正当恁麼時《しょうとういんもじ》は而今《にこん》なり〈『全集』第一巻九三頁〉。

ここで道元禅師は、すべての存在は、個人の心理状態とは次元の違う大いなるさとりそのもの、相依生起のつながりのなかに生まれてきているので、それ自身プラジュニャーであると言われています。ブッダや祖師たちと私たちのすべては、この大いなるさとりのうちに生まれ、生き、そして死ぬのです。われわれの修行とは、一瞬一瞬に、この大いなるさとりのうちで、大いなるさとりを実現することです。あるいは、私たちの修行を通じてはじめて、大いなるさとりは大いなるさとりを実現する、と言ったほうがよいかもしれません。このことが、道元禅師が、「さとりを超えたさとりを得る人がいる」と言われたことがらです。

……また迷いにさらに迷うものもいる。

……迷中又迷の漢あり。

道元禅師は、迷いのうちで迷ってしまうことについて、『正法眼蔵』「渓声山色《けいせいさんしょく》（谷川の響き、山々の色あい）」巻でもこのように言われています。

最近の人々には、純粋な生命実物を求める者はほとんどいない。だから、身体を用いる修行に欠け、心にさとりが欠けた人でありながら、他人からの称賛を求め、修行と理解とが相応しているとして褒められることを求めるのだ。このことがまさしく「迷いのなかでさらに迷う」と言われることなのである。このような間違った考えは、すぐに捨て去らなければならない。

いまの人は、実をもとむることまれなるによりて、身《み》に行《ぎょう》なく、こころにさとりなくとも、他人のほむることありて、行解《ぎょうげ》相応せりといはむ人をもとむるがごとし。迷中又《めいちゅうう》迷《めい》、すなはちこれなり。この邪念、すみやかに拋捨《ほうしゃ》すべし〈『全集』第一巻二八〇頁〉。

これが道元禅師の言われる「迷いのなかでさらに迷う」という意味です。われわれは大いなるさとりのただなかで生まれ、生き、死ぬわけですが、心の中で独自の世界と独自の価値体系を作り出し、このシステムのなかで自分自身がつくり出した価値を、求め続けているのです。たとえば、誠実に修行し徳を育むことの代わりに、誠実で徳のある修行者という世間での評判を高めようとするようなものです。心の中では、実に複雑な自分自身のファンタジーをつくり出してしまうことができるのです。それらのファンタジーの中では、たいていは、自分たち自身がヒーローかヒロインです。

しかし実際の生命実物においては、自分とものごととのあいだの関係は、数え切れない諸条件によってかたち作られたものであり、こうした条件とは、内山老師によれば、「われわれの生命の風景」でしかありません。ですから、菩薩道《ボーディサットヴァ・パス》の修行者にとってもっとも大事なのは、心のうちにファンタジーをでっちあげてしまう前に、存在するものの生命実物に目覚め続けることなのです。

ブッダはファンタジーをつくることなくブッダを実現する

（5）ブッダたちが真にブッダであるときは、彼らは自分がブッダだとは感じる必要がない。そうでありながら彼らはさとりを得たブッダたちであり、ブッダを実現化することを続けているのである。身と心で色を見て、音を聞くときに、その色や音を親しく感じるのであるが、（その知覚は、）鏡がものを映すようなものではなく、また水が月を映すときのようではないのである。片方が照らされれば、片方は暗くなるからだ。

> 諸仏のまさしく諸仏なるときは、自己は諸仏なりと覚知することをもちいず。しかあれども証仏なり、仏を証しもてゆく。身心《しんじん》を挙《こ》して色《しき》を見取《けんしゅ》し、身心を挙して声《しょう》を聴取《ちょうしゅ》するに、したしく会取《えしゅ》すれども、かがみにかげをやどすがごとくにあらず、水と月とのごとくにあらず。一方を証するときは一方はくらし。

「ブッダたちが真にブッダであるとき」とは、相互浸透〔相即相融〕的な生命実物の一部として実際に修行して、生きているときです。そのときには、自分は絶対的な生命実物を実際に生きているということを「観察する」ことはできません。絶対的な生命実物との調和のうちに生きており、絶対的な生命実物と私たちのあいだにまったく分裂がないので、観察者とはなれないのです。世界の諸条件が個人を作り、そして個人が世界の条件をかたち作ります。世界と個人とは一つの総合的な生命実物として相互に作用しているのです。ですから、「自分」を主体とし、「世界」を客体として見ることはできないのです。総合的な生命実物の視点から、ある特定の状態や人物を良いとか悪いなどと判断することはできません。なぜなら、「良い」とか「悪い」という価値判断の言葉は、私たちが主体と客体に分けて、はじめて妥当な意味を持つ言葉になるからです。

しかしながら、総合的な生命実物において、個人としても生きているので、われわれは自分自身を主体として見、自分の外側のものを客体として見てしまいます。主観的な好みと自分を取り巻く環境条件によって、判断し、行動し、選択し続けています。個人として、私たちはものごとを良いものか悪いものかと見て、良いものを選択し、悪いものを排除します。そうするために、絶対的な生命実物のうちに思慮を超えて生きているのにもかかわらず、われわれは自分のガイドラインとなる生命実物のコピーを作成します。思考というのは、ちょうど地球の地図のようなものです。地図はわれわれに地球の似姿を示してくれますが、地球の完璧な代替品にはなりえません。なぜなら、地球は三次元なのに、地図の紙は二次元でできているからです。作成方法によって、地球上のものの、大きさや形、あるいは方向の記載は、どのような地図でも何らかの歪みが生じます。たとえばある地図では、グリーンランドは北アメリカよりも大きくなってしまうのです。

同じように、人間の意識のうちなる世界の映像は生命実物の完全なコピーではありえません。この意識の地図においては、良いもの、有用なもの、すなわち価値のあるものが存在すると考えます。それはまるで花のようなものです。そして一方で、悪いもの、無用なもの、すなわち価値のないものが存在すると考えます。それはまるで雑草のようなものです。通常私たちは、この自分が、でっちあげた世界の映像が世界そのものだと思い込んでいます。「自分の価値観は正しく、他人の価値観は歪んでいる」と思います。これが迷いの基礎となるものです。この迷いは、無明《イグノランス》と呼んでもいいでしょうが、異なった価値観、異なった世界観を持った人々が出会うときには大きな問題を引き起こしてしまうのです。私は、人間のこのような実態こそが、瑜伽行派の仏教哲学者たちが主張するように「われわれが経験するすべてのものは意識だけにすぎない」ということだと思います。

坐禅中、われわれの修行は、思いの手放しをして、このでっちあげられた意識の地図の上に坐るのでなく、地図を外して生命実物の大地に坐りこむのです。思考は生命実物のねじまげられた意識上のコピーに過ぎないものですが、このコピーはカルマによる経験に基づきます。しかしわれわれがそれを手放しするときには、この意識上のコピーが生命実物そのものではないことを、われわれは理解するのです。そのときに、われわれはもはやわれわれの思い込みを無批判に信じてしまうのではなく、生命実物の本質をより深く追求していこうとするのです。

坐禅は、「意識における地図」の歪みを修正する方法ではありません。ただこの地図を手放し、生命実物の大地に坐りこむだけです。思いを手放すことは、一方では、限られたカルマの経験に基づいた思考を、完全に拒絶することです。しかしもう一方で、手放すことは、すべての思考を頭の分泌物であり、生命実物の不完全な地図だとして、受け入れることでもあるのです。私たちは、浮かぶは浮かぶに任せ、消えるは消えるに任せて、ただ通り過ぎさせるだけです。坐禅中は、なにも否定しないと同時になにも肯定しません。このことを可能にするのは、ただ壁に向いて坐り、通常行っている他の人々や生き物や対象物への直接的な相互反応をしないでいる、ということです。そのようにして坐禅は、あらゆる思いを完全に拒絶することであるとともに、あらゆる思いを完全に受け入れることでもあるのです。

壁に向かって坐禅しているときには、主体と客体との分裂がなくなるのですが、一方で、多くのものごとが心の中に湧き上がってきてもいます。私たちは大抵なにかを考えていて、そうした思いを対象にして、それと相互に関わろうとしはじめます。しかし坐禅中は、目の前にあるのはただ壁だけですから、どんな思いも幻想であることが容易に見て取れるのです。このようにして、思いと判断とを手放すと、それらは消えてしまい、残るのはただ壁だけです。これこそが、われわれの坐禅における非常に重要なポイントである「身と心が脱け落ちる《ドロッピング・オフ・ボディ・アンド・マインド》〔身心脱落〕」ことなのです。とはいえ、思いはすぐさま戻ってきてしまいますので、われわれの修行は、心に思うどんなことも、いつでも手放していこうとするだけです。

坐禅中に思考や判断、あるいは評価などが起こり、それに関わろうすると、心は主体と客体とに分かれてしまいます。思いを手放してしまえば、主体と客体は一つのままです。そこには評価するものもなく、評価を受けるものもありません。煩悩を含みながらも明らかな生命実物のみが現成します。上半身を立てた姿勢をとり、目を開いたまま、鼻で呼吸し、思いを手放してしまうほかになにもしないでいると、そこに生命実物そのものが現れてくるのです。これが「現成公按（生命実物の実現《アクチュアライジング・オブ・リアリティー》）」です。しかし残念ながら、何度も言うように、「生命実物が現れてきたな」と観察することはできません。

とはいえ日々の生活においては、私たちはこのように、単純に思いを手放し続けることはできません。生活するためには、自分の不完全な概念の地図を使って、肯定することがらと否定的なことがらとを区別し、今ここ、何をするか選択していかなければならないのです。しかし坐禅の実践は、これらの世界の姿とその価値とが、偏った、不完全なものであることを理解させてくれます。この理解によって、柔軟《フレキシブル》でいられるようになります。柔軟でいられるようになるとは、私たちとはまったく異なった意見も、個々人の環境や条件の違いによって作られた偏りによるものだと理解して、それに対して耳を傾ける、ということです。このような修行実践を行うと、視界はより広がり、他者と調和的に作業することがより一層できるのです。生命実物の本質、すなわち全世界という意味あいでの法《ダルマ》を持続的に学び続け、自分の偏りに気が付くことによって、その歪んだ視界を修正するよう働くことが可能になります。これが、坐禅での思いの手放しが、われわれの日々の実践に教えてくれることがらなのです。

日々の生活において、修行実践や坐禅の修行を行っても、自分がブッダとなったとか、さとりを得たと知覚できるものではまったくありません。自分の外部へ出て、客観的に自分を判断することなどできないからです。まさにそのために、生命実物を実現することにおいて、主観と客観との分離がなされないのです。つまりブッダになるとかさとりを得るなどといったことの心配をすることなく、計測することができないほど深い生命実物のうちに、私たち自身を存立させるだけでよいのです。

坐禅はそれ自体、計測不可能な生命実物であり、禅堂の修行においてもまた日常の生活においても基礎となるものです。坐禅においては、なにものも掴まず、なにものにも関係しません。私たちは私たちであるだけ、それだけです。只管打坐の修行のあいだ中、なにも行うことなくただ坐ります。今日坐った坐禅は良い坐禅で、昨日坐った坐禅は悪い坐禅だったなどという判断を下そうとしても意味がありません。心がざわついていようと落ち着いていようと、心に起こるあらゆることを手放すだけです。すべての精神状態において、あちらこちらといじることなく、同じ姿勢を取り続けるわけですので、そこには良い坐禅も悪い坐禅もないのです。坐禅はいつでも坐禅です。

　あらゆる状況下において坐禅の姿勢をとり続けることはわれわれの修行にとってたいへん重要なことがらです。姿勢を維持するということは、道元禅師が『普勧坐禅儀』で言われているように「平和と喜びの法《ダルマ》の入り口〔安楽の法門〕」〈原漢『全集』第五巻六〜七頁〉であって、それ自体がさとりであり、修行において生命実物を実現することなのです。「安楽（スカ）」は、「苦しみ（ドゥッカ）」の反対語です。しかしもし好ましい状態だけにこだわり、好ましくない状況を避けるようであれば、サンサーラの苦しみのサイクルを、坐禅修行の中に作ってしまうことになります。もし、何か有頂天になるような体験をして坐禅が楽しいものになったと考えるとすれば、すでにこのサイクルを始めていることになります。こうした成功がわれわれをしばらくは楽しませてくれても、遅かれ早かれ、状況は変化し成功体験は消滅し、みじめな気持ちになってしまいます。もしもう一度あのような素晴らしい体験をしたいともがき奮闘し続けていると、われわれの坐禅は、幸福と悲惨とのあいだで行ったり来たりするサンサーラのサイクルとなり、もはやブッダの修行ではなくなってしまいます。

　ブッダたちが真にブッダであるときは、彼らは自分がブッダだとは感じる必要がない。そうでありながら彼らはさとりを得たブッダたちであり、ブッダを実現化することを続けているのである。

　諸仏のまさしく諸仏なるときは、自己は諸仏なりと覚知することをもちいず。しかあれども証仏なり、仏を証しもてゆく。

この箇所が意味しているところは、自分がブッダであるか否かを判断することなど、真実の生命実物がわれわれの判断を超えるものである以上、できるものではない、ということです。そしてまた、われわれの生においては、個別性と普遍性とが同時に存在するということこそが、存在の真実であるということです。この真実こそが、「ブッダはつねにブッダを実現化している」ことであり、この真実に一瞬一瞬目覚めているときに、ブッダが現成しているのです。一個人として自分はブッダであるとは誰も言えません。すべての存在と相互的につながっている存在であり、すべての存在から命をもらっている存在であるからです。「私はブッダになった」と真に言えるひとは誰一人いないのです。他とのつながりから独立して何かを達成することができる「私」など、実は存在していないからです。しかしながら、修行のなかで個人性を手放し、自分自身を生命実物の地に置いてしまえば、その修行そのものが、ブッダを現しているのです。

　とはいえ、このようにブッダの生命のうちに生きており、修行実践においてブッダを現成することもできるにもかかわらず、私たちは依然として煩悩に迷っている存在であり、サンサーラの苦しみのサイクルを作り出しているのでもあります。これこそ、内山老師が言われる「生命の風景」というものです。われわれは自分たちが煩悩にまみれているということを認めなければなりません。そのうえで、生の生命実物を修行することが可能になるのです。

水上の月

……身と心で色を見て、音を聞くときに、その色や音を親しく感じるのであるが、（その知覚は、）鏡がものを映すようなものではなく、また水が月を映すときのようではないのである。

……身心を挙して色を見取し、身心を挙して声を聴取するに、したしく会取すれども、かがみにかげをやどすがごとくにあらず、水と月とのごとくにあらず。

通常、われわれが物を見るのは、物の映像が鏡に映るのと同じようなものだと考えています。目で物を見て、その映像が目に反映されるとするのです。しかし、「身と心で色を見て、音を聞く」のであること、すなわち、身体と心とは、そのようなばらばらなありようで機能しているのではないと言われています。実際に、物を見るときに目だけ使って見ているのではないですし、物を聞くときに耳だけ使って聞いているのでもありません。身体と心の全体が、物を見る行為のなかに、音を聞くなかに、匂いを嗅ぐなかに、味を味わうなかに、感覚を感じるなかに、参加しているわけです。

たとえば食事を摂るときにも、すべての感覚が動員されています。目では食事の色や形状を見てとりますが、また匂いを嗅ぎ、食物を味わい、自分たちが咀嚼する音を聞いていたりもします。それを飲み込むときには、食事がのどを滑り落ち胃にたどり着くまで、その感覚に満足を感じます。その食事のおいしさから、食事を用意してくれた人への感謝に思い至ることもあるでしょうし、食物を育て、収穫し、運んでくれた計り知れない労力に対して感謝を感じることもあるでしょう。このような食事の体験は、独立した感覚器官と独立した対象とによってばらばらに形作られたものなのではありません。身体と心全部を動員して食事を体験しています。

鏡とその映像という喩え、または水に映る月という喩えは、自己とすべてのことがらとの一体性を説明するものです。これは、「現成公按」巻のなかで、この一体性を述べるために道元禅師が使う二つのイメージのうちの一つです。ここで提出されている例では、鏡と反射する水は、反射される物とその映像自体と、別々なものではないと道元禅師は言われています。言い換えれば、体験をしている人とその体験されたものごととは別々のものではないということです。体験の主体も、対象も、そして体験自体が、すべて一つの生命実物であるということです。

主体と対象とが一体であるということをとても明確に感じた体験があります。私は一九七五年より一九八一年までの間、小さな禅堂を作るため、二人の兄弟弟子たちとともにマサチューセッツに住んでいました。マサチューセッツ西部の雑木林に約六エーカーの土地を買いましたが、その当時の状況はとても原始的なもので、そこに引っ越してきた当初は、飲み水すらもない状態でした。初めにやったことは、私たちが坐禅し、眠り、調理し、生活するための小さな家を建てることでした。そして、外からの金銭的な援助はまったくなかったので、私たちは生きながらえるために、働かなければなりませんでした。この家に入って数年後に、豆腐工場でのパートタイムの仕事を得ました。雇い主は小さすぎて売ることができない残り物の豆腐をいつも私たちにくれました。ほぼ毎日豆腐を食べ、それが毎日の主要なタンパク源となりました。ある日、禅堂で修行している友人と共に、自然食料品店に買い物に行った時、店内でこんなポスターを見ました。「We are what we eat. 私たちは食べるものそのものだ」。反射的に、私は言ってしまいました。「もしそうなら、ボクらは豆腐だ!」。

もちろん、自然食料品の店内で、この標語が言っているのは、われわれの健康は食品を食べることによって作られるのであるから、健康によい自然食品を食べなければならないということです。しかしそののちに、この言葉の作者が、ドイツの唯物論哲学者であるルードヴィヒ・アンドレアス・フォイエルバッハ(Ludwig Andreas Feuerbach 一八〇四~一八七二)であることを私は発見しました。唯物論者の言葉であることを考慮すると、「私たちは食べるものそのものだ」という言葉は、「人はパンのみに生きるにあらず」という聖書の有名な言葉への批判として出されたものであるように私には思えます。キリスト教徒によく知られているこの言葉は、人は肉体的栄養分に加えて、神の言葉による精神的な栄養分が必要であるということです。そこでフォイエルバッハは、人に実際に必要なのはそうした「精神的な栄養分」なのではなく、食料のような単なる物質的条件だけであると言ったのだと私は思います。フォイエルバッハにとっては、「私たちは食べるものそのものだ」とは、人間存在が神によって造られたものではなく、肉体的要素だけで成り立っていることを含意していたのでしょう。

仏教の教えに当てはめてみると、「私たちは食べるものそのものだ」という言葉には、深い意味があります。たとえば、グラス一杯の水を手に持った時には、水はそこにあり、私はここにいます。しかし非常にふしぎなことには、水を飲むとそれは私の一部となります。息を吸えば、空気は私の一部となります。私たちは食べるものそのものであり、飲み、息をし、聞き、嗅ぎ、味わい、そして見たものそのものであるということです。自分の身体と心を作り出す物質や体験以外に、別の「自分」などというものは存在しません。私たちは、周りのものと密接につながっているのであって、それは、それら周りのものがわれわれの一部分となっているほど密接だということです。私たちは、まったく、私たちが経験したものごとそのものだということです。すべてのものとの関係がなければ、瞬刻のあいだすらも、私たちは存在することができません。生命実物のうちでは、「私」「あなた」そして、すべての「もの」は実際には存在せず、ただ関係性と相互性だけが存在しているということです。

通常の見方においても、個人は、生存するためには共同体の内で生きていかなければなりません。思考し、言語を使い、判断をする能力は、すべて、生まれ育った共同体や文化から贈られたものです。個人は世界によって、そして社会によって形成されますが、また、個人が集団や社会を作り、世界に影響を及ぼします。世界と個人とはまったく一つのものなのです。私たちがすべてのものとの、計り知れない宇宙的生命実物の一部として、関係性のうちで協調して機能していくことが、一人ひとりの生を健康で健全なものとします。

とはいえ、われわれには、健康的でないように機能する能力もあり、全一的な生命実物に無益なことやかえって有害なこともしてしまいます。人間社会のこの地球に対する関係は、ガン細胞の宿主に対する関係と同じもののようです。ガンは、逆説的な現象です。ガン細胞は宿主の身体の一部でありながら、身体の秩序に従わず自分のやり方で成長します。効果的な治療ができない場合、ガンは身体が死滅するまで成長してしまいます。そして身体が死んだとき、ガン自身も死ぬのです。人類の幸福と豊かさへの要求を生み出してきた文明は、自然に対して、身体におけるガン細胞のような働きを起こしてしまっているように私には思えます。人類は自然の一部でありながらも、自然の調和をはみ出すほど成長してしまった文明社会を作り出してしまいました。この不調和は、人間的欲望を満たすために、自然界にあるものを利用しようとする試みの結果です。われわれは都市を造るために、無数の生物を殺し、自然の広大なエコシステムを破壊して、それを「発展」と呼んできました。われわれは人類を自然の主人だと考えてきたのであり、われわれの社会は、この世界をわれわれにとってより「良い」ものにしようと奮闘してきたのです。

　十代だった一九六〇年代の頃まで、私が日本の学校教育や日本社会から受けた基本的なメッセージは、「科学的な知識とテクノロジーを学び、使うことによって世界をより良くしていくのだ」ということでした。しかし後には、人類の欲望充足のため使用される科学技術とテクノロジーとが、人類と自然界とに数多《あまた》の問題を引き起こす原因となっていることを知ることになったのです。私たちはかつて、人類という種は、世界のすべてのものを所有する、世界で最も重要な存在であると考えてきました。しかし実際には、私たちは自然のわずか一部分のものにすぎなかったわけです。ちょうどガン細胞が、その宿主が死ねばガン細胞自体も死んでしまうのと同じように、自然環境が破滅すれば、われわれ人類自身も破滅してしまうということに、ようやく人類は気づき始めたのです。この意味では、社会は、ブッダの教えた真理である、相依生起の生命実物に気づき始めているのです。われわれの世界についての逆倒した見方《インヴァーティッド・ヴュー》を修正することで、すべての存在との自然で協調した健全な生き方を行うことが可能になると、私は願っています。これが、ブッダが教えた「八聖道」のうちの「正見《ライト・ヴュー》」です。道元禅師にとっては、坐禅が、われわれの逆倒した見方を正していくための実践の要となるのです。坐禅の生命実物を基本にした見方は、私たちに、相依的存在のありようが基となっていることを気づかせてくれ、生命実物にかなった生き方を可能にしてくれると、道元禅師は考えられるのです。これは、シンプルでありながら奥深く、また終わりのない修行実践です。

道元禅師は「現成公按」巻において、この相依生起の生命実物について述べておられます。禅師によれば、自己を万物のほうへと運んで万物をコントロールしようとすることは迷いです。たとえば、立派な人物になるために修行実践を行うとすると、ブッダの教えを使うにしても、優越性を表す知識として自分が他の人々を打ち負かすために使ってしまっている、ということに気づかされます。この場合最終的に、われわれの限られた自己中心的な修行実践の考えを、われわれの周りの世界へと押し付けることになるのです。しかし、もし自己中心的な動機を脱け落とし、万物が私たちの修行実践を遂行するよう受容するならば、これこそがさとりとなるのです。このことは次のことを意味します。われわれは自分自身では修行実践することもできないのだということ、つまり、修行実践の主体となるのは、特定の個人なのではなく、万物が個人の身と心を通じて、修行／さとりを遂行しているということです。これこそが身心脱落です。身心を脱落させるとは、個々の身や心を開いて、全世界へと参画することを意味します。自分自身を高めるために修行するのではありません。そうではなく、縁起のネットワークのうちで平和的に、全世界的生命が万物のためわれわれをかいかいかい通じて修行実践させることを受容するよう、落ち着き安定するのです。

片方が照らされれば、片方は暗くなるからだ。

一方を証するときは一方はくらし。

ここで道元禅師は、自己と万物との関係においてさとりと迷いについて論じておられます。自己は、万物すなわち万法から切り離されたものなのではありません。自己は、万物の一部分です。われわれ一人ひとりは、相依生起のネットワークのなかで共同で生きているのであり、他と切り離され、このネットワークの外部に存在するような自己などはいないのです。

このことが生命の基本的なあり方であるのにもかかわらず、私たちは通常、このようには見ていません。限定された生活体験と、客観世界を明瞭に見ることを妨げるさまざまな条件とをもとに、世界についての個別の映像を作り出しているのです。個別の世界の映像を本当の生命実物と受けとってしまうこと、それこそが迷いです。これが迷いであるのは、われわれの個別の映像においては、自分が全世界の中心、すべての重要性を持つ主体として位置し、「そのほか」のものごとは、好きなように利用できる客観物として扱えると考えてしまうからです。こうした見方から、自分を幸福にし、満足させるようなものを好み、劣っているもの、好ましくないものは追いやってしまうのです。

しかし、ブッダの生命の生命実物では、われわれは万物とつながり、支えられているのです。自己は生命実物のうちでは決して主体なのではないですし、また他のものは決して客体なのでもありません。実際のところ、すべて、全世界的な同じものの一部なのであり、この生命実物こそがさとりなのです。さとりとは、個人が所有できるものでも経験できるものでもありません。特定の条件のもと特定の経験があったから、「私はさとった人間である」などと言うことは、われわれには決してできないのです。もし、ある経験をしたことで「私はさとりの経験を持った」と判断したとすると、「私」を万物の生命実物から引き離してしまうのですから、そのときには生命実物から切り離された「さとり」は、事実、さとりではなくなってしまうわけです。特定の経験や目標を得ようと努力するよりも、判断や評価なしでの修行実践を、シンプルに保っていくことこそ必要であると思います。

つまりそれは、個人的な欲求を持つことなくものごとに近づくということ、さとりに対してすらも欲求する心を無くすることであり、そのように修行実践を行うことが、全世界的生命実物の表明となります。これは当然ながら、困難なことです。というのは、たとえ他人を助け、他人のために自分を犠牲にするような時でも、自分の心や思いの深いところでは、この行為が自己中心的な動機から発していることを、大抵は見つけてしまうものだからです。このことは、われわれの坐禅修行においてすら、当てはまるのです。

人間は、なんと複雑な生き物なのでしょうか！　われわれの行動が自己中心的であることを、単純に判断することすら、不可能なのです。それでも、ブッダの子供として、われわれの菩薩の誓願を実践し、他人への布施や援助を続け、またわれわれ自身を自己中心性から解放しなければならないのです。そのように努力をしながらも、しかし、私たちは決して「自己の欲求から完全に解放されたぞ！」などと宣言することはできないでしょう。できるのは、せいぜい、瞬間瞬間に、何をしていようと、仏道《ザ・ブッダ・ウェイ》を実践修行しようと願うことぐらいです。そして、思いの手放しを続けながら、修行実践を行うことだけです。「私はついにさとりの境地に達した、だから私の修行は終わったのだ」と、そのように言える人はだれもいません。道元禅師によれば、われわれの修行実践は終わりがないものだからです。

一面から見れば、私たちはつねにブッダのさとりのうちに生きています。しかし他の面から見れば、どれほど一生懸命に、どれほど長いあいだ修行しようと、私たちは限定された個人として生き続けるのです。こうした二つの同時並行的な真実の側面が生命実物にあることこそ、真に不可思議《ワンダラス》なことです。あらゆる折に、私たちは、度量広くふるまうか、自己中心的にふるまうかの、そのどちらかを選ぶことが可能であり、善をなすか悪をなすかのどちらかを選ぶことが可能です。ブッダと悪魔の両方が私たちのうちに住んでいるので、私たちは一瞬一瞬を、誓願と懺悔とに導かれて生きていかなければなりません。

「片方が照らされれば、片方は暗くなる」という言葉の意味するところとは、私たちは万物の全一性の一部として生きているということです。この全一性を「自己」と呼ぶこともできるし、あるいは「万法（すべてのもの）」と呼ぶことができます。この生命実物を全体世界だと見るとき、自己が万物とつながっているために（このことは「自己は存在しない」という言い方で表されています）、自己は全世界を包括しているように見えます。私たちは、この生命実物を呼ぶのに、「自己」と呼んでも「万法」と呼んでもどちらでもよいのです。というのは、もし「自己」と呼ぶならば、その「自己」に「万法」が含まれているわけですし、もし「万法」と呼ぶならば、その「万法」に自己も含まれているからです。仏教において、この全体的生命実物は、二つの側面から見られます。すなわち一つは、無数の個別のものごとからなる生命実物（相対的真実）であり、もう一つは、個別性のない全一的全体性（絶対的真実）です。この観点から見れば、われわれの生は、同時に個別的でありまた全体的でもあるのです。こうしたことから、「片方が照らされれば、片方は暗くなる」が意味することとは、「自己」と呼んだときにそれは「万法」も含んでいながらも、しかし「万法」はわれわれの意識にも言葉にも表れない暗がりのなかにある、ということです。「万法」と呼ぶ場合には、「自己」もそこにありながら暗がりにあって、われわれの意識にも言葉にも表れてきません。自己が照らされた場合には、万法は暗がりにあり、万法が照らされれば自己は暗がりにあるのです。これは、道元禅師が相依生起の不可思議な生命実物を表現されたありようなのです。

〔付記〕

「現成公按」巻第四段で述べられたことは、『般若心経』で十二因縁について述べた「無明も無く亦た無明の尽きることも無し、（乃至）老死も無く亦た老死の尽きることも無し」という箇所と関係があるかもしれません。

無明から老死に至る十二の原因と結果は、プラジュニャーから見ると、空なのだから最初から無いわけです。しかしそれらが無くなることもないと言われています。ということはそれらを滅尽してしまうのが菩薩行の目標ではないというメッセージなのでしょう。如浄禅師が言われたように、菩薩は常に衆生とともに欲界に留まって修行するのだとすれば、十二因縁のそれぞれが菩薩にとっては必要だということになります。ただそれらに騙されて迷いの因果を作らないように、あるいはむしろ、菩薩行の道具として使いこなさなければならないのだと思います。

第六章　身と心が脱け落ちる

（6）　仏道を参究することとは自己を参究することである。自己を忘れることである。自己を忘れることとは万法に証明されることである。万法に証明されることとは、自己の身と心、他者の身と心を脱け落とすことである。それ自体を把捉することができないさとりの軌跡は存在する。われわれはこの把捉することができないさとりの軌跡を、限りなく表現するのである。

仏道をならふといふは、自己をならふなり。自己をならふといふは、自己をわするるなり。自己をわするるといふは、万法に証せらるるなり。万法に証せらるるといふは、自己の身心および他己の身心をして脱落せしむるなり。悟《ご》迹《しゃく》の休歇《きゅうかつ》なるあり、休歇なる悟迹を長長出《ちょうちょうしゅつ》ならしむ。

仏道を参究するとは自己を参究することである

この箇所は、シャカムニ・ブッダと道元禅師の教えの両方において、最も核心となる部分です。最初期の仏典の一つである『ダンマパダ』では、ブッダはこのように言っています。「自己のよりどころとなるのはただ自己のみである（自己の拠りどころは、自己のみなり[4]）。

しかし、これは実際にはどういう意味なのでしょうか。だれかが「仏道を参究する」と言った場合、その人は次のようなことを考えてしまいがちです。すなわち、彼あるいは彼女つまり特定の個人が、「仏道」と呼ばれるなにか客観的なものごとを参究する、というありようです。この場合「私」が主体で、「仏道」は客体であって、「私」と称する人物が「そのもの」を理解し、その知識を所有したいと希望しているということです。これが通常われわれが考えるところの「私がそれを参究する」ということがらです。

この文章で「to study 参究する」と翻訳したもとの日本語は、「narau 習う」という言葉です。「習う」は、もとは「nareru 慣れる」からきた言葉で、「慣れる」とは、「to get accustomed to なじませる」「to become familiar with 親しむ」「to get used to 慣れる」「to become intimate with 親密になる」などを意味します。ですから「習う」とは、なにかを知的に参究するという単純な意味を超えたありようをしているのです。

「narau」の漢字は、「習」と書きます。この字の上部分の「羽」は、鳥のはねを表していて、下部分の「白」は「自己」を意味しています。つまり「narau」とは、赤ちゃんの鳥が飛び方を両親と「参究する」ようなやり方で、なにかを「参究する」ことを意味しているわけです。生まれた時から赤ちゃん鳥は飛ぶ可能性を持ってはいるのですが、両親の動きを見て、実際にどのように飛ぶかを習います。赤ちゃん鳥は、両親を見て、自分が両親のように飛ぶことができるまで、くりかえしくりかえし挑戦し続けます。これが「参究する（to study）」と訳した言葉のもとの意味で、道元禅師が「自己を参究する」と言われたのも、この意味においてです。こうした参究の仕方は、単に知的に参究するということではありません。もちろん、知的に参究することは、人類がものごとを習う上で行ってきた方法ではあるのですが、しかし空を飛ぶことを習うためには、——つまり本当に純粋に生命力を発現して生きるためには、知識の蓄積だけでは十分ではないのです。鳥にとって空を飛ぶことが、まさに鳥となることであるように（この場合、ペンギンやダチョウなどは外しています）、自分を参究することは、人間が人間となるために本質的な活動なのです。人間とは、人間となるために、自己を参究することを必要とする生物なのです。

このように自己を参究する場合には、われわれは自分自身を客観的な対象物として見ることはできません。そうではなく、自分の生命を事実「生きぬく《リヴ・アウト》」こと、つまり自分の身と心とで実践していくしかないのです。ですから知的な探求は、たしかに重要なのですが、この「参究」の小さな一部分にしかすぎません。「私が仏道を参究する」という言い方自体に、すでに主体と客体との分離がなされています。しかしそれは誤った考え方であり、われわれ人間が、生命実物そのものを見ることができない、根本的な問題となるものなのです。真に仏道を実践し、自己を参究した場合には、「私」「自己」「仏道」「参究すること」「修行実践すること」のうちに、なんの分離もなくなります。純粋に自己を参究するときには、「私」は自己となり、また参究する活動を離れた「私」などはないからです。主体、客体、そして活動が完全に一つのものとなっています。しかし、私たちがそのことを思ったりしゃべったりすると、概念を使うことになり、「私」は「自己」を「参究する」あるいは「私」は「仏道」を「参究する」としか言えなくなってしまうのです。ですから重要な点は、私たちはただ参究すべきであり、ただ修行実践するべきである、ということです。ただ修行を行い、ただ参究するその行為のうちに、「自己」と「仏道」の両方が現れていくのです。参究し続け、修行し続け、現し続けるのです。これが、第五節で道元禅師が言われたことでした。

（5）　ブッダたちが真にブッダであるときは、彼らは自分がブッダだとは感じる必要がない。そうでありながら彼らはさとりを得たブッダたちであり、ブッダを実現化することを続けているのである。

諸仏のまさしく諸仏なるときは、自己は諸仏なりと覚知することをもちいず。しかあれども証仏なり、仏を証しもてゆく。

日常生活の範囲で「私は水を飲みます」と言う場合、それは、他者とどのようにコミュニケートするか、ということとして機能します。「私はコップ一杯の水を飲みたい」と私が言った場合、私は自分の欲しいものを表明し、誰かがコップ一杯の水を持ってきてくれるかもしれません。通常の社会生活においては、このコミュニケーションにはなんの問題もありません。しかし、仏法の言葉としてしゃべる場合には、そのようにうまく機能してくれません。というのは、仏法を実現するためには、われわれは主体・客体・活動が分離しているという問題から自由になるために、用語も、概念も、言語も、そして論理も、飛び超えていかなければならないからです。しかしこのことは、われわれが考えるのをやめて、ものごとを普通ではない、神秘的なやりかたで捉えるべきだということではありません。つまり、われわれの生の生命実物とは、非常に明快でありふれたことがらであるのですが、ひとたびこの生命実物を言葉や概念を使って語ろうとし始めると、この真の、生き生きとした、明白な性質を失ってしまうということです。

禅堂における修行実践では、自分たちの身と心でもって、ただ坐ります。そのようにして、禅堂の外の活動においても、同じように自分の行動を仏道へと向けていきます。仏道を修行する際には、自己と、自己を参究することと、自己によって参究される自己のあいだに分離はありません。自己は自己を参究し、参究する行為もまた自己です。われわれの行為から離れた自己なるものは存在しないからです。道元禅師はこの自己を「自受用三《じじゅゆうざん》昧《まい》」と定義されました。沢木興道《さわきこうどう》老師の用語でいえば、「自分が自分する《セルフ・セルフィッシング・セルフ》」[5]ということです。

この箇所を解説するために、ランナーとランニングの行為との関係について、考えることができると思います。

前記の考えでは、ランニングという行為を離れてランナーという存在はいないことがわかります。というのも、ランナーとランニングとは同じことがらだからです。このような場合、ランナーとは「走る人」と定義されるわけですので、そのような走る「人」などはもはやどこにもいないということになります。古代インドの偉大な祖師であるナーガールジュナは、こうした例を挙げて、空の説明を行い、固定的永続的な実体を持つ本質が身体と心を「所有する」という考えを否定しました。

走ること《ランニング》は、坐ること、食べること、飲むこと、呼吸をすること同様に、ありふれたことがらです。しかしそこで、「ランニング以外に『私』はいない」あるいは「ランナーなしのランニング」などという言い方をすれば、なにか神秘的なことがらについて語っているように感じてしまいます。しかしこうした見方は、ナーガールジュナや道元禅師のような人々の教えについての誤解です。このような祖師方の教えは、きわめて通常のことがらに対して、ごまかしをすることなく真に生命実物に即した方法で表現しようと試みているのです。このために、われわれの考えを飛び超えた生命実物を表すため、言葉自体を否定する言葉が用いられているわけです。

仏道を修行実践するとき、そこには自己などはなく、また仏道も他のなにものもありません。それは、自己と仏道と他者が共同して一つのものとして機能しているからです。「われわれの行為」と呼ぶものは、事実、自己と他人、他のものとが共同して機能していることがらです。たとえば、ある人が自動車を運転するときには、その人は「彼」が主体で「自動車」が客体であると考えます。しかし実際には、私たちは自動車なしで運転などはできません。つまり、私たちができるのはただ、運転手となるだけか、あるいは自動車の助けによって運転させてもらっているといったことだけです。そして自動車は、誰かが運転したとき、その移動のための運ぶ機械としての機能を、はじめて十全に発揮しているのです。運転手が運転しなければ自動車は自動車であることができないのと同様に、自動車がなければ運転手は運転手として存在できないのです。自動車は、われわれに、物質的な影響と同じように、心理的にも影響を及ぼします。たとえば、自動車のスタイルや品質のちがいにより、ちがった気分や仕方で運転します。古い安手のトラックでがらくたの積み荷を運んでいる場合と、新品の高級車で大事な来賓をお連れしている場合とでは、運転手の気持ちも態度も、まるで違ったものとなるでしょう。自動車はまた、速く快適に移動することができる能力をわれわれに提供してくれますが、とはいえもし故障を起こせば、希望地へ到着するため、通常よりもずっと大きい努力をしなければならなくなります。修理費・燃料費・保険料などは、われわれの生活に金銭的負担としてのしかかり、重荷に感じる場合もあります。そのようにして、私たちが自動車を保有しコントロールをしているのと同程度に、ある意味では、自動車がわれわれを所有し、われわれをかたち作るのであり、運転の行為そのものが、実際には、人と自動車とが共同で動作を行うことによってはじめて現れ出るものなのです。こうした相互に影響しあっている生命実物、相依的つながりの生命実物は、「仏教者」とよばれる、ある「特殊な」人々だけの真実ではありません。事実として、すべての存在は、相依生起の円環のうちでこのように活動しているということなのです。

仏道には自己と他者とが一つのものとして含まれます。仏道は、坐禅している人々と、彼らが行ずる坐禅を含んでいます。それらは実際には一つのことがらだからです。これは説明することが非常に難しいのですが、しかしわれわれの生活においては、非常に明白なことがらです。この生命実物は、いわゆる「悟った」人々だけが到達することができる特殊な境地や特殊な状態なのではありません。それを感知できなくても、自己・行為・客体の三者は一つの生命実物として共通に働いているので、われわれの心のうちで、これらを無理に一つにするような訓練をする必要はありません。もし、自己・行為・客体の三者が実際には別々のものであったとしたら、これらは決して一つのものとなることはできないでしょう。この真実は、われわれが何を行おうとまた何を考えようと、いつも一つの生命実物だということです。

自己を参究することとは自己を忘れることである。
自己をならふといふは、自己をわするるなり。

仏道としてわれわれが自己を参究するとき、他者から引き離された自己などは無いことがわかります。それは自己が、万物とつながっているからです。それは『金剛経』で言われるように、自己は、夢・幽霊・泡・影・水滴・稲妻の光のように、あるように見えているけれども本当はあるとは言えないものです〔一切の有為法は、夢・幻・泡・影の如く、露の如く、また、電の如し〕〈原漢『般若心経・金剛般若経』一三四頁〉。自己は自性としては空なるものなので、自己を忘れなければならないのです。自己が、仏道を参究している場合でも、自己は忘れられるべきであり、自己は自己を参究しているなかで自己を忘れるのです。これがわれわれが坐禅において思いの手放しをする際に行っているありようです。坐禅においては、自己から引き起こされるすべて、すなわち、思い・感覚・感情を含めたすべてを相手にせずにすませます。自分たち中心の考えやダルマの理解のしかたなどということも含めた、まさしくすべてを、相手にしないのです。坐禅、ただ坐ること（只管打坐《しかんたざ》）とは、一面からは、われわれのカルマによって限定され、条件づけられた自己、自分の欲求にしたがって生きている自己を、完全に否定してしまうことです。しかしもう一面からは、こうした手放しによって、すべてのものが受容され、何ものも否定されないということです。坐禅においては、すべては「ただそのように《ジャスト・アズ・イット・イズ》」あります。思いの手放しとは、思いを殺すことではありません。思いは瞬間瞬間に出現しますが、私たちはただそれを相手にしないだけです。思いは浮かんだり消えたりしているのですが、坐禅において私たちはただ坐るのです。ただ坐るそのあいだ、すべてのものごとはただそのようにあります。否定するものも承認するものもないのです。この「ただ坐る」ことが、主体と客体との分離がないまま空を「見る」プラジュニャー〈智慧〉なのです。坐禅は、「私〈主体〉」がなんらかのテクニックを使って「空〈客体〉」を見る観法の一つの方法なのではなく、坐禅自体がプラジュニャーなのです。このことが、道元禅師が『正法眼蔵』「三昧王三昧《ざんまいおうざんまい》」巻で「坐禅そのものが仏法である（打坐の仏法なる）」〈『全集』第二巻一七八頁、春秋社、一九九三年〉と言われ、また、道元禅師の興聖寺時代に示され、非公式な場での講話をまとめた『正法眼蔵随聞記』で言われた「坐禅はそれ自体が自己の真のすがたである（坐は是れ便ち自己の正体なり）」〈『正法眼蔵随聞記』六五頁、岩波文庫、一九九一年〉ということなのです。

自己を忘れることとは万法に証明されることである。

自己をわするるといふは、万法に証せらるるなり。

「万法〈万物〉に証明されること」とは、「万物がやって来て、自己を通して修行——さとりを実現する」ということと同じ意味です。純粋にただ坐ることによって、自己の全存在は相依生起の地盤に、根を下ろすのです。「只管打坐」、道元禅師が教える坐禅は、様々の仏教の伝統において数多ある瞑想法と比較しても、ユニークな修行です。只管打坐を修行するときには、身体と心の全体でもって坐る以外になにもしていません。心を集中する対象もないので、実際には「瞑想《メディテーション》」の修行とも言えません。坐禅のとき私たちはマントラやなんらかの対象に心を集中するわけではありません。息を数えたり観察したりすることもありません。精神をなにか特定の対象に集中したり、なにかの瞑想技術を使うというのでもありません。身体と心でただ坐るだけです。目をやや開けたままにし、上半身をまっすぐにして、鼻から通して腹部まで届くような深い呼吸を深く、静かに、滞りなく行ってただ坐るだけです。この姿勢で坐るときに、身体の器官はそれぞれの働きを続けています。心臓は鼓動を打ち、胃は消化を行っています。坐禅において、身体のすべての器官が働き続けているのですから、頭脳だけ働きをやめなければいけない理由はなにもありません。甲状腺がホルモンを分泌するように、頭脳は思いを分泌するのです。だから思いは瞬間瞬間に湧き上がってきます。そうでありつつ、坐禅を実践するとは、こうした思いの流れに介入して何かをすることを控えていることです。ただ、すべてが自由に発生し自由に過ぎ去ってゆくようにしているだけなのです。なにも握りこもうとせず、なにものもコントロールしようとはしません。ただ坐るのです。

坐禅することは、非常にシンプルな修行です。しかし、シンプルだというのは必ずしも容易だということではありません。しかしそれは非常に深い修行実践です。坐禅においては、われわれはなにも達成することはありません。沢木興道老師が言われたように「坐禅したって良いことはなにもない《グッド・フォー・ナッシング》〔坐禅してもナンニモナラヌ〕」のです。しかし坐禅そのものが仏法そのものなのであり、修行のなかで「なにかを行う」ことをやめることによって、自己は万物より照らされ、証明されるのです。只管打坐は、個人が自分の意志と努力で実行できるような修行実践ではありません。私の場合お寺に住んでいますので、自分の意志と努力は、眠くても目覚ましが鳴れば起き上がって、洗面をし、法衣を着て、坐禅堂に降りてゆくまでは必要です。坐禅堂に入って坐蒲《ざふ》の上に坐ってしまえば、お役ご免です。むしろそれは、カルマによって個人的に限定され、常に自分の欲求を満足させることを求めている自己を放り投げてしまうような修行です。坐禅においては、真の自己、全一的世界と一つになった自己が、あらわになるのです。

身と心との脱け落ち

万法に証明されることとは、自己の身と心、他者の身と心を脱け落とすことである。
万法に証せらるるといふは、自己の身心および他己の身心をして脱落せしむるなり。

「dropping off body and mind 身と心との脱け落ち」とは、身心脱落を英訳したものです。これは道元禅師の教えのキーワードです。この言葉はもと、道元禅師の師である天童如浄禅師によって使われた言葉でした。天童山僧堂における、道元禅師と如浄禅師との個人的な対話の記録である『宝慶記《ほうきょうき》』では、身心脱落は、お二人のあいだでしばしば交わされる討論の主題の一つです。そうした討論の一つは次のようです。

堂頭《どうちょう》和尚（如浄禅師）が教えて言われた、「参禅(6)は身と心とが脱け落ちることだ。香を焚くことも、礼拝を行うことも、念仏（仏の名前を唱えること）を行うことも、懺悔の実践も、経を読むことも必要としない。われわれは、ただひたすらに坐るだけだ」。

私はお拝をして訊ねた、「身と心とが脱け落ちることとは何ですか」。

堂頭和尚が言われた、「身と心が脱け落ちることとは坐禅である。坐禅を修行するときに、われわれは五つの欲望（五欲《ごよく》）から遠ざかり、五つの覆い（五蓋《ごがい》）から外れるのだ」。

私が訊ねた、「五つの欲望から遠ざかり、五つの覆いから外れるということならば、それは教家《きょうけ》〈文字上の教えを説く者〉と同じ教えを守ることになり、大乗や小乗の修行者と同じことになりませんか」。

堂頭和尚が教えて言われた、「祖師（菩提達磨《ボダイ・ダルマ》）の継承者は、大乗・小乗の教えのどちらも嫌うことはない。もし、如来の聖なる教えに反対するような修行者がいたら、その者はブッダと祖師たちの継承者と呼ばれうるだろうか」。

私が訊ねた、「近年、疑わしい者たちが、三毒《さんどく》〈貪・瞋・痴〉がそのまま仏法であり、五欲がそのまま祖師たちの道であると言っています。彼らによれば、三毒や五欲を取り除くことは、えり好みすることであり、小乗の修行と同じになると言うのです」。

堂頭和尚が教えて言われた、「われわれがもし三毒と五欲を取り除かないとすれば、（シャカムニ・ブッダの時代の）ビンビサーラ王やその息であるアジャータサット王の国における仏教以外の教えを奉じる者たちと、同じになってしまう。ブッダと祖師たちの後継者にとっては、五蓋の一つ、五欲の一つでも取り除くことができれば、非常な利益があるのだ。これこそ、ブッダと祖師たちに出会うということなのである」。

堂頭和尚、示して曰く。参禅は身心脱落なり。焼香《しょうこう》・礼拝《らいはい》・念仏《ねんぶつ》・修懺《しゅさん》・看経《かんきん》を用いず、祇管《しかん》に打坐するのみなり。拝問す。「身心脱落」とは何ぞや。堂頭和尚、示して曰く。「身心脱落」とは「坐禅」なり。祇管に坐禅するとき、五欲を離れ、五蓋を除くなり。拝問す。もし五欲を離れ、五蓋を除くとならば、乃《すなわ》ち教家の談ずるところと同じきなり。即ち大小両乗の行人たるものか。堂頭和尚、示して曰く。祖師の児孫《じそん》は、強《あながち》に大小両乗の所説を嫌うべからず。学者にして、もし、如来の聖教《しょうぎょう》に背《そむ》かば、何ぞ敢て仏祖の児孫たるものならんや。拝問す。近代の疑わしき者の云く、三毒は即ち仏法、五欲は即ち祖道なり。もし、彼等を除かば、即ちこれ取捨にして、還《かえ》って小乗に同じきなりと。堂頭和尚、示して曰く。もし、三毒・五欲等を除かざれば、瓶沙王《びんしゃおう》の国・阿闍世《あじゃせ》の国の諸《もろもろ》の外道の輩《やから》に一如《いちにょ》ならん。仏祖の児孫は、もし一蓋・一欲だにも除かば、即ち巨益《こやく》なり。仏祖と相見《しょうけん》するの時節なり〈原漢『宝慶記』『全集』第七巻一八〜二一頁、春秋社〉。

ここで如浄禅師は「参禅は身と心が脱け落ちることだ」「身と心が脱け落ちることこそが坐禅だ」と言われています。また如浄禅師は、身と心が脱け落ちることのうちで、われわれは五欲から自由になり、五蓋を取り除くのだとも言われます。五欲とは、五官の対象物と出会った結果として、心のうちに起こってくる欲求のことです〔色欲《しきよく》・声欲《しょうよく》・香欲《こうよく》・味欲《みよく》・触欲《そくよく》〕。私たちが対象物に対し、見たり、聞いたり、嗅いだり、味わったり、触れたりしたとき、それが心地よいものであればその感覚を楽しみ、さらにそれを得ようと望みます。これが執著《アタッチメント》です。あるいは、感覚が快適なものでない場合はそれを避けようとします。しかし、それを避けることが大抵は不可能なので、不満を持ったり、怒りを覚えたりするのです。そのようにして、五欲は、貪り〔貪《とん》〕の源泉であるとともに怒り〔瞋《しん》〕の源泉であることがわかります。

五蓋とは、われわれの心が健全なかたちで活動するうえで、それを阻害する障碍のことです。心の五つの蓋いとは、貪り《グリード》〔貪欲《とんよく》〕・怒り《アンガー》（憎しみ《ヘイトリッド》）〔瞋恚《しんい》〕・睡眠《スリープネス》あるいは怠惰《ダルネス》〔惛沈睡眠《こんちんすいみん》〕・動揺《ディストラクション》〔掉悔《とうかい》〕・懐疑《ダウト》〔疑《ぎ》〕[7]です。こうした五欲と五蓋とは、そもそもは、ナーガールジュナの『摩訶般若波羅蜜多経』についての注釈書、『大智度論』において、瞑想を阻害するものとして論じられていました。中国天台学派の偉大な学匠である天台《てんだい》智顗《ちぎ》（五三八～五九七）もまた、瞑想のマニュアルである『摩訶止観（サマタとヴィパッサナーについての大部の書）』[8]において、言及しています。智顗によれば、瞑想修行の修行者が五欲を離れ五蓋を除くことを、止観（サマタ「止めること」とヴィパッサナー「見ること」）と呼ぶのだと言います。すでに第一章で述べたように、道元禅師はもともと日本の天台僧侶として出家しました。天台伝統の瞑想修行についてはよく知っていて、禅の修行を始めたのは、天台の修行に満足しなくなったからでした。そのため、この会話で見られるように、道元禅師が如浄禅師に質問しているのは、五蓋と五欲についての禅の教えが、天台の教えと違っているかどうかだったのです。

この会話の時点までは、道元禅師は天台学派の教説との違いを探しています。しかしここで如浄禅師が言われるのは、坐禅修行は、仏典に記録され、哲学的な教家《きょうけ》によって体系化されたブッダの教えと、なにも変わらないということでした。この点は、道元禅師の後の教説、たとえば「教外別伝《きょうげべつでん》」思想の批判に、引き継がれています。如浄禅師と道元禅師は、この話題について会話を続けられています。次のようです。

堂頭和尚が教えて言われた。「ブッダと祖師たちの後継者は、五蓋を除き、それから第六蓋を取り除くのである。六蓋は、五蓋に無明蓋《むみょうがい》を加えたものである。もし、修行者が無明蓋を取り除いただけであっても、彼は他の五蓋からも自由となる。しかしもし、修行者が五蓋を取り除いても、無明は取り除かれない。そのような修行者はブッダと祖師たちの修行に達していないのだ」。

道元はこの教えを聞いてすぐさま、礼拝を捧げ、感謝の意を表した。手を叉手《しゃしゅ》(9)に組んで言った。「今に至るまで私は、お師匠様、あなたが下さったような導きをお聞きしたことはありませんでした。こちらにいる、年上の経験を積まれた老師方も、僧侶も、法友たちもこうした教えは知りません。彼らはこのようなやりかたで教えてはくれませんでした。今日はたいへん幸運なことに、師のお慈悲を頂いて、かつて聞いたこともなかった教えをお聞きしました。こうしたすばらしい幸運も、前世での法《ダルマ》とのつながりのおかげです。とはいえ、さらにまたお聞きするのですが、この五蓋、六蓋を取り去るために使うことができる秘術はありましょうか」。

師は笑いながら答えられた。「お前が一生懸命行っている修行はなんのためのものだ。その修行こそ、六蓋を取り去るためのダルマにほかならぬ。仏祖たちは修行の段階を設けなかった。彼らは直接に、また個別に、五欲と六蓋から離れる方法を、そして五欲から自由になる方法をわれわれに教え伝えたのである。ただ坐ること、そして身と心とを抜け落とすことに努力を注ぐこと、それこそが五蓋と五欲から離れる方法である。これは、五蓋と五欲から自由になる唯一の方法なのであり、それ以外の方法はまったく無いのである。第二、第三に落ちるような方法があるだろうか」。

堂頭和尚、慈誨《じかい》して曰く。仏祖の児孫は、先ず五蓋を除き、後に六蓋をのぞくなり。五蓋に無明蓋を加えて六蓋となす。ただ無明蓋のみを除くも、即ち五蓋を除くなり。五蓋を離るといえども、無明蓋にして未だ離れざれば、未だ仏祖の修証に至らざるなり。道元、便《すなわ》ち礼拝し、拝謝《はいじゃ》し、叉手して白《もう》さく、前来《ぜんらい》、未だ今日に、和尚の指示したまえるがごときことを聞かず。這裏《しゃり》の箇箇《ここ》の老宿《ろうしゅく》・耆年《ぎねん》・雲水《うんすい》・兄弟《ひんでい》、すべて知らず、また曽《かつ》て説かざりき。今日多幸にも、特に和尚の大慈大悲を蒙《こうむ》り、忽《たちま》ちに未だ嘗《かつ》て聞かざりしところを蒙《こうむ》るは、宿殖《しゅくじき》の幸《さいわ》いなり、ただし、五蓋・六蓋を除くに、其の秘術ありや、また無きや。和尚、微笑して曰く。你《なんじ》が向来《こうらい》、作《な》すところの工夫は、甚麼《なに》をか作すや。這箇は便ちこれ六蓋を離るるの法なり。仏々祖々は階級を待たず、直指単伝《じきしたんでん》して五蓋・六蓋を離れ、五欲等を呵《か》したまえり。祇管に打坐して功夫を作し、身心脱落し来るは、乃ち五蓋・五欲等を離るるの術なり。この外に、すべて別事なし、渾《まった》く一箇の事なし。あに、二に落ち、三に落つるものあらんや〈原漢 同三六～三七頁〉。

これこそ、身と心の脱け落ち（身心脱落）について、天童如浄禅師が説明されたことです。身心脱落という用語を理解するには、如浄禅師がそもそも行われた説明を理解する必要があります。如浄禅師によれば、身と心の脱け落ちとは、六蓋から自由になることでした。この六蓋とは基本的に、心の三毒〔貪《とん》（むさぼり）・瞋《じん》（いかり）・痴《ち》（おろかさ）〕と同じものを指します。心の三毒は、サンサーラでの輪廻の原因となるものであり、坐禅のときわれわれは、この三毒の心を相手にしません。まさにこの理由で、道元禅師は、坐禅は人間の修行ではないと言われたのです。坐禅はブッダの修行なのです。

道元禅師を教えられる中で、如浄禅師はまた、「仏祖たちは修行の段階を設けなかった」と言われました。そして、「第二、第三に落ちるような」ものなどはないと言われました。こうした天台の教えは、そもそもは『法華経』に基づいています。『法華経』では次のような箇所を読むことができます。

十の方角のブッダの土地では
ただ一つの乗り物の法だけがある
二もなく三もない
仏の方便として説かれた教えは除かれている(10)

十方《じっぽう》の仏土《ぶつど》の中には
唯《ただ》、一乗《いちじょう》の法のみありて
二無く、亦《また》、三無し
仏の方便《ほうべん》の説をば除く〈原漢『法華経』上一〇六〜一〇七頁、岩波文庫、一九七六年〉

この言葉が意味しているのは、生命実物においては、三乗〔声聞乗《しょうもんじょう》・縁覚乗《えんがくじょう》・菩薩乗《ぼさつじょう》〕などといった段階は存在しないということです。それは単に、仮の、たくみな方法であるということです。如浄禅師は、こうした言い方によって、坐禅の修行はこのような一時的な方法なのではなく、ただ一つのダルマの乗り物であることを述べておられます。道元禅師は、『正法眼蔵随聞記』で、この教えを響かせておられます。

坐ることがブッダの修行である。坐ることそのことは、なにもしないことだ。これこそ自己の本当のすがたに他ならない。坐ることを離れて、仏法なるものを求めることはない。

坐はすなはち仏行《ぶつぎょう》なり、坐はすなはち不為《ふゐ》なり。是れ便ち自己の正体なり。此の外別に仏法の求むべき無きなり
〈『随聞記』岩波文庫、六五頁〉。

『宝慶記』において、道元禅師は、身と心が脱け落ちることに関する教えについて、さらにもう一つの会話を残されています。

ある時和尚が言われた。「羅漢《らかん》(11)と縁覚仏《えんがくぶつ》(12)の坐禅は、執著から自由になったものではあるが、しかし、偉大な慈悲を欠落させている。そのために彼らの坐禅は、仏祖たちの坐禅とは異なるものなのである。すなわち、仏祖たちの坐禅は、偉大なる慈悲とすべての衆生を救おうという誓願を重視することを第一にするのである。インドにおいて、仏教外の修行者たちも坐禅の修行をするが、しかし彼らには三つの病がある。すなわち、「執著《アタッチメント》」「誤った見方《ミステイクン・ヴューズ》」「傲慢《アロガンス》」である。そのため、彼らの坐禅はブッダと祖師たちの坐禅と異なっているのである。声聞《しょうもん》(13)も坐禅を修行するが、彼らの慈悲心は弱く、そのため智慧でもってすべての衆生の真の現実を貫けていないのだ。ブッダと祖師たちは初めて菩提心を起こしたときから、すべての仏法を集めようと願っているのだ。ブッダと祖師たちは、坐禅のさなかにあって、衆生を忘れたり、捨てたりはしない。たとえば彼らは、昆虫にまでも慈悲の心を向けるのである。彼らは、すべての衆生を救おうと誓い、自身の修行の利益をすべての衆生へと捧げようと誓うのである。それで彼らは欲望の世界のただなかで坐禅修行を行い、また、欲望の世界(14)のなかでもとりわけ、瞻部洲《せんぶしゅう》(15)に最も深いつながりを持っているのである。ブッダと祖師たちの修行は、代々に美徳を行い、自身の心を柔軟にすることができているのである」。

道元は礼拝して訊ねた。「自身の心を柔軟にするとはどういう意味でしょうか」。

和尚が教えられた。「ブッダと祖師たちの身と心が脱け落ちていることを肯定することが、柔軟心である。これは、仏祖の心のスタンプ（心印）と呼ばれるものだ」。

道元は六拝した。


和尚、ある時示して曰く、（阿）羅漢と（辟《びゃく》）支仏《しぶつ》との坐禅は、著味《じゃくみ》にあらずといへども、大悲を闕《か》く。故に、仏祖の、大悲を先となし、誓って一切の衆生を度《わた》さんとする坐禅とは同じからざるなり。西天《さいてん》の外道《げどう》も、また坐禅す。然《しか》りといえども、外道には必ず三つの患《わずら》いあり。いわく著味《じゃくみ》、いわく邪見《じゃけん》、いわく憍慢《きょうまん》なり。所以に、永《とこしなえ》に仏祖の坐禅とは異るなり。また、声聞《しょうもん》の中にもまた坐禅あり。然りといえども声聞は、慈悲乃ち薄し。諸々《もろもろ》の法中において、利智をもってしても、諸法の実相に毋《かん》（貫）通《つう》せず、独り自身をのみ善くして、諸《もろもろ》の仏種を断ず。所以に、永く仏祖の坐禅に異なるなり。いわゆる仏祖の坐禅は、初発心より、一切諸仏の法を集めんことを願う。故に坐禅の中において、衆生を忘れず、衆生を捨てず、ないし、蜫虫《こんちゅう》にまでも、常に慈念を給《きゅう》して、誓って済度《さいど》せんことを願い、あらゆる功徳を一切に廻《めぐ》らし向けるなり。この故に仏祖は、常に欲界に在って坐禅弁道す。欲界の中においても、ただ瞻部洲《せんぶしゅう》のみを最たる因縁となし、世々に諸の功徳を修して、心の柔輭《にゅうなん》なることを得ればなり。道元、拝して白《もう》さく。作麼生《そもさん》か、これ心の柔軟を得るとは。和尚、示すらく。仏々祖々の身心脱落を弁肯するが、乃ち柔軟心なり。這箇を喚んで、仏祖の心印と作すなり。道元、礼拝すること六拝なり〈原漢『全集』第七巻三八～四一頁〉。


これらが道元禅師の私的記録における、身心脱落についての如浄禅師との会話です。

伝統的には、道元禅師が悟りの体験を得られたのは、如浄禅師が道元禅師の隣に坐っていた僧侶を叱り、「坐禅は身と心を抜け落とすことだ。ただ眠っているだけで、どうするのだ」と言った時であったとされています。

道元禅師の伝記においてこの逸話は、もともと瑩山《けいざん》紹瑾《じょうきん》禅師（一二六八～一三二五）の『伝光録《でんこうろく》（灯りの伝承）』

において著されたものでした。

今日、山口大学の杉尾玄有《すぎおげんゆう》教授や駒澤大学の石井修道《いしいしゅうどう》教授といった、何人かの道元禅師研究者は、この話が瑩山禅師の創作になるものだと考えています〈巻末文献一覧参照〉。彼らの主張では、もしそうでないと、道元禅師が見性《けんしょう》を得ることを目的とする修行を批判したことと、道元禅師ご自身の体験とが矛盾してしまうからです。石井教授は、道元禅師の悟り体験を語るこの創り話こそが、道元禅師伝の他のでっちあげられた部分よりも、もっとも道元禅師の教えを誤解させてしまうものだと主張してきました。道元禅師ご自身は、はっきりとした悟りの体験などは、その著作のなかでなにも記されていないのです。鈴木格禅《すずきかくぜん》老師は、一九九九年出版の永平寺の機関紙『傘松』〈六七〇号、大本山永平寺傘松会、一九九九年〉に掲載した『辦道話〈全心の修行についての講話〉』についての講義において、杉尾教授と石井教授に次のように賛同しています。「道元禅師の場合には「パアッ‼」と悟ったというようなことではないと思います。でありますから道元禅師の場合、眼蔵を拝覧していても一言もそういうことをおっしゃっておりません。自己存在が自分のものでないことの深い気付きと頷きなんです」〈同四二頁〉。

私はこうした研究者方に賛同します。なぜなら、明らかに道元禅師の死後創作された記述に正統性を与えるより、道元禅師が身心脱落について如浄禅師と会話をされた道元禅師ご自身の記述にこそ信頼を置くべきであると考えるからです。

如浄禅師は道元禅師との会話の中で、「参禅は身と心が脱け落ちることだ」、「身と心が脱け落ちることが坐禅だ」と言われました。これは言い換えるならば、身と心が脱け落ちることは、坐禅修行の結果として得られる、なにか特別な心理学的状態ではないということです。むしろ、坐禅そのものが身と心が脱け落ちることなのです。

約三十年前、私が駒澤大学の学生であったころ、高崎直道《たかさきじきどう》博士が、「身心脱落」の道元禅師の理解について、ある疑問を提出しました。高崎博士は、如浄禅師とのあいだで交わした有名な会話における中国語の表現を、道元禅師が誤って理解された可能性を示唆したのです〈『古仏のまねび――道元』四八〜五一頁、角川書店、一九六九年〉。高崎博士によれば、如浄禅師は「身と心が脱け落ちる〔身心脱落〕」ではなく、「心の塵が脱け落ちる〔心塵脱落〕」と言われたのでしたが、日本語ではどちらも発音が「しんじんだつらく」であったがために、道元禅師はそれを聞き間違えられたというのです。他の研究者はこれには賛同しませんでした。それは、「心塵」と「身心」という熟語では、どちらも「しんじん」という発音なのですが、中国語の声調《せいちょう》が異なっているので、道元禅師がそれを聞き違えられることはないだろうと考察したからでした。私は次のように考えています。もし道元禅師が、『伝光録』にみえる創られた逸話のように、如浄禅師が「身心脱落」という言葉を使われた機会に、ただ一度だけそれを聞かれたのであれば、それを聞き間違えられたこともありえたでしょう。しかし、道元禅師自身の叙述となる『宝慶記』によれば、道元禅師は「身心脱落」という表現について、如浄禅師と少なくとも三回は議論されたのです。『宝慶記』では、道元禅師がこの表現を如浄禅師に対し口に出してしゃべっておられる場面を見ることができます。もし道元禅師が発音を間違えられたとすれば、如浄禅師はかならず道元禅師を正されただろうと思います。こうした理由から、私は、道元禅師がこの重要な言葉について聞き間違いを犯されたなどということは、考えにくいと思います。

道元禅師の教えの本質となるものとして広く議論されているこの「しんじんだつらく」について、私たちはもっと近くによって観察してみましょう。「脱」は、漢字の文字の意味としては「to take off 取り除く」「to slough off 脱ぎ捨てる、かきおとす」という意味、「落」は「to drop off 落とす」「to cast off 放り投げる」「to fall down 落ちる」という意味です。研究者のカール・ビルフェルト氏は、この前半部の「脱」の意味を強調して「to slough off body and mind 身と心を脱ぎ捨てる」と英訳しています〈Carl Bielefeldt, *Dōgen's Manual of Zen Meditation*, University of

California Press, 1988〉。「dropping off body and mind, cast off body and mind 身と心が脱け落ちる」という英訳は、熟語の二番目のことばである「落」を強調したものです。しかし、「身心脱落」とは、われわれの修行において、現実的にはどのようなことを意味しているのでしょうか。

私たちは、一生涯を通じて、つまり生まれたときから死ぬまで、なんらかの着るものをまとっています。衣服は着ている人の社会的地位や職業、文化的・宗教的なバックグラウンドを表示します。僧侶は僧侶のお袈裟を着け、帝王は威厳のある服装をします。農夫は野良着を、兵士はその階級に準じた制服を着ます。金持ちは豪勢な服装をし、貧しい者は質素な服装をします。中国の人々は中国の服を、日本人は日本の服を、アメリカ人はアメリカの服を着ます。人々の衣服を見れば、その人がどのような社会の人なのかがわかります。

私たちはまた、別の衣服も着ています。社会的立場と地位とは、私たちを定義づけるものとして衣服の一種です。私たちは貧困・裕福・あるいは中間層の衣服を着ています。また私たちは職業の衣服も着ています。医者・弁護士・整備士・僧侶・学生・教師などです。しかし壁に向かって坐り、思いを相手にしないときには、自分自身を他人と比べることはありません。こうした衣服を脱ぐのです。坐禅のとき、私は日本人の仏教僧侶ではありません。日本人でもアメリカ人でもありません。坐禅のときには、裕福でも貧しくもなく、仏教徒でもキリスト教徒でもないのです。「日本人」「アメリカ人」「仏教徒」「キリスト教徒」「男性」「女性」などというのは、私たちが他人と自分とを比べることからくる相対的なものにすぎません。私をアメリカ人と比べれば、私は日本人です。しかし、日本人以外の人が存在するということを知るまでは、自分が日本人であるということも知りませんでした。壁に向かってただ坐る場合には、私たちは迷いの衆生でも、さとったブッダでもありません。私たちは生きているのでも死んでいるのでもない。私たちはただ私たちなのです。それだけです。坐禅においては、私たちは自分の衣服を脱ぎ、はだかの自己となるのです。

私たちは人生の途上にあって、たくさんの異なった経験を持ち、その無数の経験のさなかで自分のイメージをかたち作ります。私たちは、自分自身について、能力があるとかないとか、優れているとか劣っているとか、金持ちだとか貧しいだとか、正直者だとか不正直者だとかなどと考えます。このようにして、私たちは自分を定義づけ、自分がなにものかということの考えに固執するわけです。つまり、カルマのなかにある自分を作り上げるのです。しかし坐禅で坐っているときには、私たちはこのような自己イメージを相手にしません。思いを手放しすることによって、こうした観念は脱け落ち、身と心とが、カルマの束縛から離れるのです。これが「脱落」の意味するところです。如浄禅師の言われるところでは、われわれは五欲と六蓋から離れるわけです。坐禅においては、私たちは考えている対象や感情に引っ張りまわされません。それで自分たちをサンサーラに縛る三毒の心から離れることができるのです。坐禅においてただ坐ることそのものがニルヴァーナの修行だということです。

私は仏教僧侶ですが、妻にとっては夫であり、子供にとっては父親です。家族といるときには、私は父親であり、父親の役目を勤めています。講義を行うときには、私は講師として道元禅師の教えについて理解してもらえるように、——といってもそれが成功しているかはわかりませんが——全力でお話をします。こうした役目は場面が変わるごとに身に着ける衣装のようで、その場面に果たすべき役割を一生懸命行うことによって、自分が何者かを定義づけているのです。しかし、壁に向かって坐るときには、私は父親でも仏教僧侶でもありません。そのときには私はなにものでもないのです。私は空です。私はただ私であるだけです。これがカルマのなかにある自己からの解放です。このことは、しかし当然のことですが、坐禅修行が必ずしも容易で苦痛がないことを意味しません。心の中で、自分が見やすいようなイメージを作りあげ、それでそこそこ安定した生活を送っていますので、そのイメージを剥がされることは、かなりの苦痛です。

それ自体を把捉することができないさとりの軌跡は存在する。
悟迹《ごしゃく》の休歇《きゅうかつ》なるあり、

「把捉することができない」という言い方の道元禅師のもとの言葉は、「休歇《きゅうかつ》」です。「休」はやすむという意味、仕事をせず、行動しないということです。「歇」は止めるという意味です。「さとりの軌跡」と「休歇」という言葉は、相矛盾しています。「休歇」は「軌跡がない」という意味ですので、さとりの軌跡は休止であり、存在を止めているという意味になります。「それ自体を把捉することができないさとりの軌跡は存在する」という意味とは、さとりの「軌跡のない軌跡」が存在するということです。ここで道元禅師は、さとりについて、その軌跡が「ある」と「ない」という言い方を、同時に言っておられるのです。言い方を換えれば、さとりを把捉するやいなや、それを失ってしまうということです。ただ修行する、その軌跡はあるのではあるが、同時にそこにあるのでもない。このさとりの軌跡とは、まるで鳥が飛んだあとの軌跡、魚が泳いだあとの軌跡のようなものです。それはあるにはあるのですが、見ることも把捉することもできない。もしそれを把捉しようとすれば、消えて無くなってしまいます。しかし、思いを手放しすれば、そこにあるのです。

道元禅師はまた、この軌跡なき軌跡について、『正法眼蔵』「唯仏与仏《ゆいぶつよぶつ》（ブッダだけがブッダとともにいる）」巻で次のように書かれています。

くりかえせば、鳥が空を飛ぶとき、動物はその軌跡を発見しようとか辿ろうなどとは夢にも思わない。そのようなことがあることも知らないし、想像すらできないからだ。しかしながら、一羽の鳥は、それまで何百何千もの小さな鳥たちが群れをなして通り過ぎたその軌跡を見ることができ、また大きな鳥たちが南から北へ飛んで行ったその多くの軌跡を見ることができる。これは、車の轍が道に残っていたり、馬の足跡が草の上に残っていたりするよりも、はっきりと見えているのだ。

ブッダたちもまた同じである。どれほどたくさんの生涯を通してブッダたちが修行してきたのかと、あなたは思うことだろう。ブッダは、大きなブッダも小さなブッダも、その数は限りないのだが、そのすべてが自分たちの軌跡を知っているのである。ブッダでなければ、その軌跡を知ることはない。

なぜ、自分にはわからないのかとあなたは思うだろう。その理由は、ブッダはブッダの眼で以ってその軌跡を見るのであり、ブッダでない者はブッダの眼を持っていないので、ただそれがブッダの特質だと認めるだけなのである。

ブッダの道の軌跡を知らないものはみな、それを探さなければならない。もし、足跡を見つけたなら、それがブッダのものなのかを探求しなければならない。探求するあいだに、ブッダの軌跡がわかり、それが長いのか短いのか、浅いのか深いのか、それも知られるのである。自分の軌跡を照らすことは、ブッダの軌跡を参究することによって達成されるのである。この達成こそを、仏法《ブッダ・ダルマ》というのだ。(16)

又《また》、鳥の、空を飛《とび》ぬるをば、いかにも、ことけだものは、このあしのあとをしり、このあとをみて尋《たずぬ》ることは、夢にもいまだおもひよらず。さありと知らねば、おもひよるためしもなし。しかあるを、鳥は、よくちひさき鳥の、いく百千むらがれすぎにける。これは、おほきなる鳥の、いくつら、みなみにさり、きたに飛《とび》にけるあとよと、かずかずにみるなり。車の跡の、路にのこり、馬の跡の、草にみゆるよりも、かくれなし。鳥は鳥のあとを見る也。

この理《ことわり》は、仏にも有り。仏の、いくよよにおこなひすぎにけるよとおもはれ、ちひさき仏《ほと》け、おほきなる仏、かずにもれぬるかずながらしるなり。仏にあらざるをりは、いかにも知らざる事なり。いかにしられざるぞ、と云ふ人もありぬべし。仏のまなこにて、其《その》あとをみるべきが故に、仏にあらぬは、仏の眼をそなへず。仏の、ものかぞふるかずなり。しらねば、すべて仏の路のあとをば、たどりぬべし。このあと、若《もし》、めにみえば、仏にてあるやらんと、足のあとをもたくらぶべし。たくらぶる処に、仏のあともしられ、仏のあとの長短も、浅深《せんじん》もしられ、我があとの、あきらめらるることは、仏のあとをはかるよりうるなり。このあとをうるを、仏法とは云《いう》なるべし〈『全集』第二巻五二七頁〉。

また、臨済《りんざい》義玄《ぎげん》禅師（?～八六七）もこう言っています。

もし、たとえ精神の十の段階に到達した菩薩であっても、こうした道の先駆者の軌跡は、辿ろうとしても決して見つけられないだろう。だからこそ、天上の神々たちも歓喜し、地の神々も足を捧げ、十方のブッダたちも称賛の声を出しているのである。なぜか。仏法を聞いている人の道は、その行動の軌跡を何も残さないためなのだ。(17)

乃至十地《じゅうじ》満心《まんしん》の菩薩も、皆な此の道流《どうる》の蹤跡《しょうせき》を求むるに、了《つい》に得べからず。所以《ゆえ》に、諸天歓喜し、地神《じじん》足を捧げ、十方の諸仏も称歎《しょうたん》せざるは無し。何に縁《よ》ってか此の如くなる。今聴法する道人、用処蹤跡無きが為なり〈原漢『臨済録』一二八～一二九頁、岩波文庫、一九八九年〉。

こうした『臨済録』からの引用に見えるような禅の教えでは、「軌跡〈蹤跡〉」とは、自分の行動への執著のことであり、「軌跡を何も残さない」のは、一般的に言って肯定的なことがらとして言われています。しかし道元禅師の「軌跡」の用法は、禅の教えに見えるこのような叙述と異なっています。道元禅師もまた臨済のように、修行者は自己への執著を持つことなく、つまり目に見える軌跡を残すことなく、ただ修行を続けるべきであると言われました。しかし道元禅師によれば、見える跡を残さない修行実践の軌跡は、ちょうど鳥が通り過ぎたあとを、他の鳥たちもあとでそれを見てとるように、誓願を共有する菩薩たちにとっては見えるものであるというのです。

われわれはこの把捉することができないさとりの軌跡を、限りなく表現するのである。

……休歇なる悟迹を長長出《ちょうちょうしゅつ》ならしむ。

坐禅において、また日常生活のすべての行動において、私たちの修行は、この軌跡なきさとりの軌跡を、さらに相依生起の生命実物を表現しようと努力することにあります。これこそが、「現成公按」巻において道元禅師が示された要点です。生命実物を発現しようと修行するときに、修行とさとりとが一つであることをわれわれは知るのです。修行がなければ、そこにはさとりのようなものは存在しません。私たちは通常では、修行を手段として、さとりをその成果として考えてしまいます。しかし生命実物のさとりは、ただ修行実践の過程のうちに、一瞬一瞬、現れているだけなのです。

［付記］

（1）私は、内山老師の『自己』や『現代文明と坐禅』などの著書で読んで、『ダンマパダ』第一六〇偈の第一句を、「自己の拠りどころは自己のみなり」と記憶していました。それは、パーリ語からの日本語訳や英語訳では「拠りどころ」が「主」「master」と訳されているのを知ってからも、変わりませんでした。今回、内山老師が使われた表現の典拠が何かとの宮川師からのご質問によって初めて、それを確かめたことがなかったことに気が付きました。高校生で初めて『自己』を読んだ時から、あまりに親しんできた言葉だったので、その典拠について考えたこともなかったのです。探索の結果、宮川師より『南伝大蔵経』の『法句経』の訳にあることをご教示いただきました。その連絡を聞いた際に、安泰寺の図書館に『南伝大蔵経』も『大正新修大蔵経』も『国訳一切経』も所蔵されていたことを思い出しました。私がいた頃には、誰も読んでいた人はいなかったように思います。内山老師が、ご自分の文章には書かれていなくても、それらの文献を読んで精密に研究されていたことに初めて気付きました。

（2）「習」という漢字の下の部分「白」が「自」の変形であることは、藤堂明保編『学研漢和大辞典』の「解字」のところに書いてありました。しかし、それに基づいて、「習う」というのは雛鳥が親鳥が飛ぶのを見て、何度も「まねして」、次第に「なれて」、飛び方を習うように、自分が自分になるために「自己を習う」ことだという解釈は、私のこじつけです。

第七章　求めるほど遠ざかる

このあたりで、これまでに論じた部分について簡単に振り返ってみることが、有益だと思います。思い出していただけると思いますが、「現成公按」巻の最初の三つの文では、生命実物について三つの異なった理解のしかたが示されていました。最初の二文では、二つの異なった視点から「仏法」について論じています。最初の視点からすると、修行があり、迷いと悟りがあり、生と死があり、ブッダと衆生とがいます。第二文の「五蘊皆空」の視点から法を見るとき、迷いもさとりもなく、ブッダも衆生もなく、生も死もありません。

第三章で道元禅師は「仏道」、すなわち二分法で相対概念に分けられる以前の具体的な生命体験としての修行について論じられました。この生命体験では、生起（生）の時があり、死滅（死）の時があるのですが、それらは第一文で言われているようには明確に分離されていません。たとえば、生起の時には、そこにはただ生起のみあって、「死滅に対する反対概念」としての生起があるわけではありません。生きている時には、どんな状態であろうとも生きています。たとえどれほど深刻な病状であったとしても、その人は百パーセントの生を生きているのです。生と死とは確かに存在していますが、実際の経験において、生と死のあいだには二分法はありません。誕生したその生の時には、百パーセント生きているのですが、それはまた同時に、死につつあるとも言えます。

瞬間から、生きている一瞬一瞬が、死と呼ばれる場面へ近づいていることでもあるからです。生が死に対立するものとしてあるというのは、思考上のことがらにすぎません。臨死体験のさなかでも、その人は百パーセント生きているのです。死んでしまうと「生」は百パーセント消滅して跡かたもありません。実際の生命体験上は、生と死が出会うことは絶対にありませんが、それは生と死とは完全に「互いが浸透しあっている（相即相融《そうそくそうゆう》）」からです。われわれの思考上では、生は望ましいもので死は厭わしいものです。迷いの存在がサンサーラの中で輪廻し、六つの種類の世界に生まれ変わりを繰り返す一方で、それとは反対にブッダはさとられたのです。とはいえ事実は、有情《センティエント・ビーイングズ》のものたちが有情のものたちとして存在していることが、シンプルな生命実物なのであり、有情のものたちがブッダと反対概念として存在するわけではなく、迷いもさとりの反対概念として存在しているわけではありません。迷いの時は百パーセント迷い、さとりの時は百パーセントさとりです。仏道の生命実物のうちでは、ブッダはシンプルにブッダであり、有情のものたちはシンプルに有情のものたちであり、生はシンプルに生だけ、死はシンプルに死だけです。これは「色即是空、空即是色、色是色、空即空」と同じ論理です。道元禅師はこのさとりと迷いについての論を、第四節から第七節にいたるまで続けられています。次の章でとりあげることになりますが、第八節では、生起と死滅、生と死について論じられます。

第四節では次のように言われました。

私たち自身を動かして修行——さとりを実行させることは、迷いなのだ。すべてのものごとがやってきて、修行——さとりを私に実行させるということがさとりなのである。

自己をはこびて万法を修証《しゅしょう》するを迷《まよい》とす、万法すすみて自己を修証するはさとりなり。

これが道元禅師の、迷いとさとりについての定義です。次のように続いています。

迷いをしっかりと明らかにするものこそがブッダたちである。さとりについてははなはだしく迷ってしまうものが衆生である。

迷《めい》を大悟するは諸仏なり、悟《ご》に大迷《だいめい》なるは衆生なり。

これが道元禅師にとっての、有情のものたちとブッダたちの定義です。迷いとさとりは、自己と万法（つまりすべての有情と無情のものたち）との関係のしかたの中に存在するものです。言い換えれば、私たちがものごとに対して主体的、活動的になり、私たちの限られた考えに基づいてものごとを計量し、評価し、関係していくこと、その動きこそが迷いのうちになされているということです。真のさとりは、悟りについての単なる概念とは反対に、すべてのものごとが自己を通じて、修行——さとりを明らかにしているということです。自己は主体ではなく、むしろ受動的なのです。

ハンターの心

（7）人が始めに法を求めようとするときには、その人は法の境界からはるか遠いところに留まっている。法が正しく自己に伝えられたときには、その人はすぐさま本来の人物となる。

人が、舟に乗りこんで岸を見てみると、岸が動いているように誤って感じてしまう。舟そのものを（水面との関係で）見れば、舟が動いていることがわかるのである。同じように、私たちが自分の身と心とを、取り違えたやりかたで知覚し、区別する心でもってすべてのものごとを捉えてしまうと、私たちは、自己の心性が永久なものであると誤って考えてしまうのだ。親しく修行を行い、今ここに帰るならば、すべてのものごとには、(固定した)自己などはないことがわかるのである。

人、はじめて法をもとむるとき、はるかに法の辺際《へんざい》を離却《りきゃく》せり。法、すでにおのれに正伝《しょうでん》するとき、すみやかに本分人《ほんぶんにん》なり。

人、舟にのりてゆくに、目をめぐらしてきしをみれば、きしのうつるとあやまる。目をしたしく舟につくれば、舟のすすむをしるがごとく、身心を乱想して万法を辨肯《べんこう》するには、自心自性は常住なるかとあやまる。もし行李《あんり》をしたしくして箇裡《こり》に帰《き》すれば、万法のわれにあらぬ道理あきらけし。

この第七節では、道元禅師は迷いとさとりの関係について、真実を追求する修行の過程での自己と万法の関わり方として論じられます。

人が始めに法を求めようとするときには、その人は法の境界からはるか遠いところに留まっている。

人、はじめて法をもとむるとき、はるかに法の辺際を離却せり。

この最初の一文で、修行を始めるその動機《モチベーション》について語られます。真実、法《ダルマ》、精神的な道《スピリチュアル・パス》を探求することは、ほとんどの場合、人生についてのなんらかの疑問に対して、それを解決し、答えを出したいという欲求として始まります。生きていく中で、何かが欠落した感じを持つ場合があります。個人的な危機が、自分の生き方についての疑問を抱かせてしまう場合があります。老化、病気、他人の死、個人的な葛藤、財産や地位の喪失、愚かな選択、そういったものが多くの苦痛を呼び起こします。人は、自分の生き方が健康的でないと感じる場合に、そして物質的なものばかり求める生き方を捨ててしまいたいと願うときに、なにか精神的な道を探求してみようと思い立ちます。ほとんどの場合、自分の生き方に欠けている所を埋めるために、あるいは不健康な生き方からの回復を図ろうとして修行を始めるのだと思います。仏教においては、こうした目覚めへの欲求は、「菩提心《ぼだいしん》（ボーディチッタ）」と呼ばれ、「bodhi-mind 菩提の心」「awakening mind 目覚める心」「way-seeking-mind 道を求める心」と英訳されてきました。

しかし、この欲求も、欲望の一つではないでしょうか。たしかにその通りなのです。欲望の対象がいままでのありようとは異なっているものの、依然としてこれも、なんらかの対象を手に入れたいという欲望ではあります。人が物質的満足を追及することに疲れたときに、自分の人生の焦点を変えて、精神的な平安や救いを追求することになるのでしょう。仏教ではこれを解脱、悟り、あるいは涅槃の追求と呼びます。自分を変えようとするこうした欲求がなければ、精神的な探求を始める動機などはありません。とはいえ道元禅師によれば、当初、法《ダルマ》を探求し始めるときには、私たちは、ダルマの境界からはるか遠いところに移動してしまっているのです。それは、われわれの欲求が、獲物を仕留めようとするハンターの心を含んでいるためです。つまり、自分の人生においてなにかが欠けていると感じ、その不足しているものを追求しようと思ってしまうのです。ターゲットこそ違いますが、しかし心の中に起こっている過程は、空腹のときに食物を探しているときと、あるいは貧しいときにお金を求めているときと、同じなのです。この態度こそ、道元禅師が第四節で「私たち自身をすべてのものへと動かして修行――さとりを実行させることは、迷いなのだ」と言われたことなのです。言い換えれば、課題や目標に向かって修行することへ動けば動くほど、その人はダルマの境界から遠ざかってしまうということです。

坐禅修行の初期の段階では、修行者はしばしば、幻想的な感覚を感じさせる一種の特別な経験を得ることがあります。その感覚が徐々に消えてくると、修行者はこの特別な経験をふたたび得ようと非常な努力をして修行しますが、通常は同じような経験を得ることはできません。すぐに、不満と失望が襲ってきて、ついには疲労と倦怠によって、修行をやめてしまう場合もあります。これが「私たち自身をすべてのものへと動かす」修行であり、そのなかでは、人は獲物を仕留めるつもりで、悟りを捕まえようと努力してしまうのです。道元禅師によれば、これこそ迷いであり、ダルマの境界から遠く隔たっていることなのです。

この状況をどのようにすればよいのでしょうか。悟りや自由（解脱）、あるいは目覚めを得ようという欲求によって、私たちは修行しているのです。そうした欲求なしでは、真理を悟り実現させようとする動機を探すことは、非常に難しいことです。それはまるで、自分がその上に坐っている坐蒲《ざふ》を坐ったまま取り除こうとするようなものです。これはえてして多年にわたって勤勉な修行につとめたあと現れてくる問題です。さとりを得たいという欲求そのものが、まさに仏法を実現しさとるのに障碍となることが分かった時、自分自身の道を求める心から、自分自身を解放しようと闘わなければならないように見えてしまうのです。われわれは一体、欲求なしで修行することなどできるのでしょうか。こういう状態がかなり続くと、自分自身との闘いに疲れ果ててしまいます。その時に実際にできることといえば、白旗を上げて降参して、ただ坐ることのみなのです。そういう時に、なんだこういうことだったのかとホゾ落ちすることがあります。

欲求なしで坐禅を坐ることが只管打坐、すなわちただ坐るということであり、道元禅師が「すべてのものごとがやってきて、修行――さとりを私に実行させるということがさとりなのである」と述べられた修行のことなのです。只管打坐のとき、私たちは思いを手放ししてしまっていて、そこには「自分」という観念も、さとりを得ようとする欲求も、含まれていますから、坐っている主体は、もはや「私」なのではないのです。つまりそれが、ただ坐っているということです。『普勧坐禅儀（広く勧める坐禅の教え）』に書かれているように、私たちはブッダになろうという意図すらも、手放しをするのです。『正法眼蔵随聞記』で、坐禅の態度について道元禅師は次のように話しておられます。

坐ることがブッダの修行である。坐ることそのことは、なにもしないことだ。これこそ自己の本当のすがたに他ならない。坐ることから離れて、仏法なるものを求めることはない。

坐《ざ》はすなはち仏行《ぶつぎょう》なり。坐はすなはち不為《ふゐ》なり。是れ便ち自己の正体なり。此の外別に仏法の求むべき無きなり〈『随聞記』六五頁、岩波文庫〉。

このテキストのあとには、次のように言われています。

仏道を修行するうえで、なにかの報酬めあてに仏法を学んではならない。ただ仏法のために仏法を修行しなければならない。かりに、千もの経典、万もの論注を研究したにせよ、あるいは、たとえ坐蒲が破れるほど坐禅したにしても、こうした態度が欠けた場合には、仏祖の道は決して得られないのである。自分の身と心とを仏法のなかに放り投げ、先入観に固執することなく他人とともに修行するときに、たちまちのうちに仏道に合致するようになるのだ。

仏道を行《ぎょう》じて代《かわ》りに利益《りやく》を得ん為に仏法を学すと思ふことなかれ。只《ただ》仏法の為に仏法を修行すべきなり。縦《たと》ひ千《せん》経万論《きょうまんろん》を学し得て坐禅の床《ゆか》を坐破《ざは》するとも、此の心なくんば仏祖の道《どう》を得べからず。只すべからく身心を放下《ほうげ》して、仏法の中に置て、他に随ひて旧見《くけん》なければ、即ち直下《ぢきげ》に承当《じょうとう》するなり〈同一二三頁〉。

私たちがただ坐るときに、そして私たちが悟りへの欲求も、他のすべての思いや感情も手放しするときに、身と心を通して万法が修行を遂行するのです。坐禅は「私の」個人的意図に基づいてなにかを得るためにするものではありません。そうではなくむしろ、道元禅師によれば、この坐りこそ実際に、ブッダの修行《ブッダズ・プラクティス》（仏行《ぶつぎょう》）であるのです。

法が正しく自己に伝えられたときには、その人はすぐさま本来の人物となる。
法、すでにおのれに正伝するとき、すみやかに本分人なり。

「original person 本来の人物」とは、「本分人《ほんぶんにん》」の英訳で、相依生起のネットワークに生きている自己を表現したものです。「本」の文字は「original 元々の」「true 本当の」「root 根本」「source 源」と訳せますし、「分」は「part 一部、あるいはportion 部分」、「人」は「person 人物」を意味しています。それでこの言葉は、「元の顔（本来《ほんらい》の面《めん》目《もく》）」と同じ意味を持ち、カルマ的条件付けがなされる前の、元々の源にいる人物（自己）を指しているのです。この「本来の人物」は、われわれが坐って、思いを手放ししたときに、現れます。思いを手放しするのは、ある意味では、ブッダになりたいという欲求を含んだ、カルマ的な意識上のすべてを否定することです。思いを手放ししていても、思いは湧きあがってきますが、私たちはそれを手放したままにして、握りこまないのです。一方私たちは、ある意味では、意識上に躍り上がるすべてのものを受け入れてもいるのです。満足したいと愚図ったり、泣きわめいたりしている子供のような自分の欲求を、黙らせようとするのではなく、なだめたりすかしたり、あやしたりしているのだとも言えます。坐禅においては、なにも否定しませんし、なにも肯定しません。心をコントロールせず、ただ坐っているのです。本当になにもしないのです。ただ、まっすぐに、目覚めたまま坐り、腹部からの自然な、深い呼吸をして、思いの手放しをするだけなのです。だから道元禅師は「坐禅はなにも行わないことだ」と言われたのです。私はなにもしません。坐っているのは、もはや私の活動なのではありません。全世界が私の身と心を用いて坐っています。そうしているなかでは、相依生起の大地、元の源であるところの、非永続性〔無常〕と、独立した実在性の欠如〔無自性〕した大地に、その存在の全体を置いています。坐禅はそれ自体が、身と心を脱け落とすことです。

人が、舟に乗りこんで岸を見てみると、岸が動いているように誤って感じてしまう。舟そのものを（水面との関係で）見れば、舟が動いていることがわかるのである。同じように、私たちが自分の身と心とを、取り違えたやりかたで知覚し、区別する心でもってすべてのものごとを捉えてしまうと、私たちは、自己の心性が永久なものであると誤って考えてしまうのだ。親しく修行を行い、今ここに帰るならば、すべてのものごとには、（固定した）自己などはないことがわかるのである。

人、舟にのりてゆくに、目をめぐらしてきしをみれば、きしのうつるとあやまる。目をしたしく舟につくれば、舟のすすむるをしるがごとく、身心を乱想して万法を辦肯するには、自心自性は常住なるかとあやまる。もし行李をしたしくして箇裡に帰すれば、万法のわれにあらぬ道理あきらけし。

ここで道元禅師は、舟に乗って岸辺を見ている人が、動きをどのように感じているかを比喩として使われています。この人にとっては、実際には舟が動いているにもかかわらず、まるで岸辺のほうが動いているように見えてしまいます。それと同じように、通常では、周りのものごとが移り変わり、自分は同じ場所にとどまっていると見えるために、こうした変化の基礎にある原理をつきとめ、ものごとをコントロールしようと努力しているのです。このことが、人類文明の発展における、基本的な動機付けとなっていました。近代社会は、発展する技術知識の蓄積でもって、人類の満足のために環境を操作してきたのです。この技術的発展こそが、道元禅師が「迷い」と定義付けたものの、まさに典型的な例です。われわれ自身が変わり続けている存在であることを考慮しないままで、科学的発展を望むときに、われわれの相依的なありようも、また倫理性も、そして自分と世界を見る観点も、必然的に限定され、間違ったものとなるのです。

生活をよりいっそう快適に、豪華にしようと追求する中で、人類は多くのものを発明してきました。私たちは多くの生き物を殺し、幸福・富・発展の追求という旗のもとに、地球の大きな部分を破壊してきました。われわれは必要以上に地球を害し、生き物を殺していますが、それは実は、自分自身を害し、自分自身を殺しているこ となのです。この破壊は、迷いに基づいた生き方からの結果です。しかし、もしわれわれが親しく修行を行い、「今ここ」にもどるならば、われわれ自身が非永続的〔無常〕で、独立した実在性を欠如している〔無自性〕のであって、すべてのものごとに結び付いていることによって生きている存在であることがわかります。「今ここ」とは、相依的なありようの生命実物であり、人類をふくむ、原因と結果の広大なネットワークのうちのすべての存在の生命実物のことです。この生命実物の健康な一部分となるときに、自然の一切と同じ命を分かち合っていることを知り、この地球とすべての存在に対して、気配《ケア》りと慈悲《コンパッション》の心でもって付き合うことを学ぶのです。坐禅は、この生命実物に親しくふれる修行です。

道元禅師は、舟に乗る比喩を、『正法眼蔵』のうちの別の二か所でも使われています。「全機《ぜんき》（全体的な動きの機能）」巻と「都機《つき》（月）」巻においてです。これらの巻は、七十五巻本『正法眼蔵』のうちで連続している巻であり、一か月のあいだに書かれ、互いに緊密に関連しています。「月」を意味する漢字は（万葉仮名《まんようがな》という、漢字で日本語の発音をあらわす音声的方法によって書かれていますが）、同じように「全体の機能」という意味です。「全機」の巻で道元禅師は次のように書かれています。

生というのは、例えば、人が舟に乗っているときのようなものだ。この舟を「私」が帆を使い、「私」が舵をとり、「私」が棹を使っているように思う。「私」が舟を操っているのであるけれども、舟が「私」を運び、舟のほかに「私」はいないのである。こうした瞬間について、まさに探求することが必要である。まさにこの瞬間には、舟の「世界」のほかにはなにもない。空も、水も、岸もすべてが舟の「とき」となるのだ。このときは、舟に乗っていないときとおなじものではない。そのようにして、「私」が「生」を生かし、「生」が「私」を作って「私」に入れているのだ。舟に乗っているとき、われわれの身と心、自己と環境は、すべて舟の「本質的な一部」となっているのである。すべての土地とすべての空間が、舟の本質的な一部となるのだ。「私」という「生」も、「生」という「私」も、このようである。

生といふは、たとへば、人の、ふねにのれるときのごとし。このふねは、われ、帆をつかひ、われ、かぢをとれり、われ、さほをさすといへども、ふね、われをのせて、ふねのほかにわれなし。われ、ふねにのりて、このふねをもふねならしむ。この正当恁麼時《しょうとういんもじ》を功夫《くふう》参学すべし。この正当恁麼時は、舟の世界にあらざることなし。天も水も岸も、みな舟の時節となれり、さらに舟にあらざる時節とおなじからず。このゆゑに、生はわが生ぜしむるなり、われをば生のわれならしむるなり。舟にのれるには、身心《しんじん》依正《えしょう》、ともに舟の機関なり。尽大地・尽虚空、ともに舟の機関なり。生なるわれ、われなる生、それかくのごとし〈『全集』第一巻二六〇頁〉。

この一節は、「現成公按」巻の前述の箇所の説明となっています。自己、舟、岸、海全体、そして全世界のすべてが動き、ともに機能しています。道元禅師は、こうしたなかで動くことのない固定された自己などは存在しないと言われるのです。すべてのものは動いていて、このつねに動いている世界こそが「私」なのです。「都機」巻では、道元禅師は『円覚経《えんがくきょう》（完全なる悟りの経典。多くの禅匠によって使われていますが、中国で撰述された経典だと考えられています）』を引用されています。そこでブッダは次のように言われていました。

たとえば、動く目が静かな水をかき回してしまい、止めた目が火の回転を見るようなものだ。それは、雲が飛ぶと月が動くことと、また舟が運航すると岸が移るようなことと、ちょうど同じだ。

〈釈迦牟尼仏、金剛蔵菩薩に告げて言《のたまわ》く、〉譬《たと》へば動目《どうもく》の能《よ》く湛水《たんすい》を揺《ゆる》がすが如く、また定眼《じょうげん》の猶《な》お火を廻転《かいてん》するが如し。雲駛《はし》れば月運《めぐ》り、舟行けば岸移る、亦た復《ま》た是の如し〈原漢 同二六五頁〉。

道元禅師はこの引用を次のように解説されています。

いま如来が言われた「雲が走るとき月が動き、舟が運航するとき岸が移る」という言葉の意味とは、雲が飛ぶときちょうどそのときに月が動くのであり、舟が運航するちょうどそのときに岸辺が移るということだ。このことの要点とは、雲と月とがともに、同じ歩幅で、同時に、同じようにして動くのは、始まりも終わりもなく、前も後ろもないということなのである。舟と岸とが、同じ歩幅で、同時に、同じように動くことは、始まりも終わりもなく、そして回転もしない。同じように、人の動きは始めたり止まったりすることを超えているし、また止まったり始めたりすることそのものはその人ではないのだ。人の動きを、始めたり止まったりすることと関係あるものとして考えてはならない。雲が飛び、月が動き、舟が運航し、岸が移るというのも、すべてこのことと同じである。自分の狭小な視点によって限られた考えだけで、誤って考えてはならない。雲が飛ぶのは東西南北を超えるのであり、月が動くのは日夜、過去現在にわたって留まらないのである。舟が運航し岸が移ることは、ともに三つの時を超え、また三つの時を使うことができるものなのだ。こうした理由で、「今に直接に至っても、われわれは腹いっぱいで飢えは感じない」(18)のだ。

いま如来道《どう》の、雲駛月運《うんしげつうん》、舟行岸移《しゅうこうがんい》は、雲駛のとき、月運なり、舟行のとき、岸移なり。いふ宗旨《しゅうし》は、雲と月と、同時同道して同歩同運すること、始終にあらず、前後にあらず。舟と岸と、同時同道して同歩同運すること、起止にあらず、流転《るてん》にあらず。たとひ人の行《こう》を学すとも、人の行は起止にあらず、起止の行は人にあらざるなり。起止を挙《こ》揚《よう》して人の行に比量《ひりょう》することなかれ。雲の駛も月の運も、舟の行も岸の移も、みなかくのごとし。おろかに小量の見に局量《きょくりょう》することなかれ。雲の駛は東西南北をとはず、月の運は昼夜・古今に休息なき宗旨、わすれざるべし。舟の行および岸の移、ともに三世にかかはれず、よく三世を使用するものなり。このゆえに、直至如今飽不飢《じきしにょこんほうふき》なり〈同二六五～二六六頁〉。

このあとのテキストで道元禅師は書かれています。

そうであるのに、愚かな人々は、動かない月が雲が走るために動いて見えるのだとか、移ることのない岸が船が運航するために動いて見えるのだとかと、理解してしまうのだ。もしそのように愚かな人々の言うようであるならば、なぜそんなことが如来《タターガタ》の教えとなるわけがあるだろうか。仏法の基本的な教説は、決して、人間や神々などの狭小な考えなのではない。それは、考えの及ばないものではあるにしろ、あらゆる機会にただ修行実践だけがあるべきなのだ。誰が、舟と岸とを何度も往復しないでいられようか。誰が雲と月とにすぐさま目をつけないでいられようか(19)。

しかあるを、愚人《ぐにん》おもはくは、くものはしるによりて、うごかざる月をうごくとみる、舟のゆくによりて、うつらざる岸をうつるとみゆる、と見解《けんげ》せり。もし愚人のいふがごとくならんは、いかでか如来の道《どう》ならん。仏法の宗旨、いまだ人天《にんでん》の少量にあらず。ただ不可量なりといへども、随機の修行あるのみなり。たれか舟岸を再三撈摝《さいさんろうろく》せざらん、たれか雲月を急著眼看《きゅうじゃくがんかん》せざらん〈同二六六頁〉。

矛盾をどう読むか

数年前、スタンフォード大学で開かれた道元禅師カンファレンスで、カール・ビルフェルト教授が「道元禅師と生きる」[20]という題で話されましたが、そこで教授は「（道元禅師は）ともに生きるには難しい人物だ」と言われました。私もまったく教授に賛同するところです。道元禅師の教説に従って生きることは、非常に困難なことのように思えます。道元禅師は、厳格で、精密で、われわれの間違いに対しての批判に見えるように、訓告するときにはブレることがなく、そのうえ御自身の教えのなかでは、矛盾したところが見えるのです！　たとえば、道元禅師は『正法眼蔵』のうちで、舟と岸、月と雲、月と水滴といった比喩を何回か使われます。もし「現成公按」巻だけでこの「舟と岸の喩え」を考える場合には、岸（外部）が動くと見るのは迷いであり、舟（自己）が動くと見るのが正解です。しかし「都機」巻では、道元禅師は、舟が動いているとだけ見て、岸が静止していると考えるのも間違った見方だと言われるのです。つまり、もし「現成公按」巻で表された見方だけしか受け取らなかった場合、間違ってしまうということなのです。道元禅師は「現成公按」巻で、間違った見方を提示し、そのあと「都機」巻でそれを批判されたということなのでしょうか。もしそうなら、なぜ「現成公按」巻を書き直されなかったのでしょうか。亡くなる前年、道元禅師は「現成公按」巻を『正法眼蔵』の冒頭に置かれますが、そのときなぜこの「愚人の」見方を正されなかったのでしょうか。道元禅師が著作の中で、矛盾した二つのことを同じ比喩を使って言われるのは、その両方が正しいからなのでしょうか。

道元禅師の著述にはこのような多くの矛盾した記述があり、真に、あるいは最終的に意図されたことは何なのかについて、さかんな議論が研究者の間でいまもなされています。矛盾する箇所にでくわした場合、シンプルにどちらかを選べばそれでよいのでしょうか。それとも、両方の見方を受け入れることができるような、両者に意味づけできる共通の基盤というものを探し出すよう努力するべきでしょうか。

私は学者ではなく修行者ですので、修行のなかで出くわしてしまうわれわれの矛盾の経験に関連させて、道元禅師の矛盾を考察すべきであると確信しています。私自身は、道元禅師が中国へ旅をされたときのように、舟に乗って航海した経験はないのですが、ミネアポリスにいた時分に、中西部の広大な土地を横断して自動車を走らせたことはあります。そのときの経験をもとに考えると、時折、山々も、川も、建物も、そして広大な土地も、すべてが私たちのまわりを移動しているように思うときがあるのです。別のときには、同じ旅行中にしばしば行うことですが、地図を見て、山々や川、建物、そして広大な土地の位置についての概念を作っていきます。それらを動かないものと見て、出発点からどれほどの距離をすでに走ったのか、そして目的地に着くにはあとどれくらい移動しなければならないのかを、概念化して計測します。それから実際の山々や川や町を旅の途中で見ると、それらはわれわれが通り過ぎた地図上の動かない一点にあり、われわれは動くことのない土地を旅行してきたと考えます。これら両方の見方は、ある意味で、どちらも生命実物であり、またどちらも幻です。たとえば、山々の形は、自動車を走らせるわれわれの前で変わっていきますが、もしそうした山々が動くものであると信じ込むと、それはわれわれの感覚による間違いです。もし、われわれが動き、山々が動かないと信じ込むと、それはわれわれの思考による間違いなのです。

道元禅師は『正法眼蔵』「身心学道《しんじんがくどう》（身と心で道を学ぶこと）」で次のようにも書かれています。

十の方角の全世界を二つの翼、三つの翼として、ともに行き、また来る。それは飛び去り飛び帰ることだ。そして十の方角の全世界を三本の足、五本の足として、前進し後退することだ。(21)

去来《こらい》は尽十方界を両翼三翼《りょうよくさんよく》として飛去飛来《ひこひらい》す、尽十方界を三足五足《さんそくごそく》として進歩退歩《しんぽたいほ》するなり〈同五二頁〉。

ここで道元禅師は、生と死のうち、来ることと去ることのうちに、全世界を翼にし、足にしてわれわれが動くのだと言われています。つまり、全世界のすべてが、われわれが飛ぶことの一部となって動いているということです。しかし、なにが実際に動いているのでしょうか。岸が動いているのか、それとも舟が動いているのでしょうか。私は全世界の動きの一部なのでしょうか。全世界が私の動きの一部なのでしょうか。どちらが正しいのでしょうか。どちらが間違っているのでしょうか。「二つの翼、三つの翼」「三本の足、五本の足」の動きとは、実際にはわれわれの思考による、あるいは想像による把捉を超えているものです。

『正法眼蔵』「摩訶般若波羅蜜」巻で、道元禅師は師の天童如浄禅師によって書かれた風鈴についての詩を載せられています。

全身は口のようで、空っぽの空間につり下がっている
東西南北、どこからの風かを問わない
それらに対して等しく、プラジュニャーを語っている
チチンリンチチン

渾身《こんじん》、口《くち》に似て虚空《こくう》に掛《かか》り
東西南北の風を問わず
一等《いっとう》に他《か》の為に般若を談ず
滴丁東了滴丁東《てきていとうりょうてきていとう》〈原漢 同一一頁〉

チ、チ、ン、リ、ン、チ、チ、ン、と鳴らしているのは、風なのでしょうか、鈴なのでしょうか。これは、舟で海を運航しているときに、舟が動いているのか、岸が動いているのかと尋ねることと似ています。こうした例は、風に旗がたなびいていることを二人の僧が議論した、慧能《えのう》（六三八〜七一三、禅の第六祖）の古典的逸話を思い起こさせます。風が動いているのでしょうか、旗が動いているのでしょうか。慧能はどちらも否定し、心が動いていると言ったのです。ともあれ、風鈴にもどってみれば、道元禅師は、二大主著のうちの一つである、ご自身の公式な言述をまとめた『永平広録（道元禅師の広く集められた語録）』（第四巻上堂二八三）のなかで、次のように言われています。

心が鳴るとは、即ち「空」が鳴っているのだ
もし心が鳴っていると言えば、そうではなく、実際は鈴が鳴っているのだ
もし風と鈴とが鳴らなければ、心も鳴らない
どうしてこれを心が鳴っているといえるのか
心鳴《しんめい》は即ち是れ空鳴《くうめい》なるべし
もし心鳴と道《い》わば、実に鈴鳴《れいめい》なり

風鈴鳴らずんば、心、鳴らず
如何《いかん》が喚《よ》んで是れ心鳴と作《な》さん〈原漢『全集』第三巻一八八〜一八九頁〉

これは道元禅師の、慧能への疑問です。鈴が鳴るのか風が鳴るのか。それともわれわれの心が鳴るのでしょうか。それは空の音なのでしょうか。全宇宙に存在するすべてが鳴ることに関与しているのでしょうか。音とはなんでしょうか。誰が聞くのでしょうか。誰も聞く人がいなくても音は存在するのでしょうか。鈴の振動で作られる音なのでしょうか、それとも聞く者の耳のなかの振動で作られる音なのでしょうか。それとも音とは脳内で起きているなにごとかのことなのでしょうか。別のことに関心を向けていると、鈴の音を聞きそびれることがあります。その時この音は存在しているのでしょうか。そのような疑問が浮かぶのは、相依生起の生命実物を知的に分析しようとするときなのです。

『正法眼蔵』「都機」巻において、道元禅師は、生命実物では山々と人がともに動いているのだと言われます。私が動くときに山々もまた動くのです。そのようにして、われわれは同時的に動くのです。自己も山々も、動き変化する以上、永久に変化しない、他のものと関係なく独立した本質などはなく、したがって空なるものなのです。全世界のすべてのものは動き変化するものであり、この「全体的動的作用《トータル・ダイナミック・ファンクション》（海岸、舟、山々、自動車、風、風鈴、聞く者を含む）」がわれわれの生なのです。われわれが日常生活のうちで出会うすべての場面において菩提心を起こし、修行を続けることによって、生命実物のうちで動いていることとそのことが表現されるのです。道元禅師が信ずるところは、われわれはどのような固定された見方にも拘泥すべきではないということでした。私たちが生命実物に対してある特定の見方、理論、観念に固執してしまうと、取るに足りない考えにとりつかれ、真の生命実物を見る視界を失ってしまいます。それで「人が始めに法を求めようとするときには、その人は法の境界からはるか遠いところに留まっている」と書かれたのです。こうした言述によって、われわれの思考が向かう以前の生の生命実物を、われわれに提示しようとしておられるのです。つねに、思考の洞窟から逃れて直接に到来しているその生命実物に出会い、それを生きるように勧めておられるのです。

もう一つ、私たちが理解しておかなければならない点は、道元禅師が言語を使われる際、通俗的な言語の使い方を否定し、その通常の限界を超えようとして使われているということです。道元禅師にとって、言語と思考は、言語や思考を超えた生命実物に目覚めるために役立つ道具として機能するものです。それが道元禅師が「道得《どうとく》〈話ができること〉」と呼ばれたものです。生命実物を真に見るときには、山々も動いているし、舟も動いていて、その両者は同時的に動いているのです。そのすべてが生命実物の表現なのです。風が鳴っていると言っても、鈴が鳴っていると言っても、心が鳴っていると言っても、全世界が鳴っていると言っても、これらのすべてが、生命実物を同じように表現しているのです。これが「法が正しく自己に伝えられたときには、その人はすぐさま本来の人物となる」と書かれていたことの意味です。別の言葉で言えば、「本来の人物」は、生命実物についての、確固とした何か特定の観念に固執することなく、それが来たままに生命実物に出会っている、ということです。しかもこのことは、思考や言語の使用をやめてしまえということではありません。

道元禅師の『普勧坐禅儀』には次のようにあります。

考えのないところを考えろ。どのように考えのないところを考えるのか。考えを超えるのである。これが坐禅の本質なのだ。

箇《こ》の不思量底《ふしりょうてい》を思量《しりょう》せよ。不思量底、如何《いかん》が思量せん。非思量《ひしりょう》。これ乃《すなわ》ち坐禅の要術なり〈原漢『全集』第五巻六〜七頁〉。

ここで道元禅師は坐禅修行について書かれていますが、ここでも言語を使うのに、言語を使いながら、しかも概念的思考を超える方法として使われているのです。自分の考えを「考えのないところを考える」ことに使い、「考えのないところを考える」のは「どのように（それであること《ザスネス》）」を考えることだと書かれます。言い換えれば、道元禅師が言われているのは、われわれのカルマ的な経験や通俗的な考え方の習慣によって造られた牢獄から自分自身を解き放つためには、考えのおよばないような生命実物を考えなければならない、ということです。そしてこの「考えのないところを考える」ことそのものが、「考えを超えている」生の生命実物の働きだと言われるのです。

……同じように、私たちが自分の身と心とを、取り違えたやりかたで知覚し、区別する心でもってすべてのものごとを捉えてしまうと、私たちは、自己の心性が永久なものであると誤って考えてしまうのだ。親しく修行を行い、今ここに帰るならば、すべてのものごとには、（固定した）自己などはないことがわかるのである。

……身心を乱想して万法を辦肯するには、自心自性は常住なるかとあやまる。もし行李をしたしくして箇裡に帰すれば、万法のわれにあらぬ道理あきらけし。

「自己の心性が永久なものである」と考えることとは、死に際して肉体を残して抜け出し、新たな肉体に入るような、確固たる永遠不変の実体があると考えることです。道元禅師はこの考えを、『正法眼蔵』「辦道話（全心の修行についての講話）」巻と『正法眼蔵』「即心是仏（心そのものがブッダである）」巻のなかで、「非-仏教者」である先尼《セーニカ》の考えと比較されています。道元禅師がでたらめと考えるその教説とは、「心性」（霊知、心体、心源）という、身体と現象的分別心の永遠不変の所有者／操縦者である本質が、存在するというものです。この第七節で道元禅師は、これが分別する心によって生み出された取り違えた見方であり、肉体（形）を非永続的なものとし、心（本性）を永久なるものと区別する見方だと言われています。われわれ自身をよく観察してみれば、身体と心を区別することなど決してできません。なぜなら身体と心のすべての要素（五蘊）とは、動き変化し、来たり去るものであるからです。このことは、われわれ自身だけでなく、自己の「外側の」すべてのもの、すなわち、山々や川や海といったものにおいても真実です。すべてのものごとも存在も、移り変わり、独立した実在性はなく、固定した自己などもないのです。

この第七章で見たのは、道元禅師が道の探求において、自己とすべてのものとの関係性を中心として論じておられることでしたが、この関係性は、空間という視点から示されていました。次章では、これを、時間という視点から論じておられるところを見ます。

第八章　過去と未来は切り離されている

（8）　薪は灰となる。灰は薪になることはできない。しかし、灰が後で薪が先だと見るべきではないのだ。薪は薪のダルマの位置《ポジション》に生きていて、それ自体の前と後とを持っているのである。前と後とは存在するが、過去と未来は切断されている。灰は灰の位置に留まっていて、それ自身の前も後もある。薪は燃えて灰になってしまってからふたたび薪となることが決してないように、人が死んでのちに生き返ることはない。しかしながら、仏法において、生が死になると言わないのは、変わることのない伝統なのである。このために、これを不生と言うのである。死が生になると言わないのは、ダルマの車輪をブッダが回す方法として確立されているのだ。そのために、これを不滅と言うのである。生は一時の位置であり、死もまた一時の位置である。これは冬と春のようなものだ。われわれは冬が春になると考えないし、春が夏になるとは言わないのだ。

たき木、はいとなる、さらにかへりてたき木となるべきにあらず。しかあるを、灰はのち、薪はさきと見取《けんしゅ》すべからず。しるべし、薪は薪の法位に住して、さきあり、のちあり。前後ありといへども、前後際断《ぜんごさいだん》せり。灰は灰の法位にありて、のちあり、さきあり。かのたき木、はいとなりぬるのち、さらにたき木とならざるがごとく、人のしぬるのち、さらに生《しょう》とならず。しかあるを、生の死になるといはざるは、仏法のさだまれるならひなり、このゆえに不《ふ》生《しょう》といふ。死の生にならざる、法輪のさだまれる仏転なり、このゆえに不滅といふ。生も一時のくらいなり、死も一時のくらいなり。たとへば冬と春とのごとし。冬の春となるとおもはず、春の夏となるといはぬなり。

生死と「自己」

前記の箇所で、道元禅師はふたたび「固定されていない自己」について論じておられます。それは、第七節の最後において「親しく修行を行い、今ここに帰るならば、すべてのものごとには、（固定した）自己などはないことがわかるのである」として示されたことがらですが、しかしここでは時間に関してこの問題を考察されています。この「固定されていない自己」とは、生起と死滅、生と死、非永続性〔無常〕と独立した実在性の欠如〔無自性〕を含んだ生の生命実物のことです。こうした「固定されない自己」、生起と死滅という生命実物を論じる場合には、どのように時間のうちでものごとが変化していくのかを考察しなければなりません。私たち自身は、通常は、過去から現在そして未来へと流れている時の流れのなかで、生まれ、生き、そして死ぬ存在だと思っています。しかし道元禅師は、その常識は時間を見るただ一つの見方ではないと言われるのです。道元禅師の時間の見方は後に細かく検討しますが、まずはじめにこの節で使われている「生と死」ということがらについて、お話ししたいと思います。

「life and death 生と死」とは日本語の「生死《しょうじ》」という言葉を英訳したものです。動詞として日本語の「生」は、「to live 生きる」や「to be born 生まれる」という意味であり、二番目の字である「死」は、「to die 死亡する」あるいは「to be dead 死んでしまった」という意味です。この表現は英語にすれば「birth and death」「life and death」と訳すことができます。生死は私たちが生まれ、生き、そして死ぬという、生の過程のことです。仏教語としては、日本語の生死は、サンスクリット語「ジャーティマラナ」や「サンサーラ」と同義語として使われてきました。ジャーティマラナも、生まれ、生き、死ぬという過程を述べた言葉であり、また、四種類の苦しみ、すなわち「ドゥッカ（生・老・病・死）」のことも言います。

仏教哲学では、生と死の過程は、二つのタイプに分けられます。一つのタイプは、通常の生き物が、六種のありようと欲界・色界・無色界という三つの世界のうちで輪廻を続けながら、生まれ、生き、死んでいくありようです。こうした存在はカルマに引きずられて生きており、こうした生と死を日本語で、「分段生死《ぶんだんしょうじ》」と言います。「分けられた生と死」という意味です。もう一つのタイプの生と死は、三つの毒の心〔貪・瞋・痴〕によって創り出されたカルマから離れた菩薩による修行を述べたものです。菩薩たちは輪廻から自由になっているけれども、衆生を苦しみから救うために三つの世界を離れずに還ってくるのです。生まれては死に、また生まれて、勤勉に勤め、遂には五十二の菩薩の段階を通過して、ブッダの位《くらい》（仏果《ぶっか》、あるいは仏地《ぶっち》）に到達します。こうした生と死の過程は、カルマではなく、むしろ菩薩の誓願によっているのであって、こうしたタイプは「変易生死《へんやくしょうじ》」と呼ばれます。「形態を変える生と死」という意味です。

さらに、「一期生死《いちごしょうじ》」と「刹那生死《せつなしょうじ》」という二つが、生まれ、生き、死ぬ過程を述べた仏教用語としてあります。一期生死とは「一回限りの生と死」と訳される言葉で、これはわれわれの通常の理解における生と死のあいだの区切りを指しています。刹那生死の意味は「一瞬一瞬の生と死」ということです。刹那とは非常に短い時間の長さのことで、一秒のうちに七十五ほどの刹那があると言われます。だから刹那生死とは、一瞬一瞬のうちに、身と心が繰り返し繰り返し、生起（生まれる）し、変化し、死滅（死ぬ）するそのありようを述べたものです。

生死はまた、サンサーラというサンスクリット語の言葉の翻訳でもあります。思い出していただけると思いますが、サンサーラとは、地獄・飢えた精霊・動物・阿修羅・人間・天上の者たちという六種類のありようのうちを輪廻《りんね》していくという苦しみのサイクルのことを述べた言葉です。一般的な仏教用語として「生死」と言う場合には、サンサーラのサイクルのことを意味していて、その対義語がニルヴァーナであるということは、覚えておくべき重要なことがらです。道元禅師が『正法眼蔵』「生死」巻で言われている「生死は仏の御いのちである〔この生死は、即《すなわ》ち仏《ほとけ》の御《おん》いのちなり〕〈『全集』第二巻五二九頁〉」という言葉は、サンサーラでのわれわれの生死がニルヴァーナであるブッダの御いのちに他ならないということです。この点を理解しないと、道元禅師の言葉の力を十分に味わうことはできません。

上に挙げた生死の二つの意味は、しばしば相互に交換されて使われます。というのは、生まれ、生き、死ぬというありようは、実際には、サンサーラのうちで輪廻転生するありようの一部分であるからです。しかし「現成公按」巻のこの部分においては、道元禅師は特に、有情のもの無情のものすべてにあてはまる、生起し、留まり、変化し、死滅するありように関連させて、生死という表現を使っているのです。

このありようの一部分として、一人一人は過去のある時に生まれます。私の場合は、一九四八年六月二十二日に生まれました。その当時は私の体は小さかったのですが、そこから、私の体も心も絶えず変わってきました。赤ちゃん正博《しょうはく》は少年となり、少年は十代となり、十代は若い大人となり、若い大人は中年の人物となって現在の私があります。幸運であれば、中年の人物は老人となるでしょうが、もしそうであってもその老人は最後には死に、消えてしまうことでしょう。

誕生から死に至るまで、私たちは自分の状態を絶えず変化させ、さまざまなことがらを経験していきます。そうでありながらも、通常私たちは、いま述べてきた五十年以上前の幼い少年「正博」も、中年の現在から数年後の年老いた人物も、依然として同じ「正博」であると考えています。三十年以上前のまだ若いころは、私は出家したばかりのエネルギーに溢れ問題をたくさん抱えた人間でしたが、現在はエネルギーは減退し、抱えている問題もその頃のものとは非常に違ったものになっています。二十歳のころには、自分がアメリカ合衆国に住み英語を話す日が来ようとは想像もしていませんでした。合衆国に来てから、私はアメリカ文化に非常な影響を受け、ものの見方、考え方、感じ方もこの国に来る前とは違うようになりました。けれども「私」は、赤ん坊のときの「私」、十代のときの「私」、二十代、三十代、四十代、五十代のときの「私」が同じ人物だと通常は理解しているのです。われわれのほとんどがこのように考えるのですが、しかしこれは本当のことなのでしょうか。

ブッダの無我の教え

時間の経過にかかわらず同じ人物であり続けるということが、なにがしかの真実だと考えるなら、変化の過程においてずっと変化しないなにかを、私たちの内部に仮定しなければならなくなります。この実体は、赤ん坊でも、十代でも、若い男性でも、中年の男性でも、または老人のどれでもなく、それ自体は変化しないで、時間の流れによってただ外側の見かけだけを変えるようなものです。このような見方によれば、場面によって服装品を着替えるようなもので、身と心の見かけだけが変化し、誕生から死亡まで変わることのない同じ本質を含んだ身と心とが保たれているというわけです。この同じ考えが、ブッダと同じ時代のインドの人々によって信じられていました。この変わることのない内なる実体は「アートマン」と呼ばれ、さまざまに異なった状況を通じて輪廻転生し、善と悪のカルマに引きずられていると信じられていました。彼らが信ずるところでは、アートマンは純粋で、肉体は迷いとなる欲求の源泉であるため、不純であり、アートマンはそこに囚われていると言うのです。

アートマンの論理によれば、変化する身と心は自動車のようであり、アートマンはその所有者や運転者のようです。アートマンは、われわれが身体や心と呼んでいる五蘊の総合体の、単独で永久なる所有者／操縦者だと定義されています。自動車（五蘊）の所有者（アートマン）は、この車が走る限り運転するのですが、この車がお払い箱になるときには、所有者はあきらめて新しい車を買うわけです。この論理によると、身と心が死ねば、所有者（アートマン）はそれを離れて新たな身と心との内に生まれるのです。これがアートマンの輪廻転生《トランスミグレーション》の基本的な考えで、このありようが、繰り返し繰り返し、生に生をついで行われると考えられたのです。ブッダの時代には、当時のインドの思想家たちは、人は、その生涯に作り出した自身の善と悪のカルマに従って、サンサーラの六道に生まれ変わるのだと説きました。もし善行によって善のカルマを積み重ねれば、その人は、好ましい環境で生きている天上のものたちの身と心とを備えて生まれます。もし悪行によって悪いカルマを積み重ねてしまうと、たとえばその人は、困難な環境に、劣った身と心とで生まれます。このカルマの論理はブッダの時代のインド社会で広く信じられていて、さらにアートマン理論は、カルマの輪廻転生の、より一般化された信仰の一つの解釈として存在しました。

　この問題についてのブッダの教えは、「アナートマン〔無我〕」と呼ばれました。「非《アン》‐アートマン（「no soul 霊魂なし」「no essential existence 本質存在なし」「no self 自己なし」）」という意味です。ブッダは、サンサーラのうちに輪廻転生する永久不変的実体という、アートマンの基本的な考え方に反対します。ブッダが説いたのは、人間はただ、実体的でも永久不変的でもない五つのまとまり（形／物質性・感覚・知覚・心理的構成・意識）によって構成されたものであるということでした。ブッダは、これらのまとまりは人間の身と心のただの構成物であり、人間の本質として、現象とは分離独立し永久不変的な所有者／操縦者などは、存在しないと説きました。ブッダは、五つのまとまりだけがあり、そのほかにはなにもないと言ったのです。

　ブッダはアートマンの論理を否定しました。しかし、輪廻転生の考えは否定しませんでした。というのは、輪廻転生の考えは、当時、インドの社会的倫理性の基礎を成していたからです。とはいえ、もし五蘊以外のものが存在しないならば、なにが輪廻転生するのでしょうか。これはきわめて自然な疑問です。ブッダは因果の教説、すなわち原因と結果の教えを強調しました。この教説では、人の否定されるべき行動は苦しみの結果をもたらし、肯定されるべき行動は喜ぶべき結果をもたらすということを言いました。しかしもしそこにアートマンが無いなら、その行動を行うのは誰で、またその結果を受けるのは誰なのでしょうか。ブッダは、自己こそが自分のカルマ的行為の結果を引き受けなければならないと説きました。そうなると、もしアートマンでないなら、この自己とは一体何かと問いたい衝動に駆られます。実際に、無我と輪廻の問題はブッダの教説についてのよくある疑問の一つであり、多くの仏教哲学者がこの問いに論理的に答えようと努力してきたにもかかわらず、適切な答えを提出することができた人はだれもいませんでした。ともあれ今日に至るまで、ほぼすべての仏教の伝統では、アナートマンの理論と輪廻転生の信仰が、ともに説かれてきたのです。

道元禅師と無我

『辦道話（全心の修行についての講話）』と、「即心是仏（心はそのものがブッダである）」巻や「仏性（ブッダの性質）」巻などの『正法眼蔵』のほかの巻において、道元禅師は明確にアートマンの理論を否定しています。たとえば『辦道話』第十問答への答えでは、道元禅師は次のように書かれました。

いまあなたが語った考えは、まったく仏法ではなく、先尼《セーニカ》(22)の誤った考えである。

この誤った考えが言うところは、人の体には霊的な知性があって、現象に出会うとすぐ、愛したり憎んだり、正しいとか間違っているとかと区別し、すべての現象を痛いとかかゆいとか、あるいは苦しいとか楽しいとかと区別することができるという。そのうえ、この肉体が滅びるときには、この霊的な性質は脱出し、他の箇所に生まれるのである。そのようにして、ここで滅んでしまったように見えても、（霊的な性質）が別のところに生まれているので、永久的で、決して滅びないと言われる。以上のようなことがこの誤った教説である。

しかし、この理論を学んで仏法だと思い込むことなど、瓦や小石を握りこんでこれが黄金の宝であると思うより愚かなことなのだ。愚かさを恥ずかしいと思うことは、比較してもこれ以上のものはない。唐代の慧忠《えちゅう》国師《こくし》は、（この過ちに対して）厳しく忠告したのである。だからいま、心は永久的で物質的外形は移り行くものだとして、それをブッダの素晴らしい法だと考えてしまうのは、また、実際には生死の本質的な原因を掻き立てながら、自分は生死より自由になったと考えるのは、まったく愚かしいことではないだろうか。これは実際に、もっとも憐れむべきことだ。これが間違った見方であることを理解しなさい。あなたは耳を貸してはいけないぞ。[23]

いまいふところの見《けん》、またく仏法にあらず、先尼外道《せんにげどう》が見なり。いはく、かの外道の見は、わが身《み》、うちにひとつの霊知《れいち》あり、かの知、すなはち縁にあふところに、よく好悪《こうあく》をわきまへ、是非《ぜひ》をわきまふ、痛痒《つうよう》をしり、苦楽をしる、みなかの霊知のちからなり、しかあるに、かの霊性《れいしょう》は、この身の滅するとき、もぬけてかしこにむまるるゆえに、ここに滅すとみゆれども、かしこの生《しょう》あれば、ながく滅せずして常住なり、といふなり。かの外道が見、かくのごとし。

しかあるを、この見をならふて仏法とせむ、瓦礫《がりゃく》をにぎって金宝《きんぼう》とおもはんよりもなほおろかなり、癡迷《ちめい》のはづべき、たとふるにものなし。大唐国の慧忠《えちゅう》国師、ふかくいましめたり。いま心常相滅《しんじょうそうめつ》の邪見を計《け》して、諸仏の妙法にひとしめ、生死の本因をおこして、生死をはなれたりとおもはん、おろかなるにあらずや、もともあはれむべし。ただこれ、外道の邪見なりとしれ、みみにふるべからず〈同四七二〜四七三頁〉。

道元禅師の時代にも、心は永久的で身は移ろいゆくものだと考えた人々はいました。心はまるで、純粋で永久不変的なアートマンのように、そして身は不純で、迷いの欲求の根源であると考えられたのです。こうした人々は、心を「shinsho 心性」すなわち心の本質とよび、身を「shinso 身相」すなわち身体のすがたと呼んでいました。この心性《マインド・ネイチャー》は、しばしば仏性《ブッダ・ネイチャー》の同義語として使われ、この誤った理解が、道元禅師が「見性《けんしょう》」すなわち「本性を見ること」という考えを否定することに駆り立てたのでした。

見性とは、臨済禅の伝統のうちでよく使われる用語です。そこではこの用語は、通常、公案の修行の結果として起こる心理的悟りの経験を意味しています。禅匠たちがこの表現を使いだしたのは中国の唐時代でした。この用語はたとえば、慧能の『六祖壇経《ろくそだんきょう》（第六祖の戒壇の経典）』に多く現れます。しかし道元禅師は、この用語を好みませんでした。『正法眼蔵』「四禅比丘《しぜんびく》（第四の禅定にいる比丘）」巻において、次のように書かれています。

仏法《ブッダ・ダルマ》の本質とは、決して本性を見ること（見性）なのではない。インドの二十八人もの祖師たちも、（過去の）七人のブッダたちも、仏法はただ本性を見るだけだと言っただろうか。この「見性」という用語は『六祖壇経』に現れているが、この書は偽書である。ダルマの宝蔵を継承された人物による著述ではない。それは曹渓[24]の言葉ではないのだ。ブッダの継承者たちや祖師たちは、だれもこのテキストを信じていないのだ。

仏法、いまだその要《よう》、見性《けんしょう》にあらず。西天二十八祖・七仏、いづれの処《ところ》にか仏法の、ただ見性のみなりとある。六祖壇経《ろくそだんきょう》に、見性の言《ごん》あり、かの書、これ偽書《ぎしょ》なり、附法蔵《ふほうぞう》の書にあらず、曹渓《そうけい》の言句《ごんく》にあらず、仏祖の児孫、またく依用《えよう》せざる書なり〈同四二七頁〉。

とはいえ、私が勉強した範囲では、道元禅師が菩薩の「変易生死（転生する生死）」を信じておられたことは、確実だと思います。たとえば、『正法眼蔵』「三時業《さんじごう》（三つの時のカルマ）」巻と「深信因果《じんしんいんが》（原因と結果を深く信じること）」巻では、道元禅師は現在の生涯を超えるような因果の教説を信じるよう強調されていました。また『正法眼蔵』「道心《どうしん》」巻では、ブッダのありように到達できるまで、生のあとの生も「私はブッダに帰依します（南無帰依仏《なむきえぶつ》）」と唱えるようにわれわれを奨励されてもいます。禅師はまた「道心」巻において、「中有《ちゅうう》（アンタラ・バーヴァ）」という、伝統的仏教の教えでは一つの生と次の生との生まれ変わりのあいだに存在するとされる通常四十九日間の中間期間のあいだ、休むことなく「私はブッダ・ダルマ・サンガに帰依します（南無帰依仏《なむきえぶつ》・南無帰依法《なむきえほう》・南無帰依僧《なむきえそう》）」と唱えるよう教えておられます。

おわかりのように、道元禅師の無我の教えと生まれ変わりの考えとは、矛盾します。もし、永久不変の自己なるものやアートマンなどが無く、われわれの身と心とがはかないものであるのなら、死後、まだ新しい五蘊で構成された身心に生まれる前に「私は仏に帰依します」と唱えることができる実体とは何なのでしょうか。とにかく、もしこれが矛盾であるのなら、仏教は常にこうした矛盾を抱えているのです。

私はよく「生まれ変わりについての曹洞禅の見解とは？」と尋ねられます。これは難しい質問です。というのは、私が信じるところでは、道元禅師はこうした場合、同様の質問に、シャカムニ・ブッダが応えられなかったように「知らない」と主張されると思われるからです。生まれ変わりについての一貫した見解を与えるよりも、自分の限られた考えや思い込みを手放しして、ただ今、ここで、修行すべきであると教えられるでしょう。私たちがそのように行えば、自然に、そして責任を持って、現在における修行として、未来を気遣うことになるのです。私はシャカムニ・ブッダが、アートマンの存在を否定しながら輪廻転生を否定しなかったその理由も、同じことであると信じます。アナートマンの教えは、私たちの身と心とに対する空の真理として示され、それは自分たちや自分の見解を実在化することから、私たちを自由にしてくれます。一方で、輪廻転生の根底にある原理である原因と結果の考えは、身と口と心を使って行動する責任を持つべきことを示しています。このために、ブッダは矛盾しているように見える二つの教えを与えられたのであり、このために私たちは、どちらに固執することなく、どちらの教説も受け入れ守っていくべきものだと考えます。

個人的には、私は文字通りの生まれ変わりを信じてはいません。しかし、その存在を否定もしません。私には、文字通りの生まれ変わりを信じる根拠も否定する根拠も持っていないのです。ですから私がこの件に関して確実にできるお答えとは、ただ、「私は知りません」というだけです。私にとって重要な点は、ブッダが『ダンマパダ』において説かれたように、今この人生において修行することです。

すべて悪しきことをなさず、善いことを行ない、自己の心を浄めること、――これが諸の仏の教えである

〈一八三偈『真理のことば』三六頁、岩波文庫〉。

もし生まれ変わりが存在するのなら、それは結構なことです。私は次の生において、善いことはなんでも行い、悪いことはなにも行わない修行を続けようとするだけです。もし生まれ変わりがないなら、私は死後、どうしようもありませんし、私の修行を続けようと思う必要もなくなるわけです。要するに、「どちらでもいい」というのが仏教徒であった私の、生まれ変わりについての長年の考え方でした。

しかし五十代にさしかかってから、私は生まれ変わりについて異なったように考えるようになりました。このことを簡潔にお話ししておきたいと思います。というのは、そのことによって、大乗仏教における菩薩の「変易生死（転生する生死）」という教説の進展の基調となる理由を、説明できるように思うからです。人生の後半にさ

しかかってから、私は自分が、今回の人生のあとに、もう一回の生を生きたいと願っていることに気が付きました。それは、この人生はあまりにも短く、私が修行しなければならない仏道をすべて行うには短すぎるからです。たとえば、長年にわたって私は禅仏教のテキストを日本語から英語に翻訳することに従事してきました。にもかかわらず、英訳するどころか、シャカムニ・ブッダ、道元禅師、あるいは他の偉大な祖師たちの教えの真実の深遠な意味あいを十分に理解するためにすら、一回の人生は短すぎると思い知りました。ですから実際に、再び仏教徒に生まれ変わって、私が現在行っている仕事を継続できるようにと、本当に願っているのです。この望みが湧き上がってきたのは、年齢を重ねてきたことで、自分の人生のリミットが明らかになったからでした。このような個人の人生におけるリミットへの気づきが、大乗における菩薩の変易生死の信仰の元となったのではないかと、私は推測しています。

生、死、そして「時間」

「現成公按」巻のこの箇所は、時間と存在は相互に一体のものだという道元禅師の思考が書かれたもととなる箇所の一つです。後にこの考えを『正法眼蔵』「有時《うじ》（有ることと時）」巻において、非常に明確に書かれました。「重要なポイントはつぎのようだ。全世界のすべての存在は、たとえ継続しつながっているようでも、その時間ごとに（独立した）時間である。そのようにしてそれらは「有ること――時間」であり、それらは私の「有ること――時間」である」(25)。

薪は灰となる。灰は薪になることはできない。しかし、灰が後で薪が先だと見るべきではないのだ。薪は薪のダルマの位置に生きていて、それ自体の前と後とを持っているのである。前と後とは存在するが、過去と未来は切断されている。灰は灰の場所に留まっていて、それ自身の前も後もある。

たき木、はいとなる、さらにかへりてたき木となるべきにあらず。しかあるを、灰はのち、薪はさきと見取すべからず。しるべし、薪は薪の法位に住して、さきあり、のちあり。前後ありといへども、前後際断せり。灰は灰の法位にありて、のちあり、さきあり。

ここで道元禅師は生と死を薪と灰に喩えておられます。通常の見方では、一粒のドングリが芽を出し、だんだん成長し、長い時間をかけて例えばカシの大木になります。薪が必要になると、その木は切り倒され、ばらばらに割られ、その小片が貯蔵されます。この小片が乾燥して燃えやすくなるとそれを薪と呼び、薪を焼くとそれは灰になります。人間の生と死も、私たちは同じように考えます。「私は赤ん坊だった。約二十年間私は成長したあと、成長を止めた。私はしばらくのあいだ大人として生きるだろうが、それからだんだん年を取っていき、ついには死んでしまう」。

一般的には、私たちは時間を、始めなき過去から終わりなき未来へと流れる川の流れのように考えています。個人は、この流れのなかで生まれ、生き、そして死に、流れから消えていくものだと信じています。「私が生まれる前にもこの流れは流れていて、私が死んだ後もこの流れは流れ続けるだろう」と思っています。これは私たちが時間、歴史、そして自分の人生を考えるうえでの通常の考え方です。しかし、これは生と死の本当の性質なのではないのです。

時間、生、そして死の真の性質、そしてその実際の体験こそが、道元禅師が薪と灰で分析される主題です。この議論において、時間は存在であり、存在は時間であると言われます。立木も、薪も、灰も、存在するすべてのものはそれぞれ独自の時間を持っていて、それを「ダルマの位置《ダルマ・ポジション》（法位《ほうい》）」と言い、それぞれのダルマの位置では、存在するものはそれぞれ独自の過去と未来を持っているとされています。例えば、立木はそれ独自のダルマの位置において立木であって、種という過去も、薪という未来も持っています。薪はダルマの位置において薪なのであり、それ独自の立木としての過去も灰としての未来も持っているのです。灰はダルマの位置において灰なのであり、それ独自の薪としての過去も、なにか別のものという独自の未来も持っています。たとえば、もし灰を山に撒けば、山の一部となり別の草木が育つのに役立ちます。

立木、薪、灰のダルマの位置は、すべてが独立しているのですが、これを、誕生、生、死の比喩として使うと、一つ一つのダルマの位置には時間の長さがあるように見えます。しかし実際には、生そして死のダルマの位置の一つ一つは、ただ現在の時間として経験されるだけであり、さらに現在の時間には時間の長さはまったくありません。どれほど短いものにせよ、もし現在の時間に長さがあるとすると、それを私たちは過去と未来に分けることができてしまい、その半分はすでに過去で、その半分はいまだ未来にあることになります。私が「いま《ナウ》」という言葉を言うときに、「ナ」と発音するときに「ウ」はまだ未来にあり、「ウ」と発音したときに「ナ」はすでに過去にあることになります。そのように、現在の瞬間には長さがなく、ゼロの長さなのです。言うなれば、現在の瞬間は空です。どのような「時間の長さ」を考えるにしても、直近の瞬間を含んでいて、どんな瞬間も過去と未来だけが実際には存在しています。現在の瞬間とは実際には、過去と未来とに分ける、幅を持たない「幾何学的線分」のようなものです。これは奇妙なことではないでしょうか。まったくその通りです。

現在の瞬間こそは、私たちが経験できるただ一つの生命実物です。過去はすでに過ぎさり、未来はまだやってきていないからです。そうでありながら、現在の瞬間と呼ぶことができるものは無であり、実際の時間の幅などはありません。つまり、現在の瞬間は存在せず、したがって時間それ自体は実際には存在しないのです。そうでありながら、それ自体が空であり存在しない現在の瞬間から、過去全体と未来全体が映し出されているのです。なんの長さもない現在の瞬間こそが、経験できる生の唯一の生命実物です。そしてだからこそすべてのものは常に変化し、現在の瞬間ごとにすべてのものが繰り返し繰り返し生起し、死滅していきます。瞬間ごとにすべては新しく新鮮です。

過去はすでに過ぎさり、未来はまだやってきていないのですから、現在の瞬間だけが真の生命実物です。私たちは過去に対して、甘い、にがい、あるいはそのどちらでもない記憶として、あるいは歴史的事項の記述や他の記録を通じて、この現在において出会うことができるだけです。未来は、私たちにとって、自分たちの計画、欲求、見積もり、そして希望として、この瞬間に存在するだけです。しかし、こうした過去と未来は、現在の瞬間の心において作られ、浮かんでは消えるものにすぎません。実際の過去はもはや存在しませんし、実際の未来はまだやってきていないのです。生命実物はただこの現在の瞬間に展開するだけなのですが、そうでありながらも、われわれの心はこの現在の瞬間をつかむことができないのです。これは、われわれが非常にシンプルなことを考えるのにもなんらかの長さの時間が必要なのに、現在の瞬間には長さがないからです。現在の瞬間は唯一の生命実物の瞬間であり、唯一の直接経験でありながら、それは心では捉えられないのです。にもかかわらず、私たちは各自で、現在の瞬間をなんらかの長さがあるものと思い込み、自分たちをヒーロー、ヒロインとする、自分で作り出した物語のただなかに設定してしまいます。

現在の瞬間において、そしてそれをどのように定義づけるかにおいて、実際の経験とわれわれの思考とのあいだには、つねにギャップが存在しています。現在の瞬間は、経験における唯一の現実の瞬間でありながらも、思考によって捉えることができないものです。しかし坐禅において思いを手放しするとき、自分の物語を手放し、今、ここ、この現在の瞬間に坐ることができるのです。しかし、そういうことを考えながら坐っているのは、坐禅でも、本当の現在でもありません。

種はダルマの位置において種であり、それ自体の過去も未来も持っています。種は生の潜在力《ポテンシャル》を持っていて、水分や適温、太陽の光など適当な条件に出会うと、現在のダルマの位置を「否定する《ニゲイト》」(26)力を持っているのです。芽が出れば、種ではないなにか別のものになるのです。言い換えると、種はそれ自体の生の力によって種として十分に機能するときに、それは自身を否定してなにか別のものになるのです。種の性質は種であり続けることに縛られていません。人間の生もこれと同様です。たとえば、赤ん坊は、百パーセント赤ん坊のダルマの位置にいるのですが、自身の生の力を十分に発揮するときに、それは赤ん坊の性質を否定し少年や少女となるのです。これが赤ん坊としての生の力が、機能的に発揮されるということです。すべてのものは、自身を否定するこうした生の力を持ち、別のものに変わってゆくのです。このことが、すべてのものが空であり、永久不変な自己の本質を持たないという言葉の意味するところなのです。

赤ん坊の正博《しょうはく》は自身を否定して少年正博になり、少年正博は自身を否定して十代の正博になりました。十代の正博は自身を否定して大人の正博になりました。この否定の過程を通して、なにか継続する性質が存在しているようですが、しかし赤ん坊正博は少年正博ではなく、少年正博は十代の正博ではないのです。この絶えざる変化のなかで、変わることのないなにかが存在するのでしょうか。ブッダの教えによれば、そんなものは存在しません。すべてのものは、時間の位置における五蘊のあつまりにすぎないのです。けれども、赤ん坊正博は鳥にも、犬にも、正博以外のほかの人物にもなりませんでした。そうであれば、そこには変化のうちに継続する性質があることになります。DNAに書き込まれたデザインの範囲内でしか変化できないのでしょう。しかし、DNAが永久不変かというと、突然変異によって種《しゅ》の変化が起こります。とはいえ、確固とした自己としての正博はそこには存在しないのです。ここには連続と非連続が同時にあります。赤ん坊は赤ん坊ではないから赤ん坊なのです。

これは非常に不思議なことではないでしょうか。この生命実物は、概念として、掴むことが非常に難しいものです。そのために、この生命実物を、『法華経』のフルタイトル（『妙法蓮華経（ハスの花のような不可思議のダルマの経典）』）にあるように、「不可思議のダルマ（妙法）」と呼ばれます。

この生命実物を見るときに、依然としてカルマを持ち、直近のあるいは離れた過去の経験に影響されながらも（それは私たちが赤ん坊や子供だったときに持った経験などです）、自分たちの生が常に新しく、新鮮であるように見えます。たとえば、日本の曹洞宗僧侶で小沢道雄《おざわどうゆう》という方は、第二次世界大戦で若い兵士であった時に両足を失ってしまいました。彼が戦争から帰ってくると、足が無いために多くの困難を経験しました。非常な葛藤の末、彼が決断したのは、自分がこの瞬間瞬間に、足の無いすがたとして今まさに生まれたのだと考えることでした。そのようにして、彼は現在の瞬間に足なしで生きている生命実物を受け入れることができたのでした。こうして考え方を変えることによって、つねに笑顔を絶やさず、豊かで積極的な人生を送ることができたのでした。実は、内山老師の励ましによって、小沢師はご自分の体験についての本を執筆され、その本は出版された年のベストセラーの一つとなりました〈『足無し禅師　本日ただいま誕生』柏樹社、一九七六年〉。

この現在の瞬間だけが、真の生命実物です。みんなが、記憶や、習慣や、経験を通じて影響をもたらしてくる過去からのカルマを持っていますが、過去はすでに過ぎ去ったものなのです。希望や、望みや、誓願や、野心などを入れる容器として私たちは未来を持っていますが、しかし未来は未だやって来ていません。では、どうすれば私たちはこの瞬間を十分に生きることができるのでしょうか。もし過去に捕らわれれば、私たちは変化することを恐れます。もし未来に来るなにかを過度に重んじれば、この瞬間にしていることは未来の目標に至るための手段にすぎなくなり、もし目標に到達できなかった場合、現在の生は無意味なものとなってしまいます。

時間についての道元禅師の教えは、現在、まさに今、ここを十分に生きる重要性を私たちに教えてくれます。

私たちは自分の現在の状況を受け入れることができ、さらに現在の瞬間の修行実践として、未来のために状況を変えるべく働くことができるのです。このことこそ「前と後とは存在するが、過去と未来は切断されている」ということの意味であり、またそこには、「現成公按」巻冒頭の三つの文のメッセージが響いているのです。以前に見たように、これらの文の中で道元禅師は、生と死、悟りと迷い、ブッダと衆生が一面では存在すると言われながら、もう一つ別の見方からは、全く存在しないと言われています。そうして、生と死、衆生とブッダ、迷いと悟りが、「あり」とも言い、「なし」とも言う二つの見方で示される生命実物とともに、瞬間瞬間どのように修行すべきかを、教えておられるのです。

「現成公按」巻第一文の見方では、修行を見るのに、自分自身を迷っている人間のダルマの位置から見て、また悟りをひらいたブッダのダルマの位置を、将来なるべき存在として見ています。修行をするのは、現在を出発点として、ゴールに向かって歩んでいくように行うのであり、さまざまな歩みを経て、目的地に到達するまでの話を作るかのようです。この道において、どれほど遠くまで自分たちが歩いたか、そしてあとどれだけ移動することが必要かを計測しようとします。しかし「現成公按」巻第二文では、道元禅師は迷いと悟り、衆生とブッダ、生と死というような二分法自体がなく、目的に到達するような過程もないと言われるのです。真の生命実物とは把捉できない、瞬間瞬間の経験だけなので、迷っている衆生とか悟っているブッダといったカテゴリーに、悟りや修行を分離させることはできないのです。そして、つねにこの把捉することのできない生命実物のうちにあって、この現在の瞬間以外にはどこに行くこともできないために、道元禅師は、「現成公按」巻第三文で、われわれはただこの現在において全力で修行するしかないと言われているのです。われわれの修行は、われわれのダルマの位置が、迷っている衆生なのかさとっているブッダなのかにかかわらず、まさに今、ここで、現在において十全に行うものであるということです。

しかしながら、仏法において、生が死になると言わないのは、変わることのない伝統なのである。このために、これを不生と言うのである。死が生になると言わないのは、ダルマの車輪をブッダが回す方法として確立されているのだ。そのために、これを不滅と言うのである。生は一時の位置であり、死もまた一時の位置である。これは冬と春のようなものだ。われわれは冬が春になると考えないし、春が夏になるとは言わないのだ。

しかあるを、生の死になるといはざるは、仏法のさだまれるならひなり、このゆえに不生といふ。死の生にならざる、法輪のさだまれる仏転なり、このゆえに不滅といふ。生も一時のくらいなり、死も一時のくらいなり。たとへば冬と春とのごとし。冬の春となるとおもはず、春の夏となるといはぬなり。

『正法眼蔵』「生死」巻で道元禅師は、「現成公按」巻とまったく同じことがらを語られています。

生から死へうつると考えるのは、間違っている。生はそれ自体の前後を備えた一時の位置である。したがって、仏法では生は不–生起だというのである。死はそれ自体の前後を備えた一時の位置である。したがって、死はそれ自体不–死滅なのである。生においては生以外にはない。死においては死以外にはない。そうであるから、生が来たならばただ生であり、死が来ればただ死なのである。避けることでも望むことでもないのだ。

生《しょう》より死にうつる、と心うるは、これ、あやまりなり。生は、ひとときのくらいにて、すでにさきあり、のちあり。故《かるがゆえ》に、仏法の中には、生すなはち不生《ふしょう》、といふ。滅《めつ》も、ひとときのくらいにて、又、さきあり、のちあり。これによりて、滅すなはち不滅、といふ。生といふときには、生よりほかにものなく、滅といふとき、滅のほかにものなし。かるがゆえに、生、きたらばただこれ生、滅、来《きた》らばこれ滅にむかひて、つかふべしといふことなかれ、ねがふことなかれ〈『全集』第二巻五二八～五二九頁〉。

このようにたびたび言われるにもかかわらず、このアドヴァイスを修行の実践に移すのは難しいことがわかります。私たちは通常、生や悟りやブッダなどの望ましいものに対しては追求しますし、死や迷いや普通の衆生でいることなどの好ましくないものに対してはきっと避けようとします。われわれの人生の主要な動機とは、通常、貪りと嫌悪、欲求と否定です。ときに私たちが自分の望みを満足させることに成功すると、私たちは自分を天上の者たちのように感じます。ときに失敗すれば、自分を地獄の住人のように悲惨に感じます。サンサーラの輪廻は、私たちの現在の生に現れているのです。

『正法眼蔵』「全機（全体的な動きの機能）」巻で道元禅師は言われています。

この現在の瞬間の生はこの働きのなかにあるのだ。そしてこの働きはこの瞬間の生のなかにあるのである。生は来るものではない。生は去るものではない。生は現れるものではない。生は成るものではない。そうではなく、生は全体的機能の現れであり、死は全体的機能の現れである。自己に無数のダルマが存在するそのなかに、生があり死があることを知るべきなのだ。

いまの生は、この機関にあり、この機関は、いまの生にあり。生は来にあらず、生は去《こ》にあらず、生は現にあらず、生は成《じょう》にあらざるなり。しかあれども、生は全機現なり、死は全機現なり。しるべし、自己に無量の法あるなかに、生あり、死あるなり〈『全集』第一巻二五九～二六〇頁〉。

一九七五年、内山老師は六十三歳の時に安泰寺から引退されました。そのような若さで引退されたのは、肉体的に非常に弱かったからでした。成人後の人生をずっと結核と共に生きられたのです。引退後の修行はご自身の生と死に向かい合うことだ、と言われました。七十歳近くになった時に、師は生と死についての詩を集めた小冊子を作られました〈『生死法句詩抄』私家版、のちに『〈生死〉を生きる——私の生死法句詩抄より』所収、柏樹社、一九八四年〉。そのいくつかをここに挙げます。

生死《しょうじ》

手桶に水を汲むことによって　水が生じたのではない
天地一杯の水が　手桶に汲みとられたのだ
手桶の水を　大地に撒《ま》いてしまったからといって水が無くなったのではない
天地一杯の水が　天地一杯のなかにばら撒かれたのだ
人は生れることによって　生命を生じたのではない
天地一杯の生命が　私という思い固めのなかに　汲みとられたのである
人は死ぬことによって　生命が無くなるのではない
天地一杯の生命が　私という思い固めから　天地一杯のなかにばら撒かれるのだ

祇管《しかん》生死《しょうじ》

思っても思わなくても

信じても信じなくても
有無《うむ》 生死《しょうじ》
真妄《しんもう》 迷悟《めいご》
自他《じた》 幸不幸《こうふこう》など
二つに分れる以前の 実物の いのちの深さで 生き死にす
どっちへどうころんでも御《おん》いのち
いまこの実物こそ御いのち 無有生死《むうしょうじ》の祇管《しかん》生死《しょうじ》

光明蔵三昧《こうみょうぞうざんまい》

貧しくても貧しからず
病んでも病まず
老いても老いず
死んでも死なず
すべて二つに分れる以前の実物――
ここには 無限の奥がある

私はこれらの詩は、道元禅師が「生と死のないところでの生と死」と呼ばれている、同じ生命実物のありようを、さらにはっきりと示しているように思います。

［付記］

（1）転生についてもう一つ言えば、内山老師がなさろうとしていた坐禅修行と未来の修行者のために現代人にわかる坐禅の意味を書いたテキストを作るという誓願を受け継いでいる私の努力はささやかなものですが、それが誠実なものであれば、内山老師が転生されたものだと言ってもいいのではないかと思っています。個人としての業生《ごっしょう》の私は内山老師とは全く違う別の人格ですが、私がしていることの中に老師が生きておられるのだと感じる時があります。同様に、私の後、誰かがなんらかのやり方で私のしていることを受け継いでくれるなら、その人の行動の中に、私は生きているのだと思います。ある意味で、法脈の継承が、菩薩の変易生死の形なのではないでしょうか。

（2）道元禅師の書かれたものを読んでいて、時間を三つの見方から見られていたのではないかと思います。最初は、常識のように、過去から、現在を通して、未来に流れていくものとしてです。二つ目はこの段に書かれているように、前後際断された、「絶対の現在」としての時間です。三つ目は、例えば、『辦道話』に「ここをもて、わづかに一人一時《いちにんいちじ》の坐禅なりといへども、諸法とあひ冥《めい》し、諸時とまどかに通ずるがゆえに、無尽法界のなかに、去《こ》・来《らい》・現《げん》に、常恒《じょうごう》の仏化道事《ぶっけどうじ》をなすなり。」〈『全集』第二巻四六四頁〉と書かれているように、始めのない始めから、終わりのない終わりまで、たった一つの時間です。人間は、何かを単位として時間を測り、長さを計算します。秒、分、時間、一日、一週間、一年、一世紀、等々です。人間が地球上に出現し、それらの単位を使って測定し、時間を過去、現在、未来に分断する以前は、ビッグバンの瞬間から、今の瞬間まで、切れ目のないたった一つの時間です。その時間の中ではすべてが、「諸法とあひ冥し、諸時とまどかに通」じているのです。私はこれを、「流れることのない、永遠の時間」と呼んでいます。坐禅はこれらの時間を完全に現成させているのだと思います。過去から現在を通して未来に流れる時間が「現成公按」巻の第一文「あり」に、流れない時間が第二文「なし」に、今ここの絶対現在が第三文「あり」に対応するのではないかと考えています。

第九章　水上の月

（9）人がさとりを得るときは、ちょうど水に月が映るときのようだ。月は決して濡れることはない。水は決して乱されない。月は広く大きな光であるにもかかわらず、水の一滴にも映し出される。月の全体と空《そら》全体ですら、草の葉の露の一滴に映し出されるのである。さとりが人を破壊しないのは、ちょうど月が水に穴を開けないようなものだ。人がさとりを邪魔しないのは、水滴一滴が空《そら》の月を邪魔しないようなものだ。深さが高さと同じなのだ。時間の長さと広さ（の意義を究明するために）は、われわれは、水は大きいのか小さいのかを考慮し、空の月の大きさを理解すべきである。

人の、さとりをうる、水に月のやどるがごとし。月ぬれず、水やぶれず。ひろくおほきなるひかりにてあれど、尺《しゃく》寸《すん》の水にやどり、全月《ぜんげつ》も弥天《みてん》も、くさの露にもやどり、一滴の水にもやどる。さとりの、人をやぶらざること、月の、水をうがたざるがごとし。人のさとりを罣礙《がいげ》せざること、滴露の、天月を罣礙せざるがごとし。ふかきことは、たかき分量なるべし。時節の長短は、大水・小水を撿点《けんてん》し、天月の広狭を辦取《べんしゅ》すべし。

道元禅師はこの節において、さとりについて論じられます。ここで「realization さとり」と翻訳された言葉の正確な意味は、必ずしも明瞭ではありません。それは、もとの日本語である「さとり」が、ひらがなで書かれているからです。日本語で「さとり」と読まれる言葉には三つの漢字があり、それぞれ意味において微妙な違いを持っています。しかし、道元禅師は、漢字を使わずひらがなを使っているのです。ひらがなとカタカナは、日本語の音を写すアルファベットとして使われる二つのシステムです。

日本語の「さとり」として読まれる三つの漢字とは、「kaku 覚」「go 悟」「shō 証」です。これらはどれも「enlightenment」と訳すものだと思われるかもしれませんが、しかし英訳者たちによって、「awakening」や「realization」、さらにほかの言葉も同様に使われています。これらはどれもが「さとり」という日本語の音声表記として表されているので、これらの言葉の意味が混同される場合があるのです。

「覚」の文字どおりの意味は「awakening 目覚める」あるいは「to wake up 起きる」です。「覚」の対義語は「mu 夢」、「dreaming 夢を見る、もしくは睡眠」「sleeping 眠る」という意味です。ここで含意されているのは、眠っている時や夢を見ているときには生命実物をはっきりと見ることができないが、目が覚めれば生命実物そのもののありようを見ることができる、ということです。これが「覚」の意味で、通常この言葉は「awakening」と英訳されます。

「悟」は、たとえば自分の目的地とそこへどのように行くのかということを、はっきりと知ることを含意しています。この漢字の左の部分（忄）は「mind 心」を意味し、右の部分（吾）は「self 自分」という意味で、自分の目の前のものごとに心を配り、しっかりとそれに合わせてゆくということを指します。「悟」の対義語である「mei 迷」は、道を見失う、どちらの道を選択するべきかわからない、ということを指します。「迷」の一部分は交差点（米）に似ているので、人が道を見失い、どの道を選ぶべきか確信なく躊躇している場所のことを指しているのかもしれません。その反対に「悟」は、自分たちの目的地を知り、躊躇することなく、なにを行うべきなのかをわきまえていることを意味します。こうしたより理知的な特徴のために、私は「悟」を「realization」と訳しています。人はどこに行くべきなのかを、現実にわきまえて《リアライズ》いるからです。

「証」の文字上の意味は、「proof 確証」「evidence 証拠」であり、私は通常この語を「verification」と訳します。仏教用語においては、「証」は通常、修行の成果であると考えられています。例えば、「shushō 修証」という熟語は、「mon shi shu shō 聞思修証」を略したものです。「聞」とは「to hear 聞くこと」、「思」とは「to think 考えること」、「修」とは「to practice 修行実践すること」、そして「証」とは「to verify 証明すること」です。たとえば、誰かの法話《ダルマ・トーク》を聞く場合には、その内容について考え、理解しようとするでしょう。その教えが納得できるものだと考えると、それを自分の修行で実行してみて、その自分の経験の結果として、この教えが正しいものだと直接に知ることになります。そのように「証」は、「修」の結果として、その教説が正しいということを、直接の経験によって得る確証、あるいは証拠ということです。

すでに注意しましたように、この第九節において、これらのどの漢字を道元禅師が意図していたのかははっきりしていません。おそらくは、ひらがなを使うことによって、「さとり」がこれらの意味のどれにでも、あるいはそのすべてであるように解釈できるようにされたのではないかと思います。〈本訳書では、基本として「enlightenment」を「悟り」、「realization」を「さとり」と訳したが、同じ「realization」も、迷／悟の二分法が残っている場合は「悟り」、二分法を外した場合は「さとり」として表記を変えて訳している。ただし両者が区別できない場合もある。〉

水のうちの月、空として、身体として

人がさとりを得るときには、ちょうど水に月が映るときのようだ。月は決して濡れることはない。水は決してかき乱されない。

人の、さとりをうる、水に月のやどるがごとし。月ぬれず、水やぶれず。

水に映る月というイメージは、多くの大乗仏教文献のなかで、「空《くう》」のシンボルとして使われてきました。ここでは、『ヴィマラキールティ・ニルデーシャ・スートラ〔維摩経〕』のなかから、居士であるヴィマラキールティ〔維摩《ゆいま》〕が、ブッダの弟子の一人であるウパーリ〔優婆離《うばり》〕に説いた箇所を例として挙げます。

ウパーリ師よ、すべてのものは生起なく、消滅なく、持続もない。それは魔法の幻想のようで、雲のようで、電光のようなものだ。すべてのものははかなく、一瞬たりとも継続していない。すべてのものは夢のようで、幻覚のようで、実在しない映像のようだ。すべては水に映っている月のようで、また鏡に映る像のようだ。それらは思いのうえでの構築物にすぎない。(27)

優波離よ、一切の法は生滅して住《とどま》らざること、幻《まぼろし》の如く、雷《いなづま》の如し。諸法は相待《あいたい》せず、乃至一念《たといいちねん》も住《とどま》らず。諸法は皆妄見《みなもうけん》なり。夢の如く、炎《かげろう》の如く、水中の月の如く、鏡中の像の如し、妄想を以て生ず〈原漢『維摩経』三三〇頁、『国訳一切経』経集部・六〉。

ここでヴィマラキールティは、水に映る月を、すべてのものが空であることの直喩として語っています。すべてのものは独立した実在性を欠いていると言い、掴むことができず、移りゆくもので、発生も死滅もしないと言います。

水上の月というイメージは、また身体を思い起こさせます。初期の中国の禅匠がこのイメージをこうした意味で使っている例は、『楞伽師資記《りょうがしじき》（楞伽の伝統における師と弟子たちの記録）』という、八世紀初頭に書かれた中国北宗禅《ほくしゅうぜん》の歴史書に見ることができます。その記事では、道信《どうしん》禅師（五八〇～六五一、中国禅第四祖）が坐禅の修行実践への教えを示したあとに、次のように言っています。

日中も夜でも、歩くこと、留まること、坐ること、臥すことにかかわらず、もしあなたがこの方法によって物事を持続して深く考えるならば、あなたは自分の身体が水に映る月のようであり、鏡に映る像のようであり、暑い日の熱波のようであり、空っぽの谷の響きのようであると知るだろう。身体を捉えようとしても、その実体をみることができないために、身体が存在している（有《う》）とはいえないのだ。しかしそれを存在しない（無《む》）と言うこともできない。なぜなら、身体はあなたの目の前にはっきりとあるのだから。

昼夜を問わず、行住坐臥《ぎょうじゅうざが》に、常に此の観《かん》を作《な》せば、即ち知る、自身は猶《な》お水中の月の如く、鏡中の像の如く、熱時の炎の如く、空谷《くうこく》の響きの如くなることを。若《も》し是《これ》を有《う》なりと言わば、処処《しょしょ》に之《これ》を求むるも見る可からず。若し是を無なりと言わば、了了《りょうりょう》として恒《つね》に眼前に在り〈原漢　柳田聖山『初期の禅史Ⅰ』二四九頁、筑摩書房、一九七一年〉。

大乗仏教と中国禅の伝統では、すべてのダルマ（すべてのもの）と人間の身体とは、水の上の月のようであると言われています。こうした伝統の中で、『楞伽師資記』の例のように、身体が水上の月にしばしば喩えられています。祖師たちはこのような説明によって、自己は存在すること（有・非無）と存在しないこと（無・非有）の両方、「空」であることを示しました。明らかに、道元禅師はこの同じ伝統のうえで水上の月という象徴を示し、空とプラジュニャー・パーラミターの直喩とされたのです。

道元禅師は、『正法眼蔵』「都機《つき》（月）」巻全体を、仏教の教えにおいて使われてきた月の象徴的イメージについて論じることに費やされています。「月」を表すのに通常の「月」という漢字を使わずに、万葉仮名の「都機」[28]を使われました。月を表すのに「都機」という漢字を使われたのは日本語の発音音声を示すためですが、それだけでなく、「都機」という文字が「total function 全体的な働き」という漢字の意味を持っているためです。それは「全機《ぜんき》」という表現と同じ意味で使われているのです。道元禅師は明らかに、ここで言葉遊びをされています。『ヴィマラキールティ・スートラ』や『楞伽師資記』のような伝統的文献に見える水上の月というよく知られたイメージを使われながら、そのイメージを、「空・非有非無」の比喩以上のものとして使っておられます。道元禅師が行った文字の選び方によれば、月のイメージを、相依生起のネットワークが動的に動いていることのシンボルとして使われているということです。それは「全機」、すなわち自己とダルマを含む「全体的な働き」ということです。

『正法眼蔵』「都機」巻で道元禅師は、水上の月というイメージを使っている中国禅の祖師たちの話や仏教経典から選んだ逸話を紹介されています。たとえば「都機」巻の冒頭で、『金光明経《こんこうみょうきょう》（黄金の輝きの経典）』を引用されます。

　シャカムニ・ブッダが言う
　「ブッダの真のダルマの身体は

空っぽの空間のようだ
ものにこたえて、その形を現す
それはまるで水上の月のようだ」

釈迦牟尼仏言《のたまわ》く、仏の真法身《しんほっしん》は猶《な》お虚空《こくう》の若《ごと》し、物《もの》に応《おう》じて形《かたち》を現《げん》ずることは、水中の月の如し〈原漢『全集』第一巻二六二頁〉。

この言葉への道元禅師の解説は次のようです。

「水上の月のようだ」ということの「それであること《ザスネス》」が、水の月なのだ。「水――それ」、「月――それ」、「それ――そのなか」、「そのなか――それ」、である。「それ」とは「似ている」という意味ではない。「それであることは、これであることだ」(29)。

いはゆる如水中月《にょすいちゅうげつ》の如如《にょにょ》は、水月《すいげつ》なるべし、水如《すいにょ》・月如《げつにょ》・如中《にょちゅう》・中如《ちゅうにょ》なるべし。相似《そうじ》を如と道取《どうしゅ》するにあらず、如は是《ぜ》なり〈同〉。

この解説のなかで、道元禅師はテキストから一つの単語をとりあげ、型にはまらないながらも非常に意味深いやりかたで解説されています。「如」という言葉の通常の中国語の意味は、「to be like そのようである」「such as それに似て」「as if まるで……のように」「to be equal to 同じである」です。中国語では、右に引いた『金光明経』最終行の「如水中月」は、「水の中の月のようだ」と読むことができます。これが文法的に正確な翻訳なのですが、道元禅師は「如」を「真如」の「如」として読まれています。「真如」とはサンスクリット語「タターー」

の漢訳語であり、英語では「thusness それであること」「suchness そうであること」「as-it-is-ness それが――それで――ある――こと」、あるいはもっとシンプルに「true reality 真の現実」と訳される言葉です。「是」とは「concrete 具体的な」「definite そのとおり」あるいは「each and every thing それぞれすべてのもの」という意味です。

中道としての水上の月

前記の文章の中で、道元禅師は「中」という漢字もまた、深い意義がこめられた読み方で読まれています。「中」は「within そのなかに」という意味ですが、「middle 真ん中」という意味もあります。それはちょうど、大乗仏教の偉大な祖師で哲学者であるナーガールジュナが、彼の哲学の非常に重要な用語として使っている「中道《ミドル・ウェイ》」の「中」と同じです。若き日の道元禅師が日本の比叡山で勉強された天台教学は、ナーガールジュナの中道の哲学を一つの基礎にしています。ですから、道元禅師の教えを参究するのに、ナーガールジュナの哲学について多少とも理解しておくことは重要なのであって、このことは、特に前記の「都機」巻の箇所にあてはまります。

ナーガールジュナは『ムーラマディヤマカ・カーリカー〔中論〕』において、自分の哲学の前提として、絶対的真実と相対的真実という二つの真実について論じています。ここに抜粋してみます。

> 多くのブッダによるダルマの教えは、二つの真実に基づいている。それはすなわち、相対的（世間的）真実と絶対的（超越的）真実である。
>
> この二つの真実の区別を知らない者は、ブッダの教えの深遠な本質を理解することができない。

日々のいつもの行動（＝相対的真実）に依らなければ、絶対の真実も現れることはできない。絶対の真実に近づくことがなければ、ニルヴァーナは決して得られない。……

私たちは関係的生起《リレーショナル・オリジネーション》であるものはすべて、空性《シューニヤター》であると断言する。それは、（存在の）相互関係の仮の名（＝意識上の構築物）であるが、実にこれこそが中道《ザ・ミドル・パス》である。[30]

（第八偈）諸仏は二諦《にたい》に依《よ》って、衆生のために法を説く、一には世俗諦《せぞくたい》を以てし、二には第一義諦《だいいちぎたい》なり。

（第九偈）若《も》し人《ひと》、能《よ》く二諦を分別することを知らざれば、即ち深仏法《じんぶっぽう》に於て、真実義を知らず。

（第十偈）若し俗諦に依らざれば、第一義を得ず。第一義を得ざれば則ち涅槃を得ず。……

（第十八偈）衆因縁生法《しゅういんねんしょうほう》、我れは即ちこれ無と説く。[4] またこれ仮名《けみょう》となす、また是れ中道の義なり〈原漢『中論』二一四～二一七頁『国訳一切経』中観部一〉。

ここには、ナーガールジュナの哲学を理解するために重要ないくつかの用語が使われています。「relational origination 関係的生起」とは、サンスクリット語「プラティーティヤ・サムトパーダ」（パーリ語：パティッチャ・サムッパーダ）の翻訳です。この言葉はしばしば「interdependent origination 縁起あるいは相依生起」と訳され、すべての存在の広大なネットワークのうちにあるわれわれの生の生命実物について述べたものです。「シューニヤター」は、しばしば「emptiness 空性」と訳されますが、これもまたわれわれの生命実物を指す別の言葉であり、この生命実物があらゆる言語化、概念化、分類化を超えたものであることを述べている言葉です。それは絶対的な真実の「仮の名」です。

「conventional truth 相対的な真実」とは、掴むことができない生命実物を掴もうと努力して使う、言葉、概念、分類のことを言います。生命実物を両方の側面から、どちらにもこだわりなく見ることが、中道なのです。

中国天台宗の偉大な祖師である天台智顗《てんだいちぎ》は、ナーガールジュナの中道の哲学を使って彼の三つの真理の教えを作り出し、それを天台宗の根本の教えの一つとしました。三つの真理は、「空の真理（空諦《くうたい》）」「仮の真理（仮諦《けたい》）」「中の真理（中諦《ちゅうたい》）」から成っています。これらの三つの真理は、ブッダの相依生起の教えに基づいています。「空の真理」とは、相依生起の生命実物について、それを非主体的なもの、つまり、独立した実在性を欠いたもの（アナートマン）と見る見方のことで、このことについては本書第三章において考察してきました。「仮の真理」とは、相依生起の生命実物を、原因と状況の一時的な集まりとして見る見方のことです。この見方から見れば、私たちが名付けているそれぞれの、そしてすべてものは、概念的な仮のものにすぎません。それは、すべてのものは他のものとの関係によってのみ存在しているからです。そのためになにものも、それが関係しているものごとが変化する時、自分自身も変化せざるを得ないのです。とはいえ、「仮の真理」から見るときに、私たちはものごとが原因と状況の集まりであり、一時的で仮の存在であるとしても、そのような在り方で特定の空間と時間の中に存在していることを、否定することはありません。

「中の真理」とは、それぞれの、そしてすべての存在を、「空（そこにはない）」と「一時的な存在（そこにはある）」との両方の側面から見るということです。たとえば、私正博《しょうはく》は、その身体を形成する原因と状況の集まりであり、実体はありません。正博の身と心の中には、別に「主人・操縦者」などは存在しておらず、自分自身を含む外界の状況に応じて、絶えず変化をしています。とはいえ正博は、その身と心とを構成する原因と状況の空なる集まりとして、「ここにいる」のです。彼は日本人で、仏教者で、僧侶です。彼は仏教僧侶の責任として、仏教を説いています。正博はここにいますが、身も心も正博としての統一性《トータリティー》を持っているわけではないので、それは確固たる実体としての存在ではありません。さまざまな要素の集まりであり、それはちょうど、自動車が別々の部品からできているようなものです。部品一つではどのような部品でも完全な自動車ではなく、自動車は部品の集まりにほかなりません。ちょうどそのように正博もここにいますが、それは部品や諸要素の集まりに他ならないのです。この正博が道元禅師の教説について論じているのですが、しかし彼は自分がしゃべっていることが、過去に多くの仏教的テキストから、あるいは師匠から学んだことでしかないのを知っています。彼が現在行っていることは、過去に彼が行ってきたことがらの結果にすぎません。それは過去の経験と環境の結果の集まりであり、それがカルマということです。彼の知識と言葉は、彼が育ち教育を受けた社会から贈られたものです。正博の本質についてのこうした説明は、「中の真理」の一例です。

すこし「現成公按」巻冒頭の三つの文に戻りますと、その一文のそれぞれが、三つの真理の一つずつに対応します。初めの一文は「仮の真理」に対応し、二番目の文は「空の真理」に対応し、三番目の文は「中の真理」、つまり、われわれの生の生命実物として仏道の実際の修行を行うことに対応しています。この修行実践は、はじめの二つの真理に基づいていますが、その両方の視点を乗り越えて生命実物を見る見方でもあります。このやりかたで修行することは、「豊かさ（仮の存在）と乏しさ（空）」の二分法を乗り越えることです。

前掲の『正法眼蔵』「都機」巻で、水に映る「月」を論じるのに、「中」というこの文字を選ぶことによって、道元禅師は、水の月というイメージは、すべてのダルマが空であることのシンボル、あるいはブッダの法身《ダルマ・ボディー》の比喩以上のものであると述べておられるのです。水の月は、「中の真理」としての生命実物であり、それが「中」だと示しておられます。自分たちの移ろいゆく身と心を使って、生き、修行し、すべての行為をこのはじめの二つの真理に調和して行うべきだと教えておられるのではないかと私は思います。このやりかたで修行するときに、「中の真理」にかなった生きかたをしていると説かれておられるのです。

「現成公按」巻のこの箇所で、道元禅師は、大乗仏教の基本哲学について講義をされているのではありません。道元禅師は禅の祖師であって、仏教学者ではないのです。大乗仏教のいくつかの理論を手段として使って、われわれが、生の実際の生命実物を見ることができるように助けておられるのです。私がこうして道元禅師の教えを哲学的方法で語っているのを、もし聞かれたら、おそらく大笑いされることでしょう。それはちょうど、次の逸話で、道吾《どうご》禅師（七六九〜八三五）が夾山《かっさん》（八〇五〜八八一）の講義を大笑いしたのと同じです。

（のちに）道吾は京口《けいこう》に行った。そこでは夾山善会《ぜんね》が講義をしているところを偶然に見た。法話に参加していたある僧が夾山に問うた。「法身とは何ですか。」

夾山は言った。「法身はすがたがない。」

僧は問うた。「法の眼とは何ですか。」

夾山は言った。「法の眼は瑕《きず》がない。」

それを聞いて、道吾は思わず大笑いした。……(31)

（善会）初め京口《けいこう》に住す。一夕《いっせき》、道吾杖を策《ひ》いて至り、師の上堂《じょうどう》に遇《あ》ふ。如何《いか》なるか是れ法身と。師曰く。法身は無相《むそう》なりと。曰《いわ》く。如何なるか是れ法眼《ほうげん》と。師曰く。法眼は瑕《きず》無しと。（中略）道吾乃《すなわ》ち笑う〈原漢『景徳伝灯録』四〇七頁、『国訳一切経』史伝部十四〉。

道吾が大笑いしたのは、夾山が僧に対して頭でっかちの回答をしたからですが、それは、法《ダルマ》を哲学的な仏教教学の観点から論じている今の私も同じことです。とはいえ、現代人は学んだことを知的に処理するよう条件づけられているので、われわれにとっては、道元禅師が言われていることを哲学的基盤において理解するというのも重要なことだと思います。この哲学的理解を一度は得たあとで、修行の中でそれを手放して自由にならなければなりません。道元禅師の著述において「中」に出会った場合、大乗仏教におけるその意味するところに関係づけることができるのは大事ですが、しかし道元禅師を参究する場合には、いかなる論理的あるいは哲学的概念にも固執すべきではないのです。その教えは、生の生命実物をすぐさま、われわれの通常の一日一日の生活の「within うちに（中）」現成すべきだということにあります。

『金光明経』からの上記の偈頌のうちで、水の月は、ブッダのかたちなき法身《ダルマ・ボディー》を表している直喩でした。空っぽの空間〔虚空〕のように、ブッダの法身はかたちがないのですが、しかしこのかたちなき法身が、まるで月が水に映るように、それぞれのそしてすべての個別のものごととして、現象世界のうちにそのかたちを現してくるのです。それでこの偈頌は、かたちのなさ、すなわち「thusness それであること（如）」が、私たちの日々の、身と心を使った活動の内に、かたち、すなわち「thisness これであること（是）」として表されると言っておられるのです。

自己としての月

では、『正法眼蔵』「都機」巻で二番目に引用されている箇所に目を向けてみましょう。それは、中国の禅匠で、馬祖道一《ばそどういつ》（七〇九〜七八八）の弟子である盤山宝積《ばんざんほうしゃく》（七二〇〜八一四）の詩偈です。

心の月の完全なる円は孤独である
その光は一万のものごとを呑み込んでしまう
その光はものを照らすのではない
さらにものも存在しない

光もものもどちらもが存在を止めてしまうのだ

これはなんだ？

心月孤円、
光、万象《まんぞう》を呑《の》む。
光、境を照らすに非ず、
境、亦《ま》た存するに非ず。
光境倶《とも》に亡ず、
復《ま》た是れ何物ぞ〈原漢『全集』第一巻二六三頁〉。

その解説において道元禅師はこう書かれています。

古のブッダは言った。「一つの心がすべてのダルマであり、すべてのダルマが一つの心だ」(32)。そのようにして、心がすべてのものごとなのである。すべてのものごとは一つの心なのだ。心は月なのであり、そして月は月である。心がすべてのものごとであるために、すべてのものごとは月以外ではない。世界全体が、全体の月なのだ。全体の身体が、全体の月なのである。瞬間の一万年において、「前にも後ろにも三つ三つ」のうちに、月でないなにものがあろうか。太陽の顔をしたブッダと月の顔をしたブッダとがわれわれの身であり、心であり、取り囲んでいるものはすべて月のうちにあるのだ。生死の（輪廻の）中を行くも帰るも、どちらも月のなかにあるのだ。十の方角の世界は、月の上と下、左と右である。われわれの毎日の生活における現在の活動は、月のうちに輝く百の草であり、月のうちに輝く古の祖師の心なのである。

古仏いはく、一心は一切法なり、一切法は一心なり。しかあれば、心は一切法なり、一切法は心なり。心は月なるがゆえに、月は月なるべし。心なる一切法、これことごとく月なるがゆえに、遍界は遍月なり、通身ことごとく通月なり。たとひ直須万年《じきしゅばんねん》の前後三三《ぜんごさんさん》、いづれか月にあらざらん。いまの身心依正《しんじんえしょう》なる日面仏《にちめんぶつ》・月面仏《がちめんぶつ》、おなじく月中なるべし。生死去来《しょうじこらい》ともに月にあり、尽十方界《じんじっぽうかい》は、月中の上下・左右なるべし。いまの日用《にちゆう》、すなはち月中の明明《めいめい》百《ひゃく》草頭《そうとう》なり、月中の明明祖師心なり〈同二六四頁〉。

『正法眼蔵』「都機」巻のこの箇所は、私たちが検討している「現成公按」巻第九節の説明をしてくれていると思います。盤山の詩偈では、月は、すべての現象的存在を照らしている自己を象徴するものでしたが、この詩偈の主題も「現成公按」巻のこの節の主題もどちらもが、自己とすべての存在との、相依的ありようと全体的な働きについてなのです。

「一つの心がすべてのダルマである」と道元禅師が言われるときの心とは、心理学的な心のことではありません。内山興正老師は、この心を「われわれの生の現実性〔生命の実物〕」と呼んでおられました。私たちがすべての存在とつながっていることとそのことが、われわれの生の生命実物です。この生命実物を、観念的に自己〔主体〕と他なるもの〔客体〕とに分離してしまう前に存在している生命実物だと言うこともできます。私たちは生命実物を、自分の分別する思いによって自己と他とに分離していますが、思いを手放して分別を手放すと、相依生起のネットワークと一つとなり、すべてのものとのつながりを現すようになるのです。内山老師はこの自己とすべてのものとの一体性を「本来の自己《オリジナル・セルフ》」あるいは「全体の自己《ユニヴァーサル・セルフ》」と呼ばれましたが、それは、われわれの坐禅修行のうちに現れる生命実物です。『正法眼蔵』「都機」巻において道元禅師は、この生命実物を「月」と呼ばれたのです。月の光はすべてのものを呑み込み、すべてのものは消えて自己の一部となります。別の言い方をすれば、すべてのものが自己の内容となるときに、そこにはもはや照らし出されるなんの客体もないということです。坐禅において、世界全体は月の光となり、自己の身体の全部が月全体となります。すべてのものは月全体であり、われわれが生まれ、生き、死ぬのも月のなかでです。生命実物と調和して生きるときに、日常のわれわれの活動も月となるのです。これこそが、道元禅師が「人がさとりを得るとき」と表現された生命実物です。

月のウサギ

「水の月」というイメージは、私にとってもう一つの意味を持っています。「現成公按」巻のこの箇所を読むたびに、私は子供の時に聞いた、月のウサギの話を思い起こしてしまいます。日本では、すべての子供がこのお話を知っているのですが、これはもともと、ブッダの前世についてのインドのお話を集めた『ジャータカ』に載っているものなのです。日本文学においては、この物語は『今昔物語集（古代と現在の物語）』という、十一世紀に編まれ、インド・中国・日本のたくさんのお話を集めたもののなかで、紹介されています。これがそのお話です。

むかしむかし、ウサギとキツネとサルが森の中で仲良く暮らしていました。神々の王であるインドラはこの三匹のことを聞くと、その不思議な仲の良さが本当なのかどうか自身で確かめるため、老人のすがたとなって地上に現れようと思いました。この三匹が森の中で一緒にいるのを見つけると、呼んで言いました。「聞くところによると、おまえたち三匹は別々の動物なのに、よい友達だそうだね。もし本当なら、この飢えた老人になにか栄養のあるものを持ってきて助けておくれ！」

おやすい御用と思って、三匹は老人にあげる食べ物を探しに行きました。すぐさまサルは近くのやぶから木の実を集めて帰ってきて、またキツネは近くの小川で捕まえた魚を持って現れました。しかし、かわいそうなウサギは、探せども探せどもがっかりすることに、空腹の老人にあげるものをなに一つ探すことができませんでした。友達がウサギを叱るもので、ウサギはさらに悲しさと恥ずかしさで苦しみました。

すると突然ウサギは友達を呼びました。「サルさん、薪を集めてきてよ！　キツネさん、焚火を起こしてよ！」彼らが頼まれたようにすると、ウサギは火の中に飛び込み、わが身を見知らぬ老人のために捧げたのでした。

これを見たインドラは言いました。「おまえたちはみんな全力を尽くしてくれたね。しかしウサギが行ってくれたことに私は一番感動したよ！」そしてその自己を捨てた捧げものを行った名誉として、インドラはウサギの身を元に戻し、休息できるよう月の宮殿に置いてやりました。そこでは今日まで、そのすがたが見えるのです。

道元禅師は「現成公按」巻でこの物語を語ってはおられませんが、私は道元禅師が月の光について書かれたものを読むたびに、自然にこの物語とつなげてしまいます。私がこの物語が重要だと考えるのは、広大で限りのない月の光のシンボル性に、この物語はさらなる深みを与えてくれるからです。この物語が私たちに示してくれるのは、月の光は、すべての生き物を救おうという菩薩の誓願を通じて表された、ブッダの慈悲のシンボルでもあるということです。

月のウサギのこの物語は、私個人にとっても大事なものです。私は二十二歳の、駒澤大学で仏教を勉強している学生のときに出家をしました。卒業して以降はずっと坐禅修行をしてきましたので、一般的な仕事に就けるような技能や知識をなにも習得してきませんでした。修行道場の生活は経済的には貧しいと言えましたが、すばらしい指導者と法友たちによって非常に豊かで、満たされた人生を送ってきました。そのことをとても感謝しています。この話のウサギのように、私はしばしば、自分の身と心とを坐禅に捧げるほかに、なにも差し上げられるものがないと感じていました。私はたびたび沢木興道老師の「得は迷い、損はさとり」という教えを思い出していたのですが、しかし私にとっての問題は、損をしようにも、失うべきなにものをも持っていなかったことでした！

托鉢（伝統的仏教徒の乞食行）でいただいたお金で生活していた時は、たくさんの人々から施しを受けているのに何のお返しもできないことに罪悪感を感じていました。その当時、特にウサギと月の話は、私にとって大きな意味を持っていました。もちろん私は、ウサギがやったようには自分の身体を焼きませんでしたが、私は自分の坐禅修行を、自分の身と心とをすべてのブッダへの捧げものにするしかないと覚悟して、坐禅と翻訳を行っていました。それでも、私はいまだに時折、自分の坐禅修行を、助けを必要としている人々を助けないことの言い訳に利用しているのではないかと思ってしまうことがあります。自分たちの誓願を保ち、健康的な心理状態を継続しながら、この壊れやすい修行に注意を注いでいくことが、いかに難しいことかということを知ったのでした。

広大な月の光が小さな一粒の水滴に映っているという道元禅師のイメージを思った時に、私は修行を続けるよう励ましを受けました。この小さな、壊れやすい、移ろいゆく身体と、煩悩に迷う自己中心的な心でしか修行できなくても、この修行がブッダの限りない慈悲に照らされている以上、私のようなものでも修行を続けることができるのだと感じました。自分の修行における、自己中心的考えと欲求とを手放しするときに、ブッダの慈悲がそこにあることに気がついたのです。このブッダの誓願の照らし出す光と慈悲なしで、今日まで修行を続けてくることができたとは、私は思いません。

では、道元禅師に戻りましょう。

郵便はがき

料金受取人払郵便

神田局
承認

1280

差出有効期限
令和5年3月
31日まで
（切手不要）

101-8791

535

千代田区外神田
二丁目十八―六

春秋社

愛読者カード係

＊お送りいただいた個人情報は、書籍の発送および小社のマーケティングに利用させていただきます。

（フリガナ） お名前	歳	ご職業
ご住所 〒		
E-mail 小社より、新刊／重版情報、「web 春秋 はるとあき」更新のお知らせ、イベント情報などをメールマガジンにてお届けいたします。	電話	

※新規注文書（本を新たに注文する場合のみご記入下さい。）

ご注文方法 □**書店で受け取り** □**直送(代金先払い)** 担当よりご連絡いたします。

書店名	地区	書名	冊
			冊

ご購読ありがとうございます。このカードは、小社の今後の出版企画および読者の皆様とのご連絡に役立てたいと思いますので、ご記入の上お送り下さい。

〈書　名〉※必ずご記入下さい

●お買い上げ書店名(　　　　地区　　　　書店　)

●本書に関するご感想、小社刊行物についてのご意見

※上記をホームページなどでご紹介させていただく場合があります。(諾・否)

●購読メディア	●本書を何でお知りになりましたか	●お買い求めになった動機
新聞 雑誌 その他 メディア名 (　　　)	1. 書店で見て 2. 新聞の広告で (1)朝日 (2)読売 (3)日経 (4)その他 3. 書評で (　　　紙・誌) 4. 人にすすめられて 5. その他	1. 著者のファン 2. テーマにひかれて 3. 装丁が良い 4. 帯の文章を読んで 5. その他 (　　　)

●内 容	●定価	●装丁
□満足　□不満足	□安い　□高い	□良い　□悪い

●最近読んで面白かった本　(著者)　　　(出版社)

(書名)

㈱春秋社　電話 03-3255-9611　FAX 03-3253-1384　振替 00180-6-24861
E-mail:info@shunjusha.co.jp

月は決して濡れることはない。水は決してかき乱されない。月は広く大きな光であるにもかかわらず、水の一滴にも映し出される。月の全体と空《そら》全体ですら、草の葉の露の一滴に映し出されるのである。さとりが人を破壊しないのは、ちょうど月が水に穴を開けないようなものだ。人がさとりを邪魔しないのは、水滴一滴が空の月を邪魔しないようなものだ。

月ぬれず、水やぶれず。ひろくおほきなるひかりにてあれど、尺寸の水にやどり、全月も弥天《みてん》も、くさの露にもやどり、一滴の水にもやどる。さとりの、人をやぶらざること、月の、水をうがたざるがごとし。人のさとりを罣礙《がいげ》せざること、滴露の、天月を罣礙せざるがごとし。

この節では、自己を水滴に喩え、一万の法《ダルマ》（すべてのものごと、無数のものごと）を月に喩えておられます。ここを読むときには、道元禅師が言及される自己が、相依生起のネットワークにおける結び目の一つであることを、覚えておくべきです。たくさんのものごとのネットワークの関係性以外には、自己というものは存在しません。盤山禅師も言うように「自己が一万のものを呑み込み、一万のものが自己を呑み込む」のです。自己と一万のもの両方が呑み込みあうとは、何のことでしょうか。道元禅師はこのことを述べて、月がどんなに小さな水の一滴一滴にも映り込んでいると言われています。

道元禅師はこの関係性を、「impermanence 無常」と題された和歌（日本における伝統的な詩の形式で、定型の音数が使われる）に詠まれています。

世界とはどのようなものか

水鳥がくちばしを振る
その水滴の一つ一つにある
映りこんだ月のようだ
世の中は
何にたとへん、水鳥の、
はしふる露に
やどる月影〈『全集』第七巻一七九頁〉

水鳥は池に深く潜り、浮かんできてはくちばしを振ります。鳥のくちばしからの細かい水滴が空中に散らばり、池の水面に戻っていきます。月は、その一秒にも満たない間しか存在しない水滴の、一つ一つ、そのすべてに映りこみます。私たちの生もまたこのように、水滴一つに映った月の光のようなものです。自分自身を絶対の生命実物との関係において考えるときに、自分がまるで一粒の水滴のようになんと小さくなんとはかないものであるかがわかるのです。その一方で、広大で限りない永遠の月の光はそれぞれすべての生の「水滴」に映ってもいるのです。これは美しい、われわれの生についての表現です。ここには、無常性と永遠性、個人性と全体性とが交差していることが具体的に表現されています。この短い詩のうちに、大乗仏教の教えの本質的なところが生き生きと表現されていると私は思います。

「現成公按」巻で、私たちは自分の人生を限られた短いものであると知るべきだ、しかし、ブッダの智慧と慈悲という、広大で永遠な月の光が私たちの人生すべてを照らしているということにも目覚めなければならない、と道元禅師は説かれます。これが、道元禅師が第四節で語られていることの意味するところです。

私たち自身を動かして修行——さとりを実行させることは、迷いなのだ。すべてのものごとがやってきて、修行——さとりを私に実行させるということがさとりなのである。

自己をはこびて万法を修証するを迷《まよい》とす、万法すすみて自己を修証するはさとりなり。

もし修行が純粋なものならば、自分を、さとりなどのなにか望ましい対象を得るために修行している主体として見ることはありえません。道元禅師が「さとり」という言葉を使われるときには、われわれが一度だけ経験すれば良いような特定の心理的経験について語っておられるのではないのです。むしろ非常にありきたりな現実《リアリティ》＝生命実物をわれわれが受け入れるように語っておられます。すなわち、自己中心的で、限られた一時的な存在でありながら、また、分別を超えた相依生起の広大で限りのないネットワークのなかに生きているという生命実物です。生命実物に目覚めるということは、つまりは、生命実物が生命実物に目覚めるということ、生命実物が生命実物を実現するということを意味しています。このように広大な月の光がわれわれの修行に映り込んでいると分かったとしても、しかし私たちは依然として、個人の人間として水滴の小さな一滴にすぎないのです。月の広さはわれわれの生の水滴を圧倒することはなく、われわれの生の有限性は、月の光がわれわれの修行に映し出されることを妨げはしないのです。

深さが高さと同じなのだ。時間の長さと広さ（の意義を究明するために）は、われわれは、水は大きいのか小さいのかを考慮し、空の月の大きさを理解すべきである。

ふかきことは、たかき分量なるべし。時節の長短は、大水・小水を撿点し、天月の広狭を辦取《べんしゅ》すべし。

菩薩として、自分がどれだけ限りある、迷っている存在なのか、そして自分の生がいかに短いものなのかを知っておかなければなりません。そのうえで、自分が歩く道がいかに長いものかをわきまえ、修行においては、月の高さと広さを究明しなければならないのです。とはいえ、こうした高さと短さ、広さと小ささとが交錯していることに目覚め、それをもっと理解したいと深く疑問を抱き、探求するときに、こうした生のすべての側面が、完全に相互に浸透していることを発見するのです。永遠性は移ろいゆくものに映り、広大な月の光は微小な雫にも浸透します。われわれは個人として、微小な、移ろいゆく、自己中心的なるものとして存在しながら、われわれの生は計り知れぬほど深く、また限りがないのです。われわれの生の深さは月までの高さと同じです。われわれの修行のうちに、月がどれほど高くどれほど広大なのか、そして生の生命実物がどれほど深くどれほど微妙なものかを究明しなければならないのです。修行のなかでより高くより深くと、限りなく進むべきであり、自らの行為によって、月の高さと深さとを表現することができるのです。

［付記］

良寛さん（一七五八～一八三一）も月の兎の話に感動されて、長歌、短歌を書いています。『校注　良寛全歌集』（谷川敏朗、春秋社、一九九六年）には長歌が四首、短歌が四首、掲載されています。原著では『今昔物語集』のテキストが手元になかったので、良寛さんの長歌をもとに散文に直しました。一つの長歌の最後に良寛さんは、「今の世までも　語り継ぎ　月の兎と　いふ事は　これが由《よし》にて　ありけると　聞く　我《われ》さへも　白栲《しろたえ》の　衣の袖は　通りてぬれぬ（今現在も、つぎつぎと語り続いて、「月のうさぎ」とよぶことは、このことによるのであったと、聞いたわたしまでも、感動のため墨染の衣のそでが、涙でしみ通ってぬれてしまった）〈谷川氏訳〉〈同一七四～一七八頁〉」と言われています。子供の頃、お月見の折にこの話を聞いたことを思い出します。

仏教とキリスト教の対話の一方の旗手であられ、只管打坐に似た「断想の祈り」を世界中で指導されていた奥村一郎神父さんは、月のウサギを「自らの体をいけにえとしてささげることしかできなかった貧しい神、キリスト」になぞらえておられます（『祈り』女子パウロ会、一九七四年）。もともと、月のウサギは、釈尊の前生譚だったのですから、ここに仏教とキリスト教に共通の精神が見出せると思います。

第十章　なにかがいまだに欠けている

（10）　ダルマが身と心に浸透していないときには、人はすでに十分満ちていると思ってしまう。ダルマが身と心とを満たすときには、なにかが（いまだ）欠けていると思うのである。たとえば、舟《ボート》で海にこぎ出し、陸がもはや見えないときには、われわれの眼は（水平線の）四方を見るが、そのときに海はただ円いように見えるだけだ。それ以外の形が見えることはない。しかしながら広い海は、円いのでも四角でもない。海には尽くすことのない性質があるのだ。（魚にとっては）それは宮殿に見えるし、（天上の者たちにとっては）宝石の首飾りに見える。（私たちにとっては）われわれの目の届くかぎりにおいて、円く見えるのである。万法がこれと同じようなのだ。塵にまみれた世界にいるのもいないのも、そこには数えきれない側面と性質とがあるのである。私たちは、自分の参究と修行の眼が見ることのできる力の範囲で、ものを見、掴むことができるだけなのだ。万法の現実を聞くときに、海と山の両方に尽くすことのできない性質があり、さらに四方には多くの他の世界もあるということを知るべきなのである。これはただ外側の世界においてだけではなく、私たちのまさに足元の世界にも、また水の雫一滴のなかにでもあるものなのだ。

身心に、法いまだ参飽《さんぽう》せざるには、法すでにたれりとおぼゆ。法もし身心に充足《じゅうそく》すれば、ひとかたはたらずとおぼゆるなり。たとへば、船にのりて山なき海中にいでて四方をみるに、ただまろにのみみゆ。さらにことなる相、みゆることなし。しかあれど、この大海、まろなるにあらず、方《ほう》なるにあらず、のこれる海徳、つくすべからざるなり。宮殿《ぐうでん》のごとし、瓔珞《ようらく》のごとし。ただわがまなこのおよぶところ、しばらくまろにみゆるのみなり。かれがごとく、万法もまたしかあり。塵中《じんちゅう》・格外《かくがい》、おほく様子を帯《たい》せりといへども、参学眼力《さんがくがんりき》のおよぶばかりを、見取《けんしゅ》・会取《えしゅ》するなり。万法の家風をきかんには、方円とみゆるよりほかに、のこりの海徳・山徳おほくきわまりなく、よもの世界あることをしるべし。かたはらのみかくのごとくあるにあらず、直下《じきげ》も一滴もしかある、としるべし。

海を一つの円として見ること

思い出していただけるように、道元禅師は第七節で、ダルマを求めているはじめには、ダルマの境界からはるか遠いところをさまよっている、しかしダルマが正しくわれわれに伝達されたときには、私たちは、即座に、「本来の人物（本分人）」なのだ、と言われました。これは言い換えれば、修行は、私たちをこの瞬間に本来の人物として生きることを可能にするもので、修行していれば未来のいつかに本来の人物となることができるというものではないということです。そのような本来の人物としての修行が、修行とさとり、あるいは自己と客体についての、どのような固定した見方も超えたものであることを説明するために、道元禅師は自己を、岸を見ながら海を航行する舟に喩えておられます。舟ではなく岸が動くと考えることが間違いであるように、自己を固定された変わることない主体とし、その周りをさまざまに移り変わる客体が展開するのだと考えることは間違いだということです。

第十節において道元禅師は再び、自己を、人が舟に乗って海に出ていることと比較されます。この比較においては、しかしながら、岸はもはや視界にはなく、海はその水平線が円く見えているだけです。ここで道元禅師は、すべてのものが空で、独立した存在性を欠いているという明晰な洞察を持つ本来の人物として生きることの大事さを、論じておられるのです。

海上の舟というこれらのイメージは、一二二三年、道元禅師二十三歳の時に中国へ渡られた旅行から引き出されたものだろうと思います。道元禅師は、その最初の禅の師匠である仏樹明全に従って、中国で純粋な仏法を発見しようと海へ船出されました。

『正法眼蔵随聞記』のなかで道元禅師は弟子たちに、中国へ渡る際の明全の決意について述べておられます。明全の元々の師匠は明融《みょうゆう》という名の天台僧でしたが、当時死の床に就いていて、明全に中国への渡航を延期するように頼んだのでした。明融は明全に自分の世話をしてくれるように、そして彼が死んだ後その葬儀を取り仕切るよう望んだのです。このことについて、法友たち、弟子たちとともに議論した後、明全は次のように言いました。

たとえ私が今回の旅を取りやめたとしても、死ぬことが確定している人は死ぬだろう。私がここに留まることが、師の生命を延長する手助けにはならない。たとえもし私が看病するために留まるにせよ、その痛みが治ることはない。さらには、死ぬ前に私が世話をすることによって、師をその生死から離れさせることができるわけがない。ただ、願いに従って、しばらくの間感情を満足させるだけのことだ。解脱と道の獲得のためにはまったく無用なことだ。間違ってダルマ探求の希望を妨害すれば、悪い行いを引き起こすことになるかもしれない。しかしながら、もし中国へ行ってダルマを探求する私の願いを実行でき、わずかでも悟りを得られたならば、一人の人間の迷った思いには反しても、多くの人々のために道を得るその原因となるかもしれないのだ。

この利益のほうがより大きいわけだから、私の師にも恩義を返せるように思う。たとえもし、海を渡る間に死に、自分の望みを遂げられなかったにしても、ダルマを求める希望とともに死ぬわけだから、未来の生において私の誓願は消えることはないだろう。玄奘三蔵《げんじょうさんぞう》がインドへ旅したことをよくよく考えなければならない。一人の人間の望みのために失いやすい時を空しく費やしてしまうことはブッダのご意志に沿うものではない。だから私は、いま中国へ行くことを固く決意した。(33)

今度《このたび》留《とどま》りたりとも、決定《けつじょう》死ぬべき人ならば其《それ》に依《よっ》て命《めい》を保《たも》つべきにもあらず。亦《また》われ留りて看病外護《げご》せしによりたりとて苦痛もやむべからず。亦最後に吾あつかひすゝめしによりて、生死《しょうじ》を離れらるべき道理にもあらず。只一旦命《めい》に随《したがい》て師の心を慰むるばかりなり。是れ即ち出離得道《しゅつりとくどう》の為には一切無用なり。錯《あやまり》て我が求法《ぐほう》の志《こころざし》をさえしめられば、罪業《ざいごう》の因縁とも成《なり》ぬべし。然《しか》あるに若《も》し入宋求法《にっそうぐほう》の志《こころざし》をとげて、一分《いちぶん》の悟りをも開きたらば、一人有《いちにんう》漏《ろ》の迷情に背《そむ》くとも、多人得道《たにんとくどう》の因縁と成りぬべし。此の功徳もしすぐれば、すなはちこれ師の恩をも報じつべし。設《たと》ひ亦渡海の間《あいだ》に死して本意をとげずとも、求法《ぐほう》の志《こころざし》を以て死せば、生生《しょうしょう》の願《がん》つきるべからず。玄奘三蔵《げんじょうさんぞう》のあとを思ふべし。一人《いちにん》の為にうしなひやすき時を空《むなし》く過さんこと、仏意《ぶっち》に合《か》なふべからず。故に今度の入宋一向《にっそういっこう》に思切《おもいき》り畢《おわ》りぬ〈『随聞記』一一六～一一七頁、岩波文庫〉。

道元禅師の時代には、中国への旅は容易ならぬ企てでした。今日でしたら、日本から中国へ旅をするのは飛行機で二、三時間しかかからず、毎日複数の航空会社によってたくさんの便が利用可能ですから、そのような旅を延期するのはわりあいに小さな問題であると思われます。しかし、十三世紀の日本では、中国への航海は危険なものであり、乗船した多くの人が二度と帰ってはきませんでした。またこのような船の便は当時希少でもあって、一度旅立つ機会を失えば、次の機会がいつ来るのかは、わからないものでした。例えば、道元禅師と明全の次の日本人僧侶による渡海は、私が見た資料では、十年後の一二三三年まで行われなかったのでした。このように、自分の生命を危険にさらして旅立ちをするという明全の決意は、大げさなものではなかったのです。実際、明全は四十二歳のとき中国の天童山僧堂で亡くなり、日本に帰ることはできなかったのでした（道元禅師は明全の遺骨を持って一二二七年に日本に帰国されました）。

道元禅師と明全は、他の二人の僧侶とともに、京都の建仁寺を一二二三年二月中に発ちました。舟で九州の博多ちかくに到着した後、大型船《ヴェッセル》に乗り込んで中国へ出航しました。大阪から九州まで、瀬戸内海を航行するあいだは、本州、四国の山々や、多くの小さな島々が見えていたに違いありません。しかし、三月の末に博多を出発した後には、四月に寧波《ニンポー》の港に到着するまでのあいだ、円い水平線だけしか見ることはできなかったのです。

中国への航海の旅が、道元禅師にとって非常に印象的なものであり、重要な経験であったことは疑いありません。道元禅師の心のなかで、この航海と、真のダルマの探求と、真の師匠を探し出すこととは、相互に絡み合っていただろうと思います。

一つの円を見ることは悟りか

内海を航行している時には、山々や木々や村々や人々が、岸に沿って見られます。舟での旅のあいだは、まるで岸のほうが動いているかのように感じられることもあるでしょうし、舟やそれに乗っている自分たちのほうが動いていると感じることもあるでしょう。時には、舟と岸の両方が動いていると見えることもあるでしょう。

大海に船出してしまった後は、ただ海と、その円い水平線と大空とを見ることができるだけです。万物における、唯一性《ワンネス》（あるいは非《ノット》-二者性《トゥーネス》）しか見えません。これは驚くべき経験ではありますが、しかしそれは悟《エンライトメント》りなのでしょうか。これが修行の到達点なのでしょうか。道元禅師はこの質問に対して声高に否定をされます。ものごとの一体性を悟りと見てしまうこととは、「ダルマが身と心に十分浸透していないとき」なのです。

道元禅師は、真のさとり《リアライゼイション》とは、ものごとの一体性を見ることをも超えているのである、と書かれています。「ダルマが身と心とを満たすときには、なにかが（いまだ）欠けていると思うのである」という一文の意味するところは、ダルマに真に満たされているときには、自分の修行が未完成であることを知り、また、すべてのものごとの性質が、とらえがたく、複雑で、数えきれないものであるのが見える、ということです。そうであれば、自分たちがすべてのものごとの本質について果てなく探求し続けるべきであり、菩薩方《がた》のように、一切の衆生とともに親しく修行するしかるべき道を、絶え間なく探索し続けなければならないのです。月は無限の高さを持っていますが、同様に個人としての私たちの生も、無限の深さを持っています。しかし同時に、個人としては、私たちの視野は限定されているということも認めなければなりません。いかに深く、高く、広く、われわれの視界の焦点を合わせようとしても、われわれの視界は常に限られているのです。この限界をわきまえることが智慧《ウィズダム》なのです。

私たちは移ろいゆく、小さい人間存在であるために、生命実物の真のすがたである全体性を対象として見ることはできません。この生命実物の内部で生まれ、生き、死んでゆくために、それを内側から見ることしかできないのです。生命実物の内側に位置しているために、自分の個人存在によって隠されている部分を見ることはできません。例えば、視界の角度は一八〇度よりも小さいので、前を向いている時には私たちは後ろ側を見ることはできません。そして後ろになにがあるのかを振り返って見ようとすると、前にあるものを見ることはできません。鏡か何かを使わなければ、自分の後ろを見ることはできないということです。

とはいえ、私たちには以前に見たことがらを記憶する能力がありますので、それらを、現在見ているものと総合していきます。こうした具合に私たちは三六〇度の視覚を映し出す心理的画像を作り出すことができるのですが、これと同じようにして、全体的生命実物についての自分たちの考えの心理的画像を作り出すことが可能になるわけです。しかしながら理解しておかなければならないのは、このようなイメージは、われわれの心のうちでわれわれが作り出した、世界についての心理的画像にすぎないのだということです。それは構築されたものにすぎないのです。海の円い水平線もまた心理的構築物であって、つまり条件づけられた自己によって限定された視点から結ばれたイメージなのです。全体が一つだと見えたときに、それも分別する視覚であり、心理的構築物にほかならないと見ることが、真の生命実物を見始めることなのです。私たちが迷っているのだと見ることそのことが、われわれの生の真の生命実物を見る智慧なのです。

沢木興道老師は次のように言われました。

新聞ひとつみるのでも、みんなみる所がちがうじゃろう。株式市場をまっさきに見るやつやら、スポーツ欄をまっさきにみるやつやら——小説をみるもの、政治欄をみるもの——みんなメイメイにちがう。メイメイの分別妄想(もうぞう)を通してみるからじゃ。人間の思いでみれば、みなこのようにちがう。人間の分別妄想せぬところで、はじめて万人共通の世界がある。(34)

異なったカルマを持っているために、それぞれが世界を異なって見るのです。そしてそうでありながらも、人はよく、「自分の意見は絶対的に正しく、あいつらの見方は全部間違っている」と思い込みます。思いの手放しをするのは、つまり分別を止めることとは、ただ自分の限られた見方を基礎にしてものごとを判断するのを、止めてしまうということです。どのような見方も特定の条件づけられた環境と経験とが一つになって作り出されたものですから、自分の見方を絶対的な真実と見ることをあきらめなければなりません。

道元禅師が海の円い水平線のことを述べられたように、無分別は、時に、円として表現されます。しかし、たとえば「絶対的な」真実の言述などと、生命実物の真実の言述として概念化してしまうときにはいつでも、すでに生命実物の外側に出てしまっているのです。「分別を止める」ことは、ただ、坐禅において坐って修行し、思いを手放しすることによってのみ起こることなのです。

沢木老師はまた、「よう『ボクの考えでは』とエラソウにいいおるが、ボクの考えなんか、どうせダメなんじゃ。――黙っとれ。」[35]と言われました。口を閉ざすということは、考えるのを止めることを意味していませんし、それどころかしゃべるのを止めることすらも意味していません。この言葉が意味しているのは、より一層明らかに、そしてより一層深く真の生命実物を見なければならず、単純に自分の限られた見方を正当化するような言葉や考えを使うのではなく、むしろ自分の観点を広げる努力をしなければならない、ということです。私たちは自分をとりまくものごとが変化していくと見るだけではなく、私たち自身も移動し変化しているのだと見なければならない、ということでもあります。私の生において、「外側」だけが変化するのではなく、私の「内側」の価値観や観点も変化しているのですから。たとえば、二十代にとても魅力的に見えたものごとは、六十代の現在にはまったく魅力的ではありません。自分たちの世界が、その内部も外部も変化した結果として変化して見えるときに、すべてのものごとにわれわれが関係していることを感謝し、自己中心的な生の態度を手放しすることは、より容易になると思います。

魚にとっては宮殿、人間にとっては水

では今回の箇所の次の行に注意を向けてみましょう。

しかしながら広い海は、円いのでも四角でもない。海には尽くすことのない性質があるのだ。（魚にとっては）それは宮殿に見えるし、（天上の者たちにとっては）宝石の首飾りに見える。（私たちにとっては）われわれの目の届くかぎりにおいて、円く見えるのである。

しかあれど、この大海、まろなるにあらず、方なるにあらず、のこれる海徳、つくすべからざるなり。宮殿《ぐうでん》のごとし、瓔珞《ようらく》のごとし。ただわがまなこのおよぶところ、しばらくまろにみゆるのみなり。

六道の違いによって、海の水のありようがどのように異なるかが記されたこの叙述は、元々、『マハーヤーナサングラハ（大乗の概論）〔摂大乗論《しょうだいじょうろん》〕』の解説に見えていたものです。『摂大乗論』は、インド発祥の二つの大乗学派の一つである、瑜伽行派《ヨーガーチャーラ》の重要な祖師、無著《アサンガ》（三一〇～三九〇？）によって書かれたものです（もう一つの学派は中観派《マーディヤミカ》）。『摂大乗論』の解説によれば、人間は水を水として見ますが、魚は宮殿として見、天上のものたちは宝石として見、餓鬼たちは膿や血として見るというのです。この叙述は、瑜伽行派哲学において、われわれ各人が、それぞれのカルマに基づいている概念やイメージを使って、生命実物をいかに異なって見ているかということを、象徴的に説明するものです。

道元禅師はこのテーマについて、『正法眼蔵』「山水経《さんすいきょう》（山々と水の経典）」巻で詳しく述べておられますので、「現成公按」巻のこの箇所を理解するには、以下の引用が助けとなります。

山々や水の見方は、生きているその種類の違いによって変わるのである。水を宝石として見るものもいる。

とはいえ、それは、ある存在にとっては宝石（と見えるなにか）が、（人間にとっては）水に見えるという意味なのではない。彼らが水と見るものを私たちはどのように見るだろうか。彼らが宝石として見るものが、私たちにとって水に見えるものである。水を不思議な花として見る存在もいる。しかし彼らは、（人間が）花（と見ているもの）を水と見るのではない。餓鬼たちは水を、燃え盛る火や、膿や血として見る。龍や魚たちは、宮殿や楼閣として見ている。（ある存在は）七つの宝や摩尼の珠[36]と見ている。（他のものは）森・壁と見るもの、または穢れのない解放というブッダの性質と見るもの、身体をかたちとして見、心を（真の）性質だと見るものもいる。人間は、それを水と見るのだ。そしてこのような（異なった見方）が、どれの（水）が、殺され、あるいは命を与えられるかの条件となるのである。

こうした、異なった存在の見方の違いは、かれらのカルマ的条件に基づいて分かれている。このことを疑ってみなければならない。それは、それぞれの存在が一つの同じ客体を異なったように見ていると考えるべきか。すべての存在が同じ客体を様々に異なった形式で見てしまうために、その見方はみな間違っているのか。探求の努力を超えてさらに探求すべきなのだ。このようにして、われわれの道に携わる修行——さとりは、一度や二度で限定してしまってはならない。究極の領域では、千も万も方法があるのだ。

おほよそ山水をみること、種類にしたがひて不同あり。いはゆる水をみるに、瓔珞《ようらく》とみるものあり。しかあれども、瓔珞を水とみるにはあらず。われらがなにとみるかたちを、かれが水とすらん。かれが瓔珞は、われ水とみる。水を妙華《みょうけ》とみるあり。しかあれども、華を水ともちいるにあらず。鬼《き》は、水をもて猛火《みょうか》とみる、膿血《のうけつ》とみる。龍魚は、宮殿《ぐうでん》とみる、楼台《ろうたい》とみる。あるいは七宝摩尼珠《しっぽうまにじゅ》とみる、あるいは樹林牆壁《しょうへき》とみる。あるいは清浄解脱《しょうじょうげだつ》の法性《ほっしょう》とみる、あるいは真実人体《しんじつにんたい》とみる、あるいは身相心性《しんそうしんしょう》とみる。人間、これを水とみる、殺活《せっかつ》の因縁なり。

すでに随類の所見不同なり、しばらくこれを疑著すべし。一境をみるに諸見しなじなりとやせん、諸象《しょしょう》を一境なりと誤錯《ごしゃく》せりとやせん、功夫の頂𩕄《ちょうねい》にさらに功夫すべし。しかあればすなはち、修証辦道も一般・両般なるべからず、究竟《くぎょう》の境界も千種万般なるべきなり〈『全集』第一巻三二一頁〉。

ここで道元禅師は、異なった種の存在が見る「水」について、それが固定された独立の実在——自性《セルフ・ネイチャー（じしょう）》——であるかどうかに疑問を付されています。そしてこれこそが「山水経」巻におけるもっとも重要な要点です。この「異なった存在が、同じ水を異なったように見る」というアナロジーのよくある解釈は、それぞれの異なった存在が、水という一つの真の生命実物を、四つの異なった不完全な見方によって見ているとするものです。しかし道元禅師が言われるのは、見ている様々な存在と見られている「水」という関係の外側に実在するような、「水という真の生命実物」という客体が、はたしてありえるのかどうかわからない、ということなのです。人間は人間特有の見方でしか見ることができないので、この色眼鏡を外したところに、何者からも見られる以前の「水そのもの」が存在すると、どうして確定できるのかを問われています。このことが、道元禅師が「そのように、花は私たちが愛していても散ってしまい、草は私たちが嫌悪しても生えるのである」と言われたその意味するところです。愛している花が散るのを見れば私たちは悲しくなりますし、庭の雑草を抜かなければならないときには雑草を嫌うのです。もし雑草を抜かなくてもいいならば、私たちは雑草を気にしません。実際に、草が山や牧草地などで生えていても、私たちはそれ見て風景の一部として楽しむことでしょう。つまり草は、私たちがそれを自分が抜かなければならない「雑草」というラベルを貼るときにはじめて雑草となるのです。牛や羊たちにとってはご馳走に見えているかもしれません。人間や動物たちに見られる以前の「草そのもの」を人間は「見る」ことができるでしょうか。そのようなものがあると考えること自体が妄想なのではないでしょうか。

さらに進んで、道元禅師のこのアナロジーの使い方を、瑜伽行派の解釈と比較して考察してみましょう。瑜伽行派の祖師たちは、このアナロジーが、ただ意識だけが存在することを表し、それぞれの存在が自分たちの限られた意識に従って、それぞれにとっての水を見ていることを表している、と言います。瑜伽行派の祖師たちにとっては、意識の外側にはなにものも存在しないのです。しかし道元禅師は、この同じアナロジーを使いながら、自己と世界とが相依生起のなかでともに機能していることを言われるのです。世界とその内容のすべては、自己と無数のダルマの関係性のうちに現れてきます。ある意味では、存在と水とのあいだの関係性がその存在の水の見方を作り出しているのです。道元禅師にとって重要なポイントとなるのは、この無数のダルマとの関係性のうちで、人はどのようにふるまい、あるいは修行するかということです。その関心は、自己と無数のダルマとが、存在しているか存在していないのかということにはありません。実際、無数のダルマとの関係性についてわれわれが持ってしまう哲学的な見方に疑問を付し、われわれが執著するいかなる概念をも脱構築《デコンストラクト》されるのです。

終わりなき探求

万法がこれと同じようなのだ。塵にまみれた世界にいるのもいないのも、そこには数えきれない側面と性質とがあるのである。私たちは、自分の参究と修行の眼が見ることのできる力の範囲で、ものを見、掴むことができるだけなのだ。万法の現実を聞くときに、海と山の両方に尽くすことのできない性質があり、さらに四方には多くの他の世界もあるということを知るべきなのである。これはただ外側の世界においてだけではなく、私たちのまさに足元の世界にも、また水の雫一滴のなかにでもあるものなのだ。

かれがごとく、万法もまたしかあり。塵中《じんちゅう》・格外《かくがい》、おほく様子を帯《たい》せりといへども、参学眼力《さんがくがんりき》のおよぶばかりを、見取《けんしゅ》・会取《えしゅ》するなり。万法の家風をきかんには、方円とみゆるよりほかに、のこりの海徳・山徳おほくきわまりなく、よもの世界あることをしるべし。かたはらのみかくのごとくあるにあらず、直下《じきげ》も一滴もしかある、としるべし。

「塵にまみれた世界」とは、通常の世俗世界のことを言い、「塵にまみれた世界にいない（乗り超えた）」とは、ダルマの世界、通常の基準を乗り超える世界のことを言っています。世俗世界で行っているように、分別する心でもって、ものごとを見て判断することは、サンスクリット語で「ローキタ（世間法《せけんほう》）」と言い、「乗り超える世界」は「ローカ・ウッタラ（出世間法《しゅつせけんほう》）」と言います。これらの二つの用語は、ナーガールジュナ哲学における、相対的真実と絶対的真実とに対応します。たとえば、菩提達磨《ボーディダルマ》が武帝《ぶてい》に対し、皇帝の仏教僧団への貢献について「なんの利益もない」と言ったのは、彼がローカ・ウッタラの観点から言ったのであり、ローキタの観点から得られた利益などは真の利益などでは全くないということを言ったのです〈「達磨廓然《だるまかくねん》」として知られる逸話〉。しかしながら道元禅師はこの章で、私たちはこの両方の観点から生命実物を見なければならないと言われるのです。ローカ・ウッタラは、必ずしもローキタより上位のものではありません。というのは、菩薩はこの世界から逃げ出すべきではないからです。つまり、菩薩の修行は、如浄禅師が言われたように欲求の世界のただなかで行われ、すべての存在とともに歩くことだからです。

『正法眼蔵』「一顆明珠《いっかのみょうじゅ》（一つの明るい珠）」巻で、道元禅師は中国の禅匠である玄沙師備《げんしゃしび》（八三五～九〇八）がまだ禅匠となる前の話を紹介しています。ある時、玄沙が師匠の僧堂を離れ、他の禅匠たちのところを訪問しようとして山道を降っていた折のこと、つま先を石にぶつけました。つま先から出血し、ひどい痛みを経験します。玄沙はそのとき突然深い洞察に達し、こう言いました。「この身は存在しないものだ。では、この痛みはどこからくるのか？〔是《こ》の身有《しんう》に非ず、痛何《つういず》れよりか来《きた》る〕」〈原漢　同七六頁〉。

大乗仏教を勉強すると、私たちは、肉体が「空《くう》」であること、つまり、五蘊の集まりである身心の一要素にすぎず、夢、幻、泡、影のように実際には存在しないものだということを学びます。とはいえ、つま先のようなごく小さな部分であっても、激烈な痛みを経験します。もし肉体が空であるのでしたら、いったいどこからこの痛みは来るのでしょうか。玄沙にとって、これは答えを必要とする質問なのではなくて、むしろ生命実物の感嘆詞的表現そのものだったのです。すべての存在が空であることを見ること、あるいは、身と心とがただの五蘊の集まりにしか過ぎないと見ることは、海を一つの円として見ることと正確に同じです。

私たちは個人として、独立しておらず、確固とした実体ではありませんが、しかしそれでも依然として痛みの経験を持ちます。この痛みは現実のもので、非常に生々しく、直接的なので、なにかしらの手当てをしなければなりません。すべての痛みは空より起こるものですが、しかし痛みのそれぞれには各々の原因と一時的に放っておいても大丈夫なものや、今すぐ手当てをしないとダメだというような程度の違いとがあります。私たちはそれぞれの痛みの原因を見つけ出し、どのように治療するかを決めなければなりません。単に、すべてのものの空性や唯一性を見ても、そのことでは痛みは取り除けません。玄沙は、禅匠となってから、海を一つの円と見る見方を、十の方角すべての世界は一つの明るい宝石の珠だと言いました。とはいえ、彼はまた、このように一つの明るい珠の内側で、多くの痛みが存在して多くの人の苦しみを生んでいる、とも言いました。痛みのそれぞれには別々の原因があり、それぞれへの治療が必要です。私たちはそのようにして、それぞれ別々の痛みとその原因と治療法を学ばなければならないのです。

道元禅師が中国に行く途上で大きくて単一の円なる海を航行したときも、ただ美しく平和な日々だけではなく、騒がしい嵐の日々も経験されました。『正法眼蔵随聞記』では、道元禅師はこの航海についてこのように言われています。

中国へ行く旅の途中で、私は船の上で下痢に苦しんだのだが、嵐が来て船中の人たちが大騒ぎしたときに、私は病気を忘れてしまい、病気はどこかにいってしまった(37)。

我もそのかみ入宋《にっそう》の時、船中にて痢病《りびょう》せしに、悪風出来《あくふういで》て船中さはぎける時、やまふ忘れて止《とま》りぬ〈『随聞記』一二二頁、岩波文庫〉。

これと同じようなことはわれわれの生にも起こります。私たちがなにか問題を抱えているとき、なにかそれ以上のもっと深刻な問題が出てくると、重要でないほうの問題を忘れてしまい、それはいつか無くなってしまうのです。私たちの多くはこうした経験を持っているでしょうが、しかし実際に苦しんでいるときに、いつも起こるわけではありません。より多くあるのは、自分たちの問題と状況について、私たちが物語を作ってしまうことです。その物語の中心には、主人公として私たちがいます。毎日の生においては、自分たちが、多くの異なった状況下にあることを知り、それぞれの状況と経験に対して、自分のカルマ的条件に従って解釈しています。これがすべての存在とものごとの、全世界的な空性という生命実物の、一部分としてあることがらです。痛み、患い、そしてその他の大小の問題も、大海の完全な円のうちで、つねに起こっていることがらなのです。このために私たちは、絶対的な生命実物の一つの円を見ることだけが、自分たちの修行の終着点であると言うことができません。菩薩として、私たちは自分の苦しみと他者の苦しみを見つめ、注意をはらい、もしもできるならば手当てすることを続けなければなりません。

まさに、私たちが自作の物語のさなかにいるときにこそ、目を開け続けることが必要です。このような物語が沸き起こるときに、自分自身と、自分と関係している無数のダルマとの関係について、非常に綿密に点検することが不可欠となるのです。これが、相依生起という生命実物を参究する重要なやりかたの一つです。私たちは、常に新鮮な眼で生命実物を見て、固定された考えや、それまでの経験からなる価値の体系を握り込んでしまうのを避ける努力をしなければなりません。

道元禅師が言われたように、自分が研究し修行してきた眼の力の限りにおいて、ものごとを見たり掴まえたりすることができるのにすぎないのです。私は十九歳の時から、坐禅と道元禅師の教えを参究することを四十年以上続けてきました。二十代、三十代、四十代、五十代、そして現在の六十代を通した人生の段階において、私の研究と修行の眼の力は変化し続けています。一方においては、私の視界や理解の範囲が広がってきているので、長く修行をしたり研究したりすればするほど、より一層自分自身と自分の周りのものごとについて、明確に、また深く、見ることができるようになっていると感じます。けれども他方では、自分が年老い、自分自身とその環境を変えるためのエネルギーを失ってしまったとも感じています。

私自身が進歩し成長していると言うのは適切とは思いません。けれども、自分がエネルギーを失い、後退していると言うのも適切ではないと思います。両方の言い方が正しく、そして両方ともが間違っているのです。十九歳の時点では私の理解は深いものではなかったでしょうが、しかし修行に対してより誠実でした。若い時には私は単に若かっただけです。今私は六十代ですが、私は単に六十代であるだけです。二つを比較して良くなっているか悪くなっているか、価値判断するのはそれほど意味のないことだと思います。私は年を取り、私の内も外も、その状況は変化し続けていきます。私の人生の残りの一つ一つの段階で、正直であり続け、修行と研究を終わりなく続けていこうと思っています。道元禅師が言われたように、道は無窮であり、自分の修行から卒業するときはないのです。

こうしたやりようで、師である内山興正老師の例に続きたいと願っています。亡くなる日に、老師は日記に一編の詩を書かれました。この詩は修行人生を通して最後に、そして十分に、言うべきことが「ねりにねった形として始めて完成させた」と但し書きをされました。人生を一貫して、研究し修行を続け、昨日より少しでも深くダルマを表現できるように努力されました。そのご修行は八十六歳で亡くなるその日まで続きました。これが内山老師の最期の詩です。

ただ拝む

右手左手一つに（して）合わせてただ拝む
神や仏と一つになろうとただ拝む
出会うすべてと一つとなろうとただ拝む
一切万物と一つになろうとただ拝む
いのちがいのちになろうとただ拝む(38)

禅の標章《ロゴ》としての一円相

一円相の図は非常によく見られます。たとえば、数年前にサンフランシスコ・アジア芸術美術館で禅の芸術展がありましたが、この展示のポスターには一円相が描かれていました。また、最近出版された「円相——悟りの禅円(39)」には、多くの禅匠によって描かれた円相が集められたものが載っています。一円相は禅とひろく結びついていて、禅の標章《ロゴ》になっていると言えるほどです。しかしながら、ここに少なくとも一人、一円相を好まない禅匠がいました。道元禅師です（さきほどの禅円の本に道元禅師は載せられていません）。『正法眼蔵』「仏性《ぶっしょう》（ブッダの本質）」巻において、道元禅師は、中国禅の僧堂で経験されたことがらについて書かれています。廊下の壁に一円相が描かれているのを見られて、この円は何を表しているのかと案内僧に尋ねられました。その僧はこれはナーガールジュナが円月相を現しているのを描いていると言いました。この絵はナーガールジュナの坐禅についての逸話を表したものでした。それは、ナーガールジュナが坐禅を行ったときに、人々にはただ円い月の姿だけが見えた、と言われているものです（私はこの逸話が、一円相の象徴性の少なくとも一つの起源だと思っています）。道元禅師は中国の僧堂でのこの絵を批判して言われました。

もし画家がナーガールジュナの円月相を現したことを描こうと思うならば、普通の人間のすがたで坐禅しているナーガールジュナを描くべきなのだ、と。道元禅師にとって、円月を現す方法とは、身と心のすべてを使い、五蘊そのものを使った坐禅を行うことなのです。このことからわかるように、道元禅師はユニークな禅匠でした。たしかに彼は禅匠でしたが、禅匠になることに関心がない禅匠であったのです。

道元禅師は有名になるためとか、独自の禅哲学を売り込むために尽力されたのではなかったのです。ただ、修行者の日常生活のあらゆる面に、どのようにさとりが現れているかを示そうと願っておられたのです。

［付記］

円相について。この章で、「ここに少なくとも一人、一円相を好まない禅匠がいました。道元禅師です（さきほどの禅円の本に道元禅師は載せられていません）」と書きましたが、道元禅師が円相を好まれなかったというのは言い過ぎかもしれません。ナーガールジュナの円月相の話では、坐禅の姿の代わりに、円相を画くことを批判されていますが、円相自体を批判されているわけではないようです。すでに書いたことですが、道元禅師が一箇所で書かれていることを全体の教説に安易に適用してしまうことは危険です。『永平広録』では、たびたび「払子で円相を作って言われた……」などと書かれています。それらのいちいちについてどういう意味で使われているかを検討する必要があると思います。

〈著者は第八章で自身を「五十代の中年」と書き、本章と第十一章で「六十代」と書いている。これは原著の元となる講義が長年にわたって行われたために生じた不整合であり、著者の辦道の大事なドキュメントと考え、あえて整合させずに訳した。〉

第十一章　魚は泳ぎ、鳥は飛ぶ

（11）魚が泳ぐときに、どれほど遠く泳いでも、水の果てに達することはない。鳥が飛ぶときに、どれだけ高く飛んでも、空の果てまで達することはできない。そのようにして〈＊〉、魚も鳥も、昔から水や、空を離れたことはない。鳥にとっての必要性、魚にとっての必要性が大きくなれば、その（行動範囲の）広さも大きくなる。必要が小さくなれば、その（行動範囲の）広さも小さくなるのだ。こうして、魚一匹ごと、鳥一羽ごとに、空間の全体を使い、すべての場所に精力的に活動するのである。とはいえ、もし鳥が空と分かれ、魚が水を離れてしまうと、彼らはたちまちに死んでしまう。（魚にとっては）水がいのちであり、（鳥にとっては）空がいのちであると知るべきなのだ。鳥がいのちであり、魚がいのちなのだ。いのちが鳥であり、いのちが魚であるのだ。そうして私たちはここから一歩を進めなければならない。これが修行——さとり[40]であり、生きているものの道であるのだ。〈＊原文は「しかあれど」だが、意味は順接なので、著者はtherefore（そのようにして）と訳している。〉

魚《うお》、水を行くに、ゆけども水のきはなく、鳥、そらをとぶに、とぶといへどもそらのきはなし。しかあれども、うを・鳥、いまだむかしよりみづ・そらをはなれず。ただ用大のときは使大なり、要小のときは使小なり。かくのごとくして、頭頭《ずず》に辺際《へんざい》をつくさずといふことなく、処処《しょしょ》に踏飜《とうほん》せずといふことなしといへども、鳥、もしそらをいづれば、たちまちに死す、魚、もし水をいづれば、たちまちに死す。以水為命《いすいいみょう》しりぬべし、以空為命《いくういみょう》しりぬべし。以鳥為《いちょうい》命《みょう》あり、以魚為命《いぎょいみょう》あり。以命為鳥《いみょういちょう》なるべし、以命為魚《いみょういぎょ》なるべし。このほかさらに進歩あるべし。修証あり、その寿者《じゅしゃ》命者《みょうしゃ》あること、かくのごとし。

坐禅における魚と鳥

この章では、道元禅師は自然界からもう一つのイメージを導入し、自分の論述をより具体的なものにするアナロジーとされています。魚と鳥の動きを観察することは、舟で海を航行するよりもありふれた経験ですので、この章で使われているイメージは、第十章で使われたイメージよりも、より直接的で、また生き生きとしたものです。とはいえ道元禅師は、後年の一二四三年に『正法眼蔵』「全機《ぜんき》（全体的な動きの機能）」を書くときに、舟／海のイメージに戻ってゆかれます。

「現成公按」巻の九年後に書かれた『正法眼蔵』「坐禅箴《ざぜんしん》（坐禅の針治療の鍼《はり》）」巻では、道元禅師は宏智正覚《わんししょうがく》（一〇九一～一一五七）の偈頌《げじゅ》を論じておられます。宏智正覚は、一一二九年より、一一五七年に亡くなるまでほぼ三十年にも及ぶ在職期間、天童山僧堂の堂長を勤めた、中国曹洞宗の著名な禅匠でした。その在任期間中、僧堂には、千二百人もの僧が寝泊まりしていたと言われています。優れた詩偈によって有名である宏智は、また、百の公案を集め、そのそれぞれについての詩偈も作りました。万松行秀《ばんしょうぎょうしゅう》（一一六六～一二四六）は、後にこれらの詩偈に注釈を書いて『従容録《しょうようろく》（静謐の書）』を作りましたが、この本は、禅を学ぶ者たちによって今もなお学ばれている古典的なテキストです。

宏智の死から約七十年後、如浄禅師の指導下の天童山僧堂で修行された道元禅師は、宏智を非常に尊敬され、「宏智古仏（古のブッダである宏智）」と呼ばれました。『永平広録（道元禅師の広く集められた語録）』のなかには、宏智の偈頌や公的な発言（上堂《じょうどう》）からの引用が多く含まれています。宏智の「坐禅箴」の詩は、明確に、「現成公按」巻に見える魚と鳥のイメージの出典となっています。この詩の私の翻訳は次のようです〈英訳本文は巻末に掲載〉。

坐禅箴

それぞれのブッダの本質的はたらきと、それぞれの祖師のはたらきの本質
仏仏《ぶつぶつ》の要機《ようき》、祖祖《そそ》の機要《きよう》

ものごとに触れることなく知る
事《じ》に触《ふ》れずして知り

対象に対面することなく照らし出す
縁《えん》に対《たい》せずして照らす

ものごとに触れることなく知る——その智慧は自然に目立たない
事に触れずして知る、其《そ》の知《ち》、自《おのずか》ら微《び》なり

対象に対面することなく照らし出す——その照明は自然に微妙である

縁に対せずして照らす、其の照《しょう》、自ら妙《みょう》なり

自然に目立たない智慧は、分別する思考を全く持っていない

其の知、自ら微なるは、曾《かっ》て分別《ふんべつ》の思い無し

自然に微妙な照明は、わずかの分離も全くない

其の照、自ら妙なるは、曾て毫忽《ごうこつ》の兆《ちょう》無ければなり

分別する思考を全く持っていない智慧は、二分法に陥らず一なるものを見る

曾て分別の思い無く、其の知、偶《ぐう》すること無《の》うして奇《き》なり

わずかの分離も全くない照明は、付着することなく明らかである

曾て毫忽の兆無く、其の照、取ること無うして了《りょう》なり

水は底まで透き通っている、魚はゆっくり、ゆっくり泳いでいる

水清《みずきよ》うして底《そこ》に徹《とお》り、魚《うお》行いて遅遅《ちち》たり

空は限りなく広大である、鳥は遠く、遠く飛んでゆく

空闊《そらひろ》うして涯《かぎ》りなく、鳥飛《とりと》んで杳杳《ようよう》たり〈原漢『全集』第一巻一一三頁、また巻末テキスト参照〉

「現成公按」巻で道元禅師は「坐禅」という言葉を使っておられはしませんが、魚と鳥のアナロジーがわれわれの坐禅修行についての喩えであることは明らかです。このアナロジーによれば、われわれの坐禅修行と、坐禅に基づいた日々の行為とは、全世界とつながっているのです。「現成公按」巻の本章では、道元禅師は、坐禅の本質と、それがいかに全世界に対するわれわれの態度の基礎となるのかを論じられています。このイメージにおける水と空とは、自己の外側にある環境を表しているのではありません。水と空は、そのなかで生きている生き物と現実に切り離されることができないもののことです。

水とはなにか

『正法眼蔵』「坐禅箴」巻で、道元禅師は、宏智の詩偈にみえる水の意義について、次のように解説をされています。

「水がきれい」という意味について言えば、空間にぶら下げられている水は、底まで透き通ってきれいなのではない。(宏智の詩偈における水)とは、外的世界にある深く、きれいな水ではない。(その水は)境界もなく、岸辺もないのであって、それが底まできれいなのである。

水清といふは、空《くう》にかかれる水は清水に不徹底なり。いはんや器界に泓澄《おうちょう》する水清の水にあらず、辺際《へんざい》に涯岸《がいがん》な

き、これを徹底の清水とす〈同一一五頁〉。

道元禅師によれば、宏智の詩偈にある水とは、そのなかで魚が泳いでいる海や川といった環境を指す以上のなにかを象徴することばです。この水はその中に住む魚や人間と分離しておらず、「外側の」世界に所属してはいません。宏智が言う水は、境界もなく、岸辺も浜辺もなにもないものなのです。魚ぐるみの水であり、水ぐるみの魚であり、また自己ぐるみの万法であり、万法ぐるみの自己です。

魚がこの水を通ってゆくときには、ここに動きがないとは言えない。（魚が）一万マイル以上も進んでも、（動きは）測ることはできないし、限りがない。その上から見渡すことのできる岸もなく、（魚が）水の表面を破って、飛び上がることができるような空中もなく、沈むことのできるような水底もない。そうであるので、それを測ることができる人（観察者）はいないのである。もしその計測を論じるならば、（われわれは）ただ水が底まで透き通ってきれいだと言えるばかりなのだ。坐禅の特徴は、まるでそうして魚が泳いでいるようだ。（われわれが坐る中で進むことができて）千マイルも一万マイルも坐ったにしても、だれがそれを計測できようか。底まで浸透して進む過程とは、全身で「鳥道を不行する」[41]ことなのである。

魚《うお》もしこの水をゆくは、行《こう》なきにあらず。行はいく万程《まんてい》となくすすむといへども、不測《ふしき》なり、不窮《ふぐう》なり。はかる岸なし、うかむ空なし、しづむそこなきがゆえに、測度《しきたく》するたれなし。測度を論ぜんとすれば、徹底の清水のみなり。坐禅の功徳、かの魚行《ぎょこう》のごとし。千程万程、たれか卜度《ぼくたく》せん。徹底の行程《こうてい》は、挙体《こたい》の不行鳥道《ふこうちょうどう》なり〈同一一五～一一六頁〉。

ここで道元禅師は、宏智の詩偈における「水」は境界なく限りないものと言われています。この水には、その客観的な広さや狭さを測るための基準となる岸辺も浜辺もありません。計測する傍観者もありえないのです。これは、もちろん、「法性空《ほっしょうくう》」という水です。この水のなかでは、魚と、水と、地面と、空気とのあいだに分離はないのです。このイメージは、道元禅師が「現成公按」巻第四節で述べられた生命実物の別の表現なのです。

私たち自身を動かして修行——さとりを実行させることは、迷いなのだ。すべてのものごとがやってきて、修行——さとりを私に実行させるということがさとりなのである。

自己をはこびて万法を修証するを迷《まよい》とす、万法すすみて自己を修証するはさとりなり。

宏智の詩偈に対する道元禅師の解説では、客観性を強調するのではなく、むしろ、われわれが「すべてのものごとがやってきて、修行——さとりを私に実行させる」という態度で修行を行うときに明らかになる生命実物について、指摘されます。『辦道話（全心の修行についての講話）』で、道元禅師はこの生命実物について次のように書かれています。

人が、わずかな間でも、ブッダの印相を自分の全ての身と心を使って表し、このサマーディに正確に坐るときに、全体的ダルマの世界におけるすべてのものごとは、ブッダの印相となり、世界のすべての空間は完全にさとりとなるのである。

もし人《ひと》、一時《いちじ》なりといふとも、三業《さんごう》に仏印《ぶっちん》を標《ひょう》し、三昧《ざんまい》に端坐《たんざ》するとき、遍法界《へんほっかい》みな仏印となり、尽虚空《じんこくう》ことごとくさとりとなる〈『全集』第二巻四六二〜四六三頁〉。

一人の人が短い時間坐るだけであっても、この坐禅がすべての存在と一つとなり、すべての時間と完全に浸透するために、それは、過去、現在、未来の世界の尽くすことのできないほどのダルマのうちで、終わることのないブッダの導きを行っているのである。[42]

ここをもて、わづかに一人一時《いちにんいちじ》の坐禅なりといへども、諸法とあひ冥《めい》し、諸時とまどかに通ずるがゆえに、無尽法界のなかに、去《こ》・来《らい》・現《げん》に、常恒《じょうごう》の仏化道事《ぶつけどうじ》をなすなり〈同四六四頁〉。

ここで道元禅師は、修行――さとりの鍵となるのが私たちの坐禅修行であることを明確に示されているのです。

空《そら》とはなにか

『正法眼蔵』「坐禅箴」巻の次の箇所で、道元禅師は宏智の詩偈の鳥が飛ぶ空のイメージについて解説されています。

「無限の広がり」の空とは、大空にぶら下げられているなにかではない。大空にぶら下げられている空は、無限の広がりの空ではない。さらにまた、ここともむこうとに広がる空間は、無限の広がりの空ではない。隠されることも現れることもなく、外側にあるのでも内側にあるのでもない（空）が、無限の広がりの空である。

空闊《くうかつ》といふは、天にかかれるにあらず、天にかかれる空《くう》は闊空《かっくう》にあらず。いはんや彼此《ひし》に普遍なるは闊空にあらず、隠顕《おんけん》に表裏なき、これを闊空といふ〈『全集』第一巻一一六頁〉。

宏智の詩偈において、魚が泳ぐ水と同じように、鳥が飛ぶ空《そら》もわれわれの外側にある空間なのではありません。空と鳥とは分離することなく一つのものであり、同じように、私たちもまた内側に含んでいるこの空《そら》の、私たちは完全な一部分であるのです。

鳥がこの空を飛んで通るときに、空を飛ぶことが分けられないダルマである。空を飛ぶときのその動きは、測ることができないものだ。空を飛ぶことが世界全体であるのは、全世界が空を飛んでいるからだ。この飛んでいる距離についてはわれわれにはわからないが、区別を超えた言葉でそれを表現するなら、「遥か、遥かに」そして「まっすぐに行け、足元に糸くず一つ残さないように」[43]というのである。空が飛び去ってしまえば、鳥も飛び去ってしまう。鳥が飛び去ってしまえば、空も飛び去ってしまう。「飛び去る」ことを研究し、見抜くには、「ただここにいる」と言うのである。これが動くことのない坐りのための治療の鍼《はり》である。「ただここにいる」ことによって一万マイルの旅を行うなかで、私たちはこれ（坐禅）をこのように表現するのだ。

とり、もしこの空をとぶは、飛空の一法なり。飛空の行履《あんり》、はかるべきにあらず。飛空は尽界なり、尽界飛空なるゆえに。この飛《ひ》、いくそばくといふことしらずといへども、卜度《ぼくたく》のほかの道取を道取するに、杳杳《ようよう》と道取するなり。直須足下無糸去《じきしゅそっかむしこ》なり。空の飛去《ひこ》するとき、鳥も飛去するなり。鳥の飛去するに、空も飛去するなり。飛去を参究する道取にいはく、只在者裏《しざいしゃり》なり。これ兀兀地《ごつごつち》の箴《しん》なり。いく万程《まんてい》か只在者裏をきほひいふ〈同〉。

鳥が飛ぶときには、空もまた飛ぶのです。鳥は空の一部分であって、空は鳥の一部分です。空全体が鳥の翼です。これは、われわれの坐禅修行の際の真実というだけではありません。われわれが自分の生を生きているときに、全世界もわれわれとともに生きているからです。魚が泳いでいるときには、水の全体が泳いでいます。鳥が飛んでいる時には、空全体が飛んでいるのです。このとき、魚と水、鳥と空、すべての生きものと全世界とが一つとなっています。私たちが坐禅を行じ、分別する思いを手放ししているとき、私たちは完全に全世界と一つになっています。

しかしながら、私たちが坐蒲《ざふ》から立ち上がって禅堂を出ると、私たちはふたたび考え始め、区別し、評価し、判断を行います。道元禅師によれば、われわれがこのようにするときに、ある時には「岸辺」が動くと思い、ある時には、われわれが動いていると思い、またある時には、「岸辺」とわれわれ個人の両方が同時に動いていると思うのです。時には、私たちは世界の中にあるすべてのものが完全に分離した個別の実体であり、てんでバラバラに動いていると思います。私たちはごく自然に、生命実物についてのこのように異なった見方に基づいて、判断し、行為しているのですが、しかし、どのように考えようとも、私たちはすべての存在と結びつけられたままなのです。生命実物は私たちがそれをどのように考えるかにかかわらず生命実物です。なぜなら、考えはただ考えだけであって、考えは生命実物を変えることはできないからです。

例えば、ガリレオ〈Galileo Galilei 一五六四～一六四二〉の発見がそうでないことを証明する以前に、太陽や月や星々のすべてが地球の周りをまわっているという考えを、どれほど多くのヨーロッパ人が思い込んでいたのかを、考えてみましょう。ある観点からすれば、ガリレオの発見はたしかに偉大な達成ではありましたが、生命実物についていえば、ガリレオやだれかの発言や考えにかかわらず、地球は四十六億年前から休みなく太陽のまわりを周回していたのです。人間の思考は地球と太陽のあいだのわずかなチリとしてしか存在しません。私たちは通常、自分たちが考えたことがらを非常に重視していますが、思考はすべての存在の広大な生命実物を変えることはできないのです。

人間は、自分たちが、この生において最も重要な要素であると思ってしまいますが、しかし生命実物においては、個人としての私たちはすべて、全世界のうちのごく小さな部分にすぎないのです。われわれ一人一人は、原因と状況の集まりにすぎず、生命と地球との共同作業で発達した構成物です。たとえば私は、私ではないものから作り上げられています。私が食べる食べ物は「私ではない」ですし、私が吸い込む空気は「私ではなく」、私が飲む水は「私ではない」のですが、私はこうした「私ではない」ものすべてがなければ「私として」存在することはできません。実際に、私たちの生を維持するこうしたもののすべてが、さらには生そのものまでが、世界からわれわれが受けている贈り物なのです。

人間の生について少しばかり考えるだけで、われわれの生の基本的要素のほとんどが、われわれに無償で与えられているものであることがわかります。たとえば、人間は発達的に、非常に未熟な状態で生まれてくるので、幼年期の人間は生きながらえるため長期間にわたって他人からの援助が必要です。幼少の人間は一歳をすぎるまでは立つこともできないので真に無力であり、子供は少なくとも十代になるまでの長期間にわたって、自分の食い扶持を稼ぐことなく、食べさせてもらい、世話をうけます。人間社会の真に独立した一員となるためには、通常二十年以上も勉強することが必要なのです。自分のことを自分で世話できるようになった後でも、私たちは基本的に社会に支えられ、保護されています。

ものごとを自己中心に考える上で根本的な道具として使う言語においてさえも、社会からの贈り物なのであって、私たちは所与の社会からの教育を通じて、どのように考え、行動すべきかを教えられます。私は日本で生まれ育ちましたので、日本式にものを考え、たいがい日本の価値観に沿って行動します。日本の言語と日本の価値体系は、一万年以上の歴史を通して、日本という土地に生きてきたすべての日本の人々によって創り出された文化から出てきたものです。ですから私のしゃべり方や考え方ふるまい方は、すべて彼らの生が生みだしたものなのです。

一人一人が、全世界のすべての過去、現在、未来の存在につながっています。このことは、なにかの心霊的体験や、神がかりの状態、あるいはほかの超常的な精神状態を通じてのみもたらされるような、神秘的な真実なのではありません。これはきわめてシンプルな、合理的に理解できる、かざりのない生命実物なのですが、私たちは言葉や概念などに固執して、分別する思考によって自分自身を生命実物から分離させてしまうことで、生命実物を見失ってしまうのです。

道元禅師「坐禅箴」の詩偈

さて、道元禅師自身の、同じく「坐禅箴」と題した詩偈が、『正法眼蔵』の同名の巻の最後に載っていますので、それを見てみましょう〈英訳本文は巻末に掲載〉。

坐禅箴

それぞれのブッダの本質的はたらきと、それぞれの祖師のはたらきの本質
仏仏の要機、祖祖の機要

考えの及ばないうちで実現されてゆく
不思量《ふしりょう》にして現《げん》じ

相互に作用しないうちに明らかにされる
不回互《ふえご》にして成《じょう》ず

考えの及ばないうちで実現されてゆく——その実現は自然で親しいものである
不思量にして現ず、其《そ》の現《げん》自《おの》ずから親しし

相互に作用しないうちに明らかにされる——その明確化はそれ自体証明である
不回互にして成ず、其《そ》の成《じょう》自《おの》ずから証《しょう》なり

自然で親しい実現は、いままで汚されたことはない
其の現、自ずから親しし、曾《かつ》て染《ぜん》汚《な》無《な》し

自然な証明による明確化は、いままで絶対と相対とを区別されたことはない
其の成自ずから証なり、曾て正偏《しょうへん》無《な》し

汚れがない親しさは、なにかに頼ることがなく脱落している
曾て染汚無きの親《しん》、其《そ》の親、委《い》すること無《の》うして脱落す

絶対と相対の区別を超えた証明は、狙うところない努力である
曽て正偏無きの証、其の証、図《はか》ること無《の》うして功夫《くふう》す

水は地面まで透き通っている、魚は魚のように泳ぐ
水清《みずきよ》うして地に徹す、魚行《うおい》いて魚に《に》似たり

空は広大で、天まで広々している、鳥は鳥のように飛んでいる
空闊《そらひろ》うして天に透《とお》る、鳥飛《とりと》んで鳥の如《ごと》し〈原漢 同一一七頁、また巻末テキスト参照〉

道元禅師の表現と宏智の表現とを比べて考察することは、価値のある修練となると思いますが、しかしこの本の目的にしたがって、道元禅師の詩偈について考察することに限りたいと思います。道元禅師は、この詩偈のなかで、魚と鳥が、水や空から分離し、独立した実体としては存在しないのだが、しかしそれでも、魚や鳥に似たなにかが、泳いだり飛んだりしているのだと言われています。禅師の詩偈は、われわれの生の現実《リアリティー》=生命実物を表現されたものです。その生とは、過去、現在、未来のすべての存在とともに働いているような生命です。詩偈が示している全体的生命実物においては、魚の一匹、鳥の一羽まで一つ一つすべてのものが、すべての存在との広大なネットワークのうちに存在しているのですが、道元禅師は同時に、私たちはこの全体的な生命実物のなかで、個体としても生きていることを忘れてはいけないということも示されるのです。すべての存在のこのネットワークと調和して、個人的な修行を勧めていくときに、私たちは「地面に透き通る」水に泳ぎ、「天まで広々している」空に飛ぶのです。つまり、修行のうちに自己中心的な見方を手放すことで、三つの毒となる思いから自

由になり、相依生起の全体的なネットワークが私たちを支えてくれているように、私たちもネットワークを支えようとするのです。

私の場合をいえば、正博《しょうはく》は確固たる実体として存在していないのですが、にもかかわらず正博は正博として生きていて、正博が行うことに対して責任を持つ必要があります。たとえば、安泰寺で修行していた頃は、修行僧への食事を準備する典座《てんぞ》当番に当たった時、私の修行は、注意深く食事のメニューを作り、必要な材料を確保し、料理することでした。私の修行はすべての存在との相依的なつながりの中でしか現成《げんじょう》しなかったのですが、そして私が料理する仕事は、その相依的つながり全体の中では、同行《どうぎょう》の人々に食事を運ぶ過程の中ではほんの小さな一部分でしかなかったのですが、それでも私は自分の仕事に全責任を負わなければなりませんでした。もし、注意散漫にふるまえば、私は準備していた食材をダメにしてしまいます。安泰寺の典座は当番制でみんなが当たるもので、私と他の人との当番のやり方に、ほとんど違いはありませんでした。私の料理の修行は、安泰寺全体の修行であり、すべての存在の修行ですが、それはまた私個人の修行であり、注意深さと責任感をもって遂行すべきものでした。こうした全体性と個人性の総合こそが、われわれが実際に生きているありようであり、また私たちが修行をしなければならないその理由です。限定されない月の光は水の一滴一滴に映っているのですが、われわれはまた、その一つの水滴である自分がいかに働くかにも気を配らなければならないのです。

われわれの坐禅の修行は、この全体性と個人性の総合のもうひとつの例です。接心中、一人一人はそれぞれに壁を向いて坐っています。どれだけたくさんの人々が同じ禅堂に坐っていようと、接心で坐るときに、私の代わりに坐ってくれる人はいません。私の道心だけが、私が坐っていることを支えているのです。しかしもし、一つのサンガとして、一緒に坐ってくれる人が誰もいなければ、五日間、あるいは七日間のあいだ、五十分間の坐禅を一日十四回坐ることなどできません。サンガやより一般的な社会のサポートなしで、長年のあいだ坐禅を修行することは不可能です。私たちの個人的な修行であるわけですから、私たちはそれぞれ単独で坐らなければならないのですが、しかし、ほかの人たちのサポートなく一人で坐ることもまたできないのです。禅堂において共に修行する方々のサポートが必要であることよりもさらに、私たちのために料理を作ってくれる典座、そして、野菜・スパイス・お茶・コーヒーその他の典座が使う品々を作る人々の働きも、必要です。また、水・電気・ガス・燃料、そしてそのほかのわれわれが接心中消費する品々を準備してくれる人々にも依存しています。ある意味で、こうした人々もまたわれわれの坐禅の一部なのです。私たちは、そのような相依的関係の結果として修行できることを感謝しなければなりません。道元禅師は「現成公按」巻を通じて、相依生起のネットワークの総合的修行という非常に重要な教えを、与えてくださっているのです。

生の範囲

魚が泳ぐときに、どれほど遠く泳いでも、水の果てに達することはない。鳥が飛ぶときに、どれだけ高く飛んでも、空の果てまで達することはできない。そのようにして、魚も鳥も、昔から水や、空を離れたことはない。鳥にとっての必要性、魚にとっての必要性が大きくなれば、その（行動範囲の）広さも大きくなる。必要が小さくなれば、その（行動範囲の）広さも小さくなるのだ。こうして、魚一匹ごと、鳥一羽ごとに、空間の全体を使い、すべての場所に精力的に活動するのである。

魚、水を行くに、ゆけども水のきはなく、鳥、そらをとぶに、とぶといへどもそらのきはなし。しかあれども、うを・鳥、いまだむかしよりみづ・そらをはなれず。ただ用大のときは使大なり、要小のときは使小なり。かくのごとくして、頭頭に辺際をつくさずといふことなく、処処に踏飜せずといふことなし……

一九七六年より一九八一年まで、パイオニア・バレー禅堂で住んでいた時には、私の行動範囲はとても狭いものでした。バレー禅堂は約六エーカーの土地にありましたが、当時、土地のほとんどは木々に覆われていました。私たちはおよそ一エーカーの広さの木々を切り、切り株を掘って、禅堂を建て、野菜畑をつくりました。この一エーカーの土地が、五年のあいだの私の生活範囲の全てでした。禅堂を離れることはめったになく、マサチューセッツ州西部を出て旅行することはほとんどありませんでした。テレビもラジオも持っておらず、新聞も読みませんでしたから、森のあちこちに点在する四、五軒のご近所の外側の世界でなにが起こっているのかについてはほとんどなにも知りませんでした。私の生の範囲は小さいものでした。私は他の二人の日本人僧侶と、数人のアメリカ人修行者とともに坐禅を修行するだけでした。この時期のあいだは、私は世の中についてほとんどなにも知らず、だれも私を知る人はいませんでした。

これと対照的に、一九九七年に曹洞宗北アメリカ開教センターで働き始めてからは、カリフォルニアからニューイングランドまで、さらにアラスカからフロリダまでと、広域に旅行しました。たくさんの人々と出会い、ともに修行をして、ほとんど毎月、飛行機に乗って飛び回っていました。今日、私はいくつもの新たなメディアによって世界の出来事を居ながらに知ることができ、また多くの講義をしてもいます。私の生活の範囲は、バレー禅堂の頃よりもずっと大きいように見えます。しかしかつても今も、私は身と心でもって壁に向かって坐っているだけ、坐禅修行と仏教の参究を通して理解したことを語っているだけです。自分がどのような状況にあっても、私はシンプルに自分の生を生きており、そしてその生が世界のすべてのものとつながっているのです。

どれほど生の範囲が大きくても、われわれは全世界の果てにたどり着くことは決してできませんし、しかしながらどれほど生の範囲が小さかろうと、私たちは全世界とのつながりのなかで生きています。われわれの身や心は、通常考えているものよりもずっと大きく、そしてわれわれの生は、通常考えているよりもずっと親密にすべてのものとつながっているのです。たとえば私たちは、地球上のすべての生き物と同じDNA構造を共有しています。『正法眼蔵』「身心学道《しんじんがくどう》（身と心で道を学ぶこと）」巻で、道元禅師は「心」について述べておられます。

山々、河、そして大いなる土地、さらに太陽・月・星々は、心でないものはない。

山河《せんが》大地・日月星辰《にちがつせいしん》、これ心《しん》なり〈同四六頁〉。

さらに「身」についてはこう言われます。

十の方角の世界は真実の人間の身体である。生と死のあいだで行き来することは真実の人間の身体である。この身体を回転させせて、十の有害な行いから離れ、八つの戒を守り、三つの宝に帰依し、家を捨て、出家となる。これが真の意味の道を学ぶことなのだ。

尽十方界《じんじっぽうかい》是《ぜ》箇《こ》真実人体《しんじつにんたい》なり、生死《しょうじ》去来《こらい》真実人体《しんじつにんたい》なり。この身体をめぐらして、十悪をはなれ、八戒をたもち、三宝に帰依して捨家出家《しゃけしゅっけ》する、真実の学道なり〈同四九頁〉。

魚と鳥のイメージの源泉

道元禅師の「現成公按」巻におけるイメージの源泉が、宏智の『坐禅箴』であるのは確かなことです。その宏智の魚と鳥のイメージの源泉が『荘子《そうじ》』（紀元前四〜三世紀）であることを、百パーセント確かではないですが、私は確信しています。『荘子』の始めの章である「逍遥遊《しょうようゆう》（自由で気軽なさまよい）篇」のまさしく冒頭に、長大な鳥に変身して天に飛翔する巨大な魚の話が載っています。

北の海に鯤《こん》という魚がいる。鯤は何千里あるのかわからぬほど大きい。それが姿を変えると鵬《ほう》という鳥になる。その鵬の背中も、何千里あるのかわからない。その鳥がパッと飛び立つとその翼は雲のようになって空をおおう。海がさわぎだすと、この鳥は南海にうつろうとするが、それは天の池なのである。(44)

北冥《ほくめい》に魚《うお》あり、其の名を鯤《こん》と為す。鯤の大いさ其の幾千里なるかを知らず。化して鳥《とり》と為るや、其の名を鵬《ほう》と為す。鵬の背、其の幾千里なるかを知らず。怒《ど》して飛べば、其の翼は垂天《すいてん》の雲の若し。是《こ》の鳥や、海の運《うご》くとき則《すなわ》ち将《まさ》に南冥に徙《うつ》らんとす。南冥とは天池《てんち》なり〈原漢　金谷浩訳注『荘子』内篇第一冊一七頁、岩波文庫、一九九四年〉。

日本語のある注釈書によれば、里とは約四〇五メートル（四分の一マイル）とされていますから、魚／鳥の大きさは想像を超えているのです。

しかしここに、このイメージの荘子の使用と道元禅師のそれとのあいだには重要な違いがあります。荘子の言述でヒグラシやハトそしてウズラがこの巨大な鳥を笑います。

あいつはどこに行こうというのだろう。わしらはいくら飛び上がっても、せいぜい十ヤードか十二ヤードほどあがったらもう降りて、雑草や野ばらのしげみを飛び回るのだ。これがともあれ、一番良い飛びようではないか。だのに、あいつはいったいどこまで行こうというのだろう。(45)

斥鴳《せきあん》これを笑いて曰わく、彼且《かれまさ》に奚《いず》くに適《い》かんとするや。我れ騰躍《とうやく》して上るも数仞《すうじん》に過ぎずして下《お》ち、蓬蒿《ほうこう》の間《かん》に翺翔《こうしょう》す、此れ亦た飛ぶの至りなり。而るに彼且に奚くに適かんとするやと〈原漢 同二四頁〉。

荘子はそれから進んで、「これが大と小の違いである〔此れ小大の弁（別）なり〕」と言います。この一節に明らかなのは、荘子は彼の話のなかで、小動物を大きな鳥よりも劣っているものとみているということです。彼の結論とは次のようです。日常的な、型にはまった概念と価値体系に拘泥している人々は、彼の話の小動物のようであって、彼の理想とする至人《しじん》、神人《しんじん》、聖人《せいじん》と呼ばれる人物は大きな鳥のようである、ということです。彼は世間的な価値に執著する人について次のように書いています。

だから、その知能が一つの職務を処理でき、その行為が一つの村で評判となり、その徳が一人の君の気に入り、一つの国の信頼をうけるだけのものが、自分のことをどう考えているかといえば、やっぱりこの小鳥みたいなものであろう。(46)

故に夫《か》の知は一官を効《かんが》え、行は一郷を比《おお》い、徳は一君に合《かな》い、而《のう》は一国に徴《しるし》ある者は、其の自ら視《み》るも亦た此《か》くの若《ごと》し〈原漢 同二六頁〉。

荘子はこの話のなかで、世間的な事務に熟達した有能な人々を、大きな鳥を嗤《わら》うヒグラシやハトやウズラに喩えています。彼は次のように言います。こうした人々は、よい評判を受け、社会に有用であると見られるのであるが、彼らの政治的、社会的、経済的環境が変化すると、その結果としてそうした地位をいつ失ってしまうかもしれないのだ、と。真の超越した人々について、荘子はこのように言っています。

だから私は言うのだ。「至人には己れがなく、神人には功がなく、聖人には名がない」と。(47)

故に曰わく、至人《しじん》は己《おのれ》れなく、神人は功なく、聖人は名なしと〈同〉。

対照的に道元禅師は、ウズラのような小さな鳥であっても、飛ぶときには空全体とともに飛んでいるのであり、夏のあいだ数日しか生きられないヒグラシも、過去・現在・未来の全体と一つなのだと言われます。道元禅師が感じておられるのは、われわれはみなこの話に出るような小動物に似ているということであり、菩薩として重要なのは、彼または彼女がいかに小さいのかを知覚することだ、ということでした。しかも個別の存在としては実に小さい存在であるにもかかわらず、われわれは、今ここ、空全体を飛び去り、空全体もわれわれと一緒に飛んでいるのだと言われました。私は、この点において老荘思想と仏教とは違っているのだと思います。

生とは鳥であり、生とは魚である

とはいえ、もし鳥が空と分かれ、魚が水を離れてしまうと、彼らはたちまちに死んでしまう。（魚にとっては）水がいのちであり、（鳥にとっては）空がいのちであると知るべきなのだ。鳥がいのちであり、魚がいのちなのだ。いのちが鳥であり、いのちが魚であるのだ。そうして私たちはこれをここから一歩を進めなければならない。これが修行——さとりであり、生きているものの道であるのだ。

鳥、もしそらをいづれば、たちまちに死す、魚、もし水をいづれば、たちまちに死す。以水《いすい》為命《いみょう》しりぬべし、以空《いくう》為命《いみょう》しりぬべし。以鳥《いちょう》為命《いみょう》あり、以魚《いぎょ》為命《いみょう》あり。以命《いみょう》為鳥《いちょう》なるべし、以命《いみょう》為魚《いぎょ》なるべし。このほかさらに進歩あるべし。修証あり、その寿者命者あること、かくのごとし。

私たちは世界と分離して生きていくことはできません。世界がわれわれの生命なのです。私たちは世界と一つであり、相依生起のネットワークの一部として、すべてのものごとから支えられているわけですから、自己と他者とを含んでいるこの世界を大切にしなければなりません。とはいえ、私たちは、どのようにすれば自己と他者と世界についてのこの度量の広い見方で自分たちの生を生きることができるのかと、自問しなければなりません。「生」、すなわち自然的宇宙の生命の力は、自身を発現するために、鳥となり魚となり他の個別の生き物となって、表されています。さもなければ、生はただの抽象的な概念に留まってしまいます。どんなにちっぽけで、弱く、迷って、つまり自己中心的であっても、生物としての個別の肉体、心、そして行動がなければ、生がそれ自体を表出する方法は、ありません。

ブッダは私たちを励まして、研鑽を行い、すべての存在の生命実物（これがいわばダルマのことです）に目覚めよと説かれましたが、それは、われわれがこの生命実物と調和して生きることを示すためでした。人間は通常、生きている世界ぐるみが自分の命であるという見方をとりませんが、この洞察の欠落こそが、われわれの苦しみの主要な源泉の一つなのです。私たちは、自分たちの生は個人の肉体の誕生によって始まり、その死によって終わるものとして普通に考えてしまいますが、それは自分自身を生の中心として見て、周りのすべての人やものをわれわれが自分の欲望を満足させるために使ってよい客観物と見ることです。例えば、たまたまレストランに入った客が、そのレストランの料理やサービスがどれだけ自分を満足させられるかだけを考えているようなものです。レストランの客の場合はそれでもいいのですが、自己と自己が生きる世界（万法）を考える場合には致命的な誤りです。生命実物に対するこの迷った見方が、われわれ自身とほかの人々の苦しみの原因となるのです。

その人独自の場所と道を見つけることの必要性

（12）　そのようであるから、海全体、空全体を知り尽くしてからでなければ、泳ごうとしない魚、飛ぼうとしない鳥がいるならば、それらは道も場所も見つけることはできないだろう。今のこの場所を自分の場所とすることができれば、われわれの修行は生命実物の実現（現成公按）となるのだ。今のこの道を自分の道とすることができれば、われわれの活動は自然と実現化された生命実物（現成公按）となるのである。この道、この場所は、大きくもなく小さくもなく、自分のものでもなく他のものでもない。それはこの瞬間以前に存在したものでもなく、また今はじめて存在するものでもない。だからこそ（すべてのものの生命実物とは）こうなのだ。同じように、人が仏道において修行——さとりに従事しているときに、その人は一つのダルマを実現し、そのダルマに通暁《ペネトレイト》しているのである。さらに、その人が一つの修行に出会ったならば、その人は（十分に）その修行を修行するのである。（このために）場所と道があるのだ。知られる境界は、はっきりとはわからない。そのわからない理由とは、（限定されて現れる）知られたものは、仏法《ブッダ・ダルマ》に完全に通暁して、それと同時に生まれ、修行するものであるからだ。われわれが得たものが、われわれによって知覚され、われわれの分別する心でもって知られると考えるべきではない。完全なさとりはすぐさま実現するが、その親密さは、必ずしも、目に見えるものとしてかたちをなすのではない。（事実として）見方は固定したなにかではないのだ。

しかあるを、水をきわめ、そらをきわめてのち、水・そらをゆかんと擬《ぎ》する鳥魚あらんは、水にもそらにも、みちをうべからず、ところをうべからず。このところをうれば、この行李《あんり》したがひて現成公按す。このみちをうれば、この行李したがひて現成公按あり。このみち、このところ、大にあらず小にあらず、自にあらず他にあらず、さきよりあるにあらず、いま現ずるにあらざるがゆえに、かくのごとくあるなり。しかあるがごとく、人もし仏道を修証するに、得一法通一法《とくいっぽうつういっぽう》なり、遇一行修一行《ぐういちぎょうしゅいちぎょう》なり。これにところあり、みち通達《つうだつ》せるによりて、しらるるきはのしるからざるは、このしることの、仏法の究尽《ぐうじん》と同生《どうしょう》し同参するがゆえに、しかあるなり。
得処《とくしょ》かならず自己の知見となりて、慮知《りょち》にしられんずるとならふことなかれ、証究《しょうきゅう》すみやかに現成すといへども、密有《みつう》かならずしも見成《げんじょう》にあらず。見成これ何必《かひつ》なり。

この節は、仏法にしたがってどのように生きるべきかについて道元禅師が論じられるその結論部分です。では、この一節の最初の部分を見ることから始めましょう。

そのようであるから、海全体、空全体を知り尽くしてからでなければ、泳ごうとしない鳥、飛ぼうとしない鳥がいるならば、それらは道も場所も見つけることはできないだろう。

しかあるを、水をきわめ、そらをきわめてのち、水・そらをゆかんと擬する鳥魚あらんは、水にもそらにも、みちをうべからず、ところをうべからず。

高校生のころ、私はまさしく、この一節に出てくる泳ぎ始めること、あるいは飛び始めることを尻込みしている魚や鳥のようでした。私は何かを始めるまえに、人生の目標や意味を見つけ出したいと願っていました。むしろ、生きる意味がわからなければ何も始められないだろうと思ったのです。どんな選択をしても、それが見当違いの間違いであるかもしれないからです。私はとても幼稚でしたが、ひどく真剣でした。もし人生に意味がないのであれば、生き続けるべきではないと思っていました。私は本のなかに答えを求めようとして、宗教、哲学、科学の本を広く読んでいました。こうした本を読むうちに、人生にはわれわれが生きていることを支える既製《レディ・メイド》の意味などなにもないのだという結論に達しました。私が気が付いたのは、ものごとは他のものごととの関係の中でしか、意味や価値を持ち得ないものであって、なにかの絶対的な価値を判断しようとするときには、そのものから切り離されなければならないということでした。自分で自分に意味や価値があると思ってもそれは自己陶酔か独りよがりでしかないからです。自分が自分の人生から切り離されて自分自身を客観的に観察することはできないので、自分の人生の意味を判断することはできないのだと考えたのです。同じように、人間は人間の生の外側に出ることができないので、人間自身の人生の価値を測ることは不可能なのであって、世界中のだれも、世界の外側に出ることはできないために、この世界に意味や価値があるかどうか評価することなどはできないのです。人生の意味や人間の価値などといった究極的な裁定をするためには、われわれは、神のような絶対的な他者を必要とするのです。

たとえば、ある島の浜辺に長い年数にわたって人間に決して見られないまま横たわる貝殻を考えてみました。この貝殻は、だれにとっても、意味や価値などを持ってはいないだろうし、貝殻自身でもそんなことを考えたこともないだろう。もし、浜辺を散歩していた女の子がその貝殻をみつけて、それが美しいので宝ものにすれば、貝殻は少女にとって意味があり、価値を持つものとなるだろう。しかし、彼女が貝殻を愛しているという事実は、彼女を超えてなにかの意味や価値を持っているだろうか。少女の貝殻への愛情は、だれか別の人がその愛を評価しないうちは、意味や価値を持つことはない。たとえば詩人が、少女と貝殻とを見て、感動してそれを詩に書くのならば、そのときに少女の貝殻への愛情は、詩人にとって意味があり、価値がある。しかしその詩人の詩は誰か別の人がそれを読み、評価しなければ詩人を越えて価値を持つことはない。つまり、なにかが意味があり価値を持つためには、そのもの、あるいはその人自身の見方や意見を超えて、だれか別の人がそれを見て評価しなければならないということです。人間社会には多くの異なった価値体系が作り出されていて、さまざまな人々がさまざまなやり方で相互にものごとを評価しています。そのさまざまな価値体系の中でわれわれは自分の個々の行動や生き方に意味付け、価値付けをして、自分なりになにがしか納得しつつ、あるいは納得できないまま、生きています。しかし、こうした人類文化が作り出した複数の価値体系全体に究極的に意味や価値があるかどうかを判断するには、人類を超えた何者かがいなければなりません。そのような存在だけが人間経験を評価できるはずですが、この存在をわれわれは「神」と呼んでいるわけです。そうした絶対的な観察者の存在がない限り、人間文明の全体が究極的な意味と価値とを持つことはあり得ないのです。

十代のころ、私は、人間の活動を裁定する神が存在することを、信じることはできませんでした。それで、私は厭世的になり、完全に迷ってしまいました。私は自分が、――自殺を企てることもふくめて――なにもできないと感じました。自殺を企てるためには、私にはそうする理由が必要となりますが、しかしもし人生になんの意味もないのならば、自分を殺害することも同じく意味がないからです。私は、自分が生きることができず、また死ぬこともできないと感じていました。私は袋小路に入ってしまったのです。みなさんが想像できるように、私の高校時代は楽しいものではありませんでした。

もし内山老師の本を読む機会に恵まれなかったら、この厭世的な期間は、ずっと長くなっていただろうと思います。そのころ、人生についての同じ種類の疑問を持っている同級生と友達になりました。彼の知り合いに、沢木興道老師と坐禅を修行するため安泰寺に行ったことのある人がいたので、その勧めで友人は安泰寺を訪れ、夏休み中に滞在して参禅しました。これと同じ時期に、内山老師は、初めての著作である『自己』を出版されました。安泰寺から帰ってきた友人は、その本を私に貸してくれたのです。

内山老師は『自己』のなかで、老師自身の人生の意味の探求の過程を述べておられました。この本を読んで、内山老師が十代に人生について私と同じ疑問を持ち、その疑問の答えを道元禅師と沢木老師の教えと坐禅修行の中で見つけられたあとも、参究と修行を続け、ほかの人たちに教えられていました。私は仏教や禅についてまったく知らなかったので、内山老師の答えが実際にどのようなものなのかを理解できなかったのですが、しかし、自分が内山老師と同じように生きていきたいと願っていることに気づきました。これが仏教を勉強し、内山老師の弟子になりたいと思い始めた主な理由でした。真理を教えると主張する多くの精神的指導者については本の中で読みましたが、私が出会った中で、内山老師が、実際に真理に随って生きている最初の人でした。

老師について修行を始めてしばらくして、自分の居るべき場所とそこから続く道を見つけて、なにかを始めるときに自分たちの生のうちに意味が作り出されてゆくのだということを発見しました。それまでは、私たちの生についての「レディ・メイドの」意味や目的などはないのです。沢木老師と内山老師の流れのなかにある修行者としての自分の居場所を見つけたときに、人生は私にとって意味あるものとなり、貴重なものとなりました。シャカムニ・ブッダや道元禅師の教えに基づいた沢木老師や内山老師の教えを受けることができたことに非常に感謝しました。沢木老師から学ばれた道の伝統を、次の世代へ伝承するという、内山老師の誓願を受け継いでいくのだと決心したときに、私の修行のために、多くの人々が、さまざまな種類の援助をしてくださることがわかりました。

私がはじめて「現成公按」巻を読んだとき、何かを行うことにおいて意味を「創り出す」という点に、非常に強い感銘を受けました。「現成公按」巻の残りの部分や道元禅師の他の著述については私はまったく理解していなかったのですが、にもかかわらず、このただ一点のためだけでも、道元禅師の教えに従う者になろうと決心しました。私の人生においてこの点に達する前には、私は空《そら》全体を知り尽くし、なぜ飛ばなければならないのか理解するまでは空を飛ぶことを拒否している鳥に似ていました。道元禅師と内山老師によって、私は、厭世観と絶望から救われたのです。

今のこの場所を自分の場所とすることができれば、われわれの修行は生命実物の実現（現成公按）となるのだ。今のこの道を自分の道とすることができれば、われわれの活動は自然と実現化された生命実物（現成公按）となるのである。この道、この場所は、大きくもなく小さくもなく、自分のものでもなく他のものでもない。それはこの瞬間以前に存在したものでもなく、また今はじめて存在するものでもない。だからこそ（すべてのものの生命実物とは）こうなのだ。

このところをうれば、この行李《あんり》したがひて現成公按す。このみちをうれば、この行李したがひて現成公按あり。このみち、このところ、大にあらず小にあらず、自にあらず他にあらず、さきよりあるにあらず、いま現ずるにあらざるがゆえに、かくのごとくあるなり。

私が内山老師の弟子になろうと決意し、実際に坐禅の修行を始めたときに、自分の居場所とそこから続く道を見つけることができたのでした。一つのことを選択し実際にそれを行い始めた時に、自分が進むべき道を私は得たのです。生命実物の実現（現成公按）とは、概念や哲学的観念ではなく、自分の身と心とを使う実際の修行なのであって、その身と心とは、全世界とつながったものなのでした。この広々として、柔軟で、終わりのない坐禅の道によって、不可思議で、信じ難い生き方へと導かれました。私はこの道を四十年以上も歩き続けていますが、しかしいまだに初心者なのです。始まりも終わりもなく、すべての時間と空間とに浸透して、この道は、ただこの瞬間、ただ今、まさにここだけに存在しています。この道を歩き始める前には、この道は私には絶対的に存在しなかったのですが、しかしまた、この道は私が歩き始めて初めて出現したものでもないのです。私が歩もうと歩むまいと、菩薩たちははるか昔より、菩薩の道を知り、歩き続けているのです。道元禅師が『正法眼蔵』「唯仏与仏《ゆいぶつよぶつ》（ブッダだけがブッダとともにいる）」(48)巻で言われるように、鳥の道は、同じ種類の鳥たちには非常にはっきりと見えるけれども、他の生き物にはこの道を見ることはできないのです。

一時に一事《ワン・シング・アット・ア・タイム》

同じように、人が仏道において修行——さとりに従事しているときに、その人は一つのダルマを実現し、そのダルマに通暁《ペネトレイト》しているのである。さらに、その人が一つの修行に出会ったならば、その人は（十分に）その修行を修行するのである。（このために）場所と道があるのだ。

しかあるがごとく、人もし仏道を修証するに、得一法通一法《とくいっぽうつういっぽう》なり、遇一行修一行《ぐういちぎょうしゅいちぎょう》なり。これにところあり、みち通達せる……

内山老師の指導のもとで、坐禅修行者としての自分の場所を見つけ、修行に没入しました。人生の一段階一段階、一日一日、一瞬一瞬において、自分が出会うたくさんの人々、ものごと、状況を、自分の人生であり修行であるとして見るように心がけてきました。私が出会うどんなものにでも、できる限り誠実な態度で修行実践をしようと願っています。

道元禅師は『典座教訓（料理長への教え）』のなかで、料理という仕事を例として、われわれが出会うそれぞれすべてのものごとに誠実な心で勤めるように示しておられます。

つぎに、翌朝の朝食を用意せよ。自分で、自分の手で、誠実で勤勉に、近くで見ながら、米を選び、野菜を準備せよ。一瞬であっても、一つの事にだけ注意を向けて、ほかのことがらを無視したり、ゆるくしたりしてはならない。徳の海のうちから一滴もこぼしてはならない。善行の山の頂上にさらに一つの塵を加えることを怠ってはならない。(49)

然《しか》る後、明朝《みょうちょう》の粥《しゅく》を設弁《せつべん》す。米を淘《ゆ》り菜等を調《ととの》うる等は、自《みずか》ら手《て》ずから親しく見、精勤誠心《せいきんせいしん》にして作《な》せ。一念も疎怠緩慢《そたいかんまん》にして、一事をば管看《かんかん》し、一事をば管看せざるべからず。功徳海中《くどくかいちゅう》一滴もまた譲《ゆず》ることなく、善根山上《ぜんこんさんじょう》一塵もまた積むべきか〈原漢『全集』第六巻四〜五頁〉。

自分が今携わっている仕事や修行にすべての注意力とエネルギーを注ぐときに、真にそこに通暁《つうぎょう》していくことができるのです。修行において、それを勤め、研究し、それによって実験し、そして大切にしていくのです。自分たちが出会うなにものに対しても、一時に一事《ワン・シング・アット・ア・タイム》、毎回毎回、このように繰り返し繰り返し行うのです。一時に一事、これが私たちが、万物の特徴的なことがら（功徳）を参究する方法です。どんな役割にでも誠実に修行実践するときに、われわれはその役割に通暁していきます。失敗したときには、その失敗に通暁して、そこから学ぶのです。そうすれば、失敗もわれわれの偉大な教師となるわけです。自分の場所と進むべき道を持っているときには、意味のないものなど何一つありません。自分の場所と道とは、われわれ自身以外のなにものでもないのです。

道に終わりはない

知られる境界は、はっきりとはわからない。そのわからない理由とは、（限定されて現れる）知られたものは、仏法《ブッダ・ダルマ》に完全に通暁して、それと同時に生まれ、修行するものであるからだ。われわれが得たものが、われわれによって知覚され、われわれの分別する心でもって知られると考えるべきではない。完全なさとりはすぐさま実現するが、その親密さは、必ずしも、目に見えるものとしてかたちをなすのではない。（事実として）見方は固定したなにかではないのだ。

しらるるきはのしるからざるは、このしることの、仏法の究尽《ぐうじん》と同生《どうしょう》し同参《どうさん》するがゆえに、しかあるなり。得処《とくしょ》かならず自己の知見となりて、慮知《りょち》にしられんずるとならふことなかれ、証究すみやかに現成すといへども、密有《みつう》かならずしも見成《げんじょう》にあらず。見成これ何必《かひつ》なり。

私たちは菩薩の道を歩いているのですが、ここまで来るのにどれだけの距離を歩き、目的地に着くまであとどれだけの距離を行かなければならないかなどと計測することはできません。仏教修行者としては、私たちはしばしば自分たちの目的地ははっきりしていると考えます。それはつまりブッダになることです。大乗仏教の教えによれば、仏果《ブッダフッド》に到達するまでに菩薩は五十二の段階を通過しなければならず、それには三大劫《さんだいこう》、ほとんど永遠の時間かかると言われています。しかし、ブッダになることは終着点ではなく、ブッダとしての生の出発点にすぎません。ブッダはすべての衆生が成仏するように助け、全世界がブッダの土地になるように、ブッダの修行を続行します。これもまた、ほとんど永遠の時間がかかる修行なのです。

この終わりのない仏道の途上で、どれぐらいまで自分たちが到達したか、現在自分たちはどこの段階にいるのか、そして未来になにをすべきなのかを計測するのは、馬鹿げています。仏教のさまざまな伝統における教えによれば、阿羅漢になるために到達すべき四つの段階があったり、菩薩のためには五十二の段階があったりと、精神的到達の段階が何種類もあります。しかしこうした段階とはすべて、方便的な手段の例にすぎません。

道元禅師はこうした方便を用いられません。単純に、仏道は終わりがなく、現在のわれわれの修行の段階を測る方法はない、と言われるだけです。これが「知られる境界は、はっきりとはわからない」ということの意味です。どれほど長く、またどれほど熱心に修行をしていようと、仏道の永遠の長さを考えれば、われわれが旅をした距離など、本質的にゼロなのです。

この真実に直面したとき、自分の修行における何事においても、一瞬一瞬に心を配り、今ここの修行という一つの事に没入できるよう、すべての心を注いでいくべきだということに気が付きます。これが、道元禅師が「ブッダたちが真にブッダであるときは、彼らは自分がブッダだとは感じる必要がない。そうでありながら彼らはさとりを得たブッダたちであり、ブッダを実現化することを続けているのである」と言われたその意味です。また「不行鳥道《ふこうちょうどう》」という修行でもあります〈章末付記参照〉。

これは、われわれが人生の多くの場面に適用しなければならない教えです。たとえば、国々のあいだで戦争が無くなり、人々のあいだで争いや衝突が無くなり、われわれの心のなかで痛みや心配事や葛藤が無くなるような平和な状態を考えるときに、そのような状況が完全に実現できるときなど、おそらくありえないと思います。では、このような平和を作ろうと願い、その方向に努力することは意味のない夢なのでしょうか。まったくそんなことはありません。道元禅師によれば、われわれの平和を実現するための努力そのものが、平和にむかう一歩一歩の、一瞬一瞬の、平和の基礎となるのです。ニルヴァーナや仏果を実現しようとするわれわれの努力が真実であるのも、同様なのです。今ここの、なにも見返りを求めない真摯な努力の中にニルヴァーナが現成しています。

〈限定されて現れる〉知られたものは、仏法に完全に通暁して、それと同時に生まれ、修行するものである……このしることの、仏法の究尽《ぐうじん》と同生《どうしょう》し同参するがゆえに……

われわれの修行は、今ここ、一時、一つのことにすべての心を傾けて、ただ行じることであり、他人に評価されるかどうかを心配することなく、一瞬一瞬に生命力を発現していくことです。まったくそれだけです。これが、「只管打坐（ただ坐る）」というときに道元禅師が使われる「只管《しかん》（ただ）」という意味です。またこのときに、修行とさとりとは一つであることも意味されているのです。

前述しましたように、百パーセント赤ん坊である赤ん坊は、赤ん坊性を否定して少年や少女になろうとするエネルギーを持っています。同じように、私たちが全心で、十分な注意深さでもってなにかを行うときに、その集中した修行がエネルギーを与えて、われわれを成長させるのです。この意味で、赤ん坊は単なる赤ん坊ではありません。赤ん坊でいることの完全な赤ん坊性のただなかで、赤ん坊は赤ん坊性そのものを否定するのです。このように、赤ん坊を見る私たちの見方も固定された概念に限定されてはならないのです。

完全なさとりはすぐさま実現するが、その親密さは、必ずしも、目に見えるものとしてかたちをなすのではない。（事実として）見方は固定したなにかではないのだ。

証究《しょうきゅう》すみやかに現成《げんじょう》すといへども、密有《みつう》かならずしも見成《げんじょう》にあらず。見成これ何必《かひつ》なり。

そしてまた、赤ん坊は赤ん坊性を否定するという複雑な行為を行っているのですが、それにもかかわらず、赤ん坊はこのことにまったく気が付いてはいないのです。赤ん坊は、ただ全心で赤ん坊をしているだけです。われわれの坐禅修行もこれと同じなのです。

坐禅の姿勢で上半身を立てて坐り、目を開けたままにして、鼻を通して深く呼吸し、思いを手放しするときに、私たちはある意味で、自分の個別的な、限定された、カルマ的自己を否定していて、限りのない、相依生起の広大なネットワークと一つとなるわけです。われわれはわれわれであるという観念的な見方を脱け落として、われわれは生命実物を実現し、全世界と一つである本当の自己に落ち着くのです。しかしわれわれの坐禅は、完全にわれわれであることであり、私たちはただ全心で坐り、われわれの修行についてのすべての判断と、あらゆる種類の比較を手放すのです。

こうしたやりかたで坐るときに私たちは「いま、私は世界と一つになっている。時間と空間を乗り越えて真の自己を実現しているのだ」などということも、考えることはできません。当然のことながら、このように考えている時には、ただ坐禅について考えているだけで、実現（現成）してはいないからです。ですからわれわれの坐ることは、特殊なことではまったくないのです。私たちが悟《エンライトメント》りを実現していると考えるのではなく、ただ全心でもって一瞬一瞬坐るだけです。しかしこのシンプルな坐る修行のなかで、仏法を実現するよう、自分の限定された個別性を乗り越えてゆくのです。

［付記］
原著で「不行鳥道」を説明していませんので、補足しておきます。この表現は、洞山良价《とうざんりょうかい》禅師（八〇七〜八六九）とある僧の問答からきています〔＊〕。洞山は「鳥道を行け」と教えられていました。鳥道とは、鳥が飛んだ後に何も跡形が残らないように、自分の修行の様子やその成果について執著を起こして、いかにも自分は厳し

い修行をしていることを見せびらかしたり、素晴らしい悟りを開いたと自慢したりしないで、ただ自分だけ静かに修行していることです。「鳥道を行くとはどういうことですか」と訊かれて、洞山は、「誰にも出会わないことだ」と答えました。沢木老師の言葉のように、人知れず「自分が自分を自分する」だけだということです。それはどういう風に歩くかと訊かれて、洞山は「足の下に一本の糸もつけないで」、ヒモつきでなく、何にも執われないで行くことだと答えます。そのあと、二・三の応酬があって、僧が「本来人とはどういう人ですか」と尋ねますと、洞山は、「不行鳥道（鳥の道も行かない人だ）」と答えます。これは普通の意味で鳥道を行かないということではありません。洞山が最初に言った「鳥道を行け」を否定して撤回することではないのです。本当に跡形をつけることなく「鳥道を行く」人は、自分が鳥道を進んでいるとも思わないで、ただ修行している人だということです。「現成公按」巻第五節で「諸仏のまさしく諸仏なるときは、自己は諸仏なりと覚知することをもちいず。しかあれども証仏なり、仏を証しもてゆく」とまったく同じ意味です。

〈＊〉問う、「承《うけたまわ》るらく、和尚に言うこと有り、人をして鳥道《ちょうどう》を行かしむ、と。未審《いぶか》し、如何《いか》なるか是れ鳥道」。師曰く、「一人《いちにん》にも逢《あ》わず」。僧曰く、「如何なるか是れ行《こう》」。師曰く、「足下無糸《そっかむし》にし去る」。僧曰く、「是れ本来人なること莫《な》きや」。師曰く、「闍梨《じゃり》は什麼《なに》に因《よ》りてか顛倒《てんどう》する」。僧云く、「学人《がくにん》に何の顛倒有りや」。師曰く、「若《も》し顛倒せざれば、你は什麼に因りてか奴《やっこ》を認めて郎《ろう》と作《な》せる」。僧曰く、「如何なるか是れ本来人」。師曰く、「鳥道を行かず」〈原漢『祖堂集』巻六、一二二頁上、中文出版社、一九七二年〉。

バレー禅堂に住んでいた一九七〇年代後半と現在とは四十年ほどしか離れていませんが、知ることのできる情報の量は桁違いです。その頃に起こったイランの革命も、カンボジアでのポルポト政権による大虐殺のことも、日本に帰ってから知りました。あの約五年間に日本や世界で何が起こっていたのかという知識も記憶もすっぽりと抜け落ちています。その代わり、あの一エーカーの土地で私がしたこと、四季の移ろい、様々な植物や動物たちのこと、坐禅に来てくれた少数の人たちとのことは、濃密かつ鮮明に覚えていて、今でも、私の大切な一部分になっています。現在では、インターネットを通じて、世界中どこで起こっていることも知ろうと思えば知ることができます。例えばパンデミックについての情報も、日本にいても、アメリカにいても、世界中のどこにいても、同じ情報を得ることができます。たかだか四十年ほどの違いですが、人間にとっては大変な違いだと思います。アメリカ中西部の小さな大学町で、昨年お寺が閉鎖されて誰も来なくなった静かな生活と、同時に入ってくる世界中のパンデミックやその他の自然災害による被害、人間社会での耳を塞ぎたくなるようなニュースとの落差に戸惑いがあります。道元禅師の永平寺での生活は、私のバレー禅堂での生活よりももっと外部世界との接触は少なかったでしょうから、現代からは想像もできないほどの違いがあると思います。さまざまの目まぐるしい世界中の情報の代わりに、山々の季節による色の移ろいや、月の満ち欠け、暑さ寒さの変化など、実際に目に見ることができ、耳に聞くことができ、その他の感覚で感じることができることだけが世界だったのですから。それでも、縁起のネットワークの中ですべてのものごととつながっていることには変わりはありません。アッシジの聖フランシスコ（一一八二〜一二二六）は道元禅師と二十六年間同じ時間を過ごしましたが、お互いを知ることは無論なく、特別なつながりもあり得なかったでしょう。しかし、現在の私がイタリアや日本に住む友人知人たちとつながっているよりも、もっと親密につながっていたのかもしれません。数年前、ローマの禅堂を訪問した折、アッシジに連れて行ってもらい、修道院の宿泊施設に二泊しました。近くに住んで坐禅をしている人の案内で、聖フランシスコの住んだ所、様々な活動をした所、小鳥たちに説法した所など、隅々まで案内してもらいました。山の中の洞窟で、一時期、祈りと観想に専念したという場所にも行きました。その時に、道元禅師の世界と聖フランシスコの世界とは案外近かったのではないかと感じました。二人とも世俗化した宗教的ヒエラルヒーを強く否定しながら、しかも、独居を楽しむ世捨て人にはならず、純粋な宗教精神性に基づいた共同体を創ろうと渾身の努力を続けた一生を送られたのだと思います。

高校生の時、私は空《そら》を知り尽くし、なぜ飛ばなければならないかを理解できるまでは、飛んでなんかやるもんかと尻込みしている鳥だったと今でも思います。私が人間が生きることにどんな意味や価値があるのかと疑問を持ったのは、当時の学校教育のなかの「進路指導」に疑問を持ったからです。「受験地獄」などという言葉がありましたが、人々と競争していい高校や大学に入るかそうでないかが一生を決めるので、自分が目指すべき「進路」を決めなければならない状況でした。背景には当時の日本社会の高度成長経済があったのだと思います。親や先生から言われるのは、しっかり勉強していい大学に入れ、そうすれば、いい会社に就職できて、いい生活ができるという単純なことでした。そういう「進路指導」が、人生を鉄道会社や旅行会社が作ったハイキングコースのどれかを選ぶように強制されているような感じがしたのでした。人間が何のために創られたのか、生きることにどのような意味や価値があるのかわからないのに、どうして自分の将来のことが決められるのかが疑問だったのです。それが見つかるまで何もしてやるものかと思っていました。しかし七十歳を過ぎた今から見ると、あるいは、そんな疑問を持って、答えを見つけようと様々な本を読み出した時点で、すでに飛び始めていたのかもしれません。

第十二章　風の性質はどこにでもあるがゆえに、私たちは扇をあおぐ

（13）　麻谷《まよく》（浴）山《ざん》の宝徹禅師が、扇を使っている。一人の僧がやってきて彼に問うた。「風の性質は常に存在し、あらゆるところに浸透しています。なんであなたは扇をあおぐのですか。」

師は言った。「お前は、風の性質が常に存在していることだけは知っているが、あらゆるところに浸透しているということは知らないな。」

僧は言った。「風があらゆるところに浸透しているとはどんなことでしょうか。」

師はただ扇をあおいでいるだけであった。

僧は深く礼をした。

仏道の純粋な経験と、正しく伝えられた生きた道とはこのようである。風の性質が常に存在しているので扇をあおがなくてよいと言ったり、自分が扇をあおがないときにも風を感じるべきだと言うのは、常に存在するということも、風の性質ということも知らないのである。風の性質は常に存在しているのであるから、ブッダの家族の風は、われわれに、大地の黄金を実現させ、長い河（の水）をクリームに変えさせるのである。

麻谷《まよく》（浴）山宝徹《ざんほうてつ》禅師、あふぎをつかふちなみに、僧きたりてとふ、風性常住《ふうしょうじょうじゅう》、無処不周《むしょふしゅう》なり、なにをもてかさ

らに和尚あふぎをつかふ。師云《いわ》く、なんぢただ風性常住をしれりとも、いまだところとしていたらずといふことなき道理をしらず、と。僧曰《いわ》く、いかならんかこれ無処不周底《てい》の道理。ときに、師、あふぎをつかふのみなり。僧、礼拝す。

仏法の証験《しょうげん》、正伝の活路《かっろ》、それかくのごとし。常住なればあふぎをつかふべからず、つかはぬおりも風をきくべきといふは、常住をもしらず、風性をもしらぬなり。風性は常住なるがゆえに、仏家《ぶっけ》の風《ふう》は、大地の黄金なるを現成せしめ、長河の蘇酪《そらく》を参熟《さんじゅく》せり。

麻谷宝徹禅師

麻谷宝徹《まよくほうてつ》（生没年不詳）は中国の禅匠で、馬祖道一《ばそどういつ》について修行をし、馬祖の法の継承者となりました。当時の中国の習慣として、麻谷（浴）とは、彼が禅の指導者として住んだ山の名前からとられたものです。この「現成公按」巻の最後の節を論じる前に、私は、麻谷とはどんな人物であったかをお話ししたいと思います。というのは、道元禅師は麻谷の人となりを、「現成公按」巻のメッセージの重要なポイントとして、考えられていると思われるからです。

『真字正法眼蔵』と題された三百の公案を集めた本のなかで、道元禅師は、麻谷についての三つの逸話を載せておられます。これらのうちの一つ（第一二三）は、「現成公按」巻のここの箇所で示されているものです。『真字正法眼蔵』の別の公案（第二四四）では、麻谷が臨済義玄禅師を訪問した話で、『臨済録（臨済禅師の語録）』にもあらわれる話です。『臨済録』にあらわれる話は次のようです。

麻谷があるとき臨済に問うた。「大いなる慈悲［の菩薩］（アヴァローキテーシュヴァラ）は千の手と眼を持っている。どれが本当の眼か。」

臨済は言った。「大いなる慈悲［の菩薩］（アヴァローキテーシュヴァラ）は千の手と眼を持っている。どれが本当の眼か。早く言え！　早く言え！」

麻谷は臨済の手を掴んで彼の席から引きずり下ろすと、麻谷が席に坐った。

臨済はついに立ち上がって言った。「お元気ですか。」

麻谷は何かを言おうとした。臨済は麻谷の手を掴んで彼を席から引きずり下ろし、その席に坐った。麻谷は歩いて堂を出ていった。[50]

　時に麻谷出でて問う、大《だい》悲《ひ》千手眼《せんじゅげん》、那箇《いずれ》か是れ正眼《しょうげん》。師云く、大悲千手眼、那箇か是れ正眼、速やかに道《い》え、速やかに道え。麻谷師を拽《ひ》いて座を下《くだ》らしめ、麻谷却《かえ》って坐す。師近前《きんぜん》して云く、不審《ふしん》。麻谷擬議《ぎぎ》す。師も亦《ま》た麻谷を拽いて座から下らしめ、師却って坐す。麻谷便ち出で去る〈原漢『臨済録』一九～二〇頁〉。

『臨済録』からの、二師のもう一つの似た逸話は次のようです。

麻谷が尋ねてきた。彼は坐具を開いて問うた。「観音は十二の顔を持っている。どれが本当の顔か。」

師は坐禅の椅子から降りた。坐具を畳むとそれを片手でぶら下げ、もう一方の手で麻谷を掴まえて言った。

「どこに十二面観音は行ってしまったか。」

麻谷は体を回転させて臨済の坐禅の椅子に坐ろうとした。

師は杖を掴んで彼を叩いた。

麻谷は杖を掴んだ。両人は両方の端を掴んで師の部屋へと出ていった(51)。

麻谷、到《いた》り参ず。坐具《ざぐ》を敷《し》いて問う、十二面観音、阿那面《あなめん》か正《しょう》。師、縄牀《じょうしょう》を下《さが》って、一手は坐具を収め、一手は麻谷を搊《とら》えて云く、十二面観音、什麼《いずれ》の処に向ってか去る。麻谷、身を転じて、縄牀《じょうしょう》に坐せんと擬す。師、拄杖《しゅじょう》を拈じて打つ。麻谷接却《せっきゃく》して、相い捉《とら》えて方丈に入る〈原漢 同一七〇〜一七一〉。

これらの話に現れる臨済と問答している麻谷が、確かに馬祖の弟子の麻谷宝徹であるかどうかは確かではありません。というのも、「麻谷」は山の名前ですので、これらの話がこの山に住む別の人物のことを語っている可能性があるからです。前に述べたように、麻谷宝徹は馬祖道一の弟子なのですが、臨済は馬祖の系譜の第三世代の一人でした〈馬祖→百丈《ひゃくじょう》→黄檗《おうばく》→臨済〉。麻谷は、臨済の道場を訪れて臨済と問答ができるほど長く生きたのでしょうか。麻谷の生没年は知られていないので、確証がありません。

伝統的な禅の資料集においても、麻谷の生涯については一貫した情報が欠けています。たとえば『景徳伝灯録《けいとくでんとうろく》〈法の灯火の伝承〉』の臨済の章の割注では、十二面観音の話に出てくる麻谷は、麻谷山の二代目の住職のことだと言っています〈『景徳伝灯録』三〇〇頁、『国訳一切経』史伝部十四〉。『真字正法眼蔵』において道元禅師は、麻谷を馬祖の法の継承者と書かれています〈『全集』第五巻一九四〜一九五頁〉。道元禅師の情報が誤っている可能性もありますが、しかし、私は、『臨済録』のなかで臨済が非常に高く称賛している麻谷師とは、やはり馬祖の弟子である麻谷宝徹であると考えます。

「現成公按」巻を学んでいる私たちにとって重要なポイントは、道元禅師にとって、麻谷が、禅の伝統が五家《ごけ》に分離する以前の、正当な仏教の教えを体現した祖師を代表するものであったということです。道元禅師はシンプルに仏法を伝承することを願われているのであって、それはなにか特定の禅の学派や哲学の教えなのではなかったのです。『正法眼蔵』「仏道」巻で道元禅師は、「如浄禅師に会うまでは、五家それぞれの宗旨を学びたいと思っていたが、お会いしてからは、五宗に分裂した宗旨など、後の人がみだりに唱え出したもので根拠はないと知った〈先師古仏を礼拝せざりしさきは、五宗の玄旨《げんし》を参究せんと擬《ぎ》す。先師古仏を礼拝せしよりのちは、あきらかに五宗の乱称なるむねをしりぬ〉」〈『全集』第一巻四七七頁〉と書いておられます。

ともあれ、前述した麻谷と臨済の話は非常に似通っているので、両方とも、原型となる一つの話から発展したと思われます。こうした話のなかで、麻谷と臨済の双方が、観音の顔と眼の役割を務めているのです。このシンボル性は、両方の祖師が、大悲の菩薩の真実の眼と顔を持っていることを示していますので、これらの話で臨済が麻谷に対して大きな敬意を抱いているということがわかります。また、黄檗希運《おうばくきうん》（？～八五〇）が臨済の最初の師でしたが、臨済は黄檗以外に五人の祖師たちに大きな影響を受けたということを『臨済録』で言っています。「道をたどるものたちよ、この山の僧の仏法は、はっきりした道筋で私に伝承されてきたのだ。麻谷和尚、丹霞《たんか》和尚、道一《どういつ》和尚、盧山《ろざん》和尚、石鞏《せききょう》和尚からである。この唯一の道は禅世界に通じている。しかし、だれもこれを信じる者はなく、みんなが誹謗する(52)〈道流《どうる》、山僧が仏法は的的相承《てきてきそうじょう》して、麻谷和尚、丹霞《たんか》和尚、道一《どういつ》和尚、盧山《ろざん》と石鞏《せききょう》和尚と従《よ》り、一路に行じて天下に徧《あまね》し。人の信得する無く、尽《ことごと》く皆な謗《そしり》を起す〉」〈原漢『臨済録』一一五～一一七頁〉。

臨済はこれに続けて、これらそれぞれの祖師のやり方について注釈をしています。麻谷についてはこう書いています。「麻谷のものごとのやり方は、中国コルクの樹の皮のように苦い。だれも彼に近づくことはできない〈麻谷の用処《ようしょ》の如きは、苦《にが》きこと黄蘗の如く、皆な近づき得ず〉」〈同〉。臨済が「中国コルクの樹」という意味に使った言葉は「黄蘗」であり、臨済自身の師匠の名前でもあります。このことは、麻谷が臨済にとって、自分の師である黄蘗と同じ重要性があることを示しているのであり、さらに臨済がこの二人の和尚の教示の仕方が非常に近いと考えていることを示していると思います。偉大な臨済が麻谷を非常に深く尊敬していたという事実は、疑いなく、道元禅師が「現成公按」巻にこの老師の扇をあおいだ話を含める選択をされたことに影響していたのです。『真字正法眼蔵』に含まれる第三の「麻谷の話」（第一二二）は、麻谷と、のちのち麻谷の法の継承者となる寿州《じゅしゅう》良遂《りょうすい》との話です。麻谷を訪れる前、良遂は仏教の教えの講義者でした。お話は次のようです。

　良遂が初めて麻谷を訪問した。良遂が来るのを見るとすぐ、麻谷は鋤を取って、外に出て行って雑草を鋤いた。麻谷が作業しているところに良遂が行っても、麻谷は良遂になんの注意も向けない。それどころか、急に住職の部屋に帰って、門にカギをかけてしまった。

　次の日、良遂は麻谷を再び訪ねたが、麻谷はまた門を閉ざしてしまう。良遂はそこで門を敲いた。麻谷は尋ねる。「これはだれだ？（おまえはだれだ？）」

　彼は言った。「良遂です。」

　自分の名前を言うそのときに、良遂は突然さとり《リアライゼイション》を得た。彼は言った。「師よ、良遂をだまさないでください。もしあなたにお会いしないと、私は経典と注釈とで私の人生を惑わされてしまうところでした。」

　良遂は帰って、彼の聴衆に話をした。「あなたたちが知っているすべてを、良遂は知っている。良遂が知っているものを、あなたたちは知らない。」

　それから彼は講義をやめ、集まりを解散させた。(53)

　寿州良遂座主《ざす》、……初め麻谷に参ず。谷《よく》、来たるを見て、便ち鋤頭を将《も》ちて去《ゆ》きて草を鋤《す》く。師、草を鋤く処に到る。谷、殊《ことさら》に顧みず、便ち方丈に帰り、門を閉却す。師、次の日、また去《ゆ》く。谷また関を閉づ。師ついに門を敲《たた》く。

谷乃ち問う、「阿誰《あすい》」。師曰く、「良遂」。纔《わず》かに名字を称するに、忽爾《たちまち》に契悟す。乃ち曰く、「和尚、良遂を瞞《あざむ》くことなかれ。もし来りて和尚を礼拝せずんば、泊合《あやう》く経論に一生を賺過《たんか》せらる」。講肆《こうし》に帰るにおよびて、開演して云うことあり、「諸人の知る処、良遂総て知る。良遂の知る処、諸人は知らず」。終に講を罷《や》め、徒散《とさん》ず〈原漢『全集』第五巻一九二〜一九三頁〉。

この話から私たちが学ぶのは、良遂が講師であり、仏教哲学によく精通した者であったにもかかわらず、自分の理解にはなにか重要な要素が欠けていると感じていた、ということです。この欠落の感覚のために、良遂は麻谷を訪問しようと思い立つのですが、しかし良遂が麻谷の僧堂に到着すると、麻谷は彼を徹底的に無視します。最終的に麻谷が彼に「おまえはだれだ?」と問うたときに、良遂は、仏教の教えは哲学的な体系ではなく、自己の本質を映す鏡だと理解したのです。この本質的自己を見たあとに、良遂の自分にはなにかが欠けているという感覚はついに癒され、彼を惑わしていたのは、経典と注釈への固執だったことを知ったのです。

この話に関しての道元禅師の「夜話《やわ》（非公式の言葉）」が、『正法眼蔵随聞記』に、次のように記録されています。

特に、道についての初心者は、サンガの他のメンバーに随って（道を）修行すべきなのである。本質的要点と昔の例とを、急いで勉強しようとしたり、理解しようとしたりすべきではない。（一人で）山に入ったり、街中で隠棲したりするときには、ものごとをまちがって理解しないのはよいことだ。もし他の修行者に随って修行するならば、たしかに道を得ることができるだろう。これは船の旅行に似ている。あなたが船《シップ》をどうやって漕ぐのかを知らなくても、熟練した船乗りにすべて任せてしまえば、向こう岸に着くようなものだ。ただ、良い師に随い、仲間の修行者と修行して、自分勝手をしなければ、自然に道の人になるだろう。道を学ぶ人は、たとえ悟りを得たにしても、修行を止めてはならない。自分で頂点を極めたなどと思ってはならない。道は終わりがない。あなたが悟りを得たにしても、道の修行を続けなければならない。むかし、麻谷禅師を訪問した良遂の話を思い出しなさい。[54]

初心《しょしん》学道の人は、只衆《しゅ》に随ふて行道《ぎょうどう》すべきなり。はやく用心故実《ようじんこじつ》等を学し知らんと思ふことなかれ。用心故実等のことも、只独り山にも入り市にもかくれて行《ぎょう》ぜん時、あやまりなく能《よ》く知たるは好きことなり。衆に随ふて行《ぎょう》ぜば道を得べきなり。たとえば船にのりて行《ゆく》には、我《われ》は漕《こぎ》ゆくやうをも知《しら》ざれども、よき船師《せんどう》に任せてゆけば知たるも知ざるも彼の岸に至るが如し。善知識に随《したがい》て衆と共に行じて私《わたくし》しなければ自然《じねん》に道人《どうにん》となるなり。学道の人、たとひ悟りを得ても、今は至極《しごく》と思ふて行道をやむることなかれ。道は無窮《むぐう》なり。悟りても猶行道すべし。むかし良遂座《ざ》主《す》の麻谷に参ずる因縁を思ふべし〈『随聞記』一三六頁、岩波文庫〉。

この話からもはっきり分かるように、道元禅師は麻谷を尊敬すべき師と見ておられます。道元禅師は、真に修行を行うためには、ダルマをどこまでも探求し続けなければならないと言われます。だから道は終わりがないのです。思い出していただけるように、これと同じポイントを、「現成公按」巻の第十節では、船で大海を航行するアナロジーでもって言われていました。ここで勧められるのは、われわれの「研究と修行によって開かれた眼〔参学眼《さんがくげん》〕」を使って、尽きることのない大海の特徴をひとつずつ探求すべきだということでした。

しかしながら広い海は、円いのでも四角でもない。海には尽くすことのない性質があるのだ。（魚にとっては）それは宮殿に見えるし、（天上の者たちにとっては）宝石の首飾りに見える。（私たちにとっては）われわれの目の届くかぎりにおいて、円く見えるのである。万法がこれと同じようなのだ。塵にまみれた世界にいるのもいないのも、そこには数えきれない側面と性質とがあるのである。私たちは、自分の参究と修行の眼が見ることのできる力の範囲で、ものを見、掴むことができるだけなのだ。万法の現実を聞くときに、海と山の両方に尽くすことのできない性質があり、さらに四方には多くの他の世界もあるということを知るべきなのである。これはただ外側の世界においてだけではなく、私たちのまさに足元の世界にも、また水の雫一滴のなかにでもあるものなのだ。

しかあれど、この大海、まろなるにあらず、方なるにあらず、のこれる海徳、つくすべからざるなり。宮殿《ぐうでん》のごとし、瓔珞《ようらく》のごとし。ただわがまなこのおよぶところ、しばらくまろにみゆるのみなり。かれがごとく、万法もまたしかあり。塵中《じんちゅう》・格外《かくがい》、おほく様子を帯せりといへども、参学眼力《さんがくがんりき》のおよぶばかりを、見取《けんしゅ》・会取《えしゅ》するなり。万法の家風をきかんには、方円とみゆるよりほかに、のこりの海徳・山徳おほくきわまりなく、よもの世界あることをしるべし。かたはらのみかくのごとくあるにあらず、直下《じきげ》も一滴もしかある、としるべし。

『随聞記』のなかで道元禅師は、麻谷を、終わりのない探求と結びつけておられました。そこで私たちは、風の性質について麻谷が示す公案も同じテーマに向けられているものだと推測できるのです。つまり、終わりなき、修行と生命実物の探求ということです。

風と扇

麻谷山の宝徹禅師が、扇を使っている。一人の僧がやってきて彼に問うた。「風の性質は常に存在し、あらゆるところに浸透しています。なんで扇をあおぐのですか。」

師は言った。「お前は、風の性質が常に存在していることだけは知っているが、あらゆるところに浸透しているということは知らないな。」

僧は言った。「風があらゆるところに浸透しているとはどんなことでしょうか。」

師はただ扇をあおいでいるだけであった。

僧は深く礼をした。

　麻谷山宝徹禅師、あふぎをつかふちなみに、僧きたりてとふ、風性常住《ふうしょうじょうじゅう》、無処不周《むしょふしゅう》なり、なにをもてかさらに和尚あふぎをつかふ。師云く、なんぢただ風性常住をしれりとも、いまだところとしていたらずといふことなき道理をしらず、と。僧曰く、いかならんかこれ無処不周の道理。ときに、師、あふぎをつかふのみなり。僧、礼拝《らいはい》す。

麻谷が自分をあおいでいるこの話は、『真字正法眼蔵』のものと、「現成公按」巻のヴァージョンとではいくつかの細かい点で違っています。『真字正法眼蔵』にのるお話の文字通りの翻訳は次のようです。

麻谷山の宝徹禅師は馬祖の継承者である。ある日、彼は扇をあおいでいた。ある僧が問うた。「風の性質は永久にそのままであって、それが浸透していないところはどこにもありません。なぜ扇をあおぐのですか。」

師は言った。「お前は、風の性質が永久にそのままであることだけを知っているが、それが浸透していないところはどこにもないことは知らないな。」

僧が言った。「風の性質が浸透していないところがないということの原理とはなんでしょうか。」

師はさらに扇をあおいだ。

僧は礼拝した。
師は言った。「もしわしが一千人もの僧を持っていても、彼らが実際の働きをしなければ、彼らになんの利益があろうか。」

麻谷山宝徹禅師（馬祖に嗣《つ》ぐ）、一日、扇を使う次《おり》、僧ありて問う、「風性は常住にして、処《ところ》として周《あまね》からざるはなし。和尚、甚《なん》と為《し》てかまた扇を揺がす」。師云く、「你《なんじ》はただ風性の常住なるのみを知りて、且《か》つ処として周からざるはなきを知らず」。僧云く、「作麼生《そもさん》かこれ処として周からざるはなきところの道理」。師却《さら》に扇を揺がす。僧、礼を作《な》す。師云く、「用処《ようしょ》なき師僧《しそう》、一千箇を著得《じゃくとく》して、什麼《なん》の益《えき》かあらん」〈原漢『全集』第五巻一九四～一九五頁〉。

江戸時代曹洞宗の卓越した学者の一人である指月慧印《しげつえいん》（一六八九～一七六四）は、『真字正法眼蔵』の三百の公案のそれぞれに短い注釈を書き、『拈評三百則不能語《ねんぴょうさんびゃくそくふのうご》（三百の問題についての把捉と注釈：言い表せぬこと）』と題しました〈『続曹洞宗全書』注解一所収〉。麻谷が扇をあおぐ話についての指月の注釈はこう読めます。「この話はたしかに今日も風を起こす原因となっている。麻谷は扇をあおぎ、僧は礼拝した。これは何だ？〈此話《しわ》の的的《てきてき》、今日風生《こんにちかぜしょう》ず。麻谷扇を揺《ゆら》し、僧礼拝す。是れ何ぞ〉」〈原漢 同三九三頁下〉。ここで、「これは何だ」とは、疑問ではなく、断定です。指月が言っているのは、言葉と概念を乗り越えた生命実物は、麻谷が扇を使うことと、僧の礼拝の双方に現れているということです。

麻谷禅師についてのお話をいくつか紹介し、彼が臨済と道元禅師の双方にとって重要な中国の祖師であることを紹介しました。これらの話のなかで、理知的な理解よりも、麻谷が強調しているのは修行と身体を使った働きだということがわかります（それはつまり、仕事や行為がダルマの表現として機能するということです）。道元禅師はのちに、『知事清規（寺の執務者のための清浄なる規範）』のなかで、同じテーマについてのほかの多くの話を紹介されています。「現成公按」巻の最後にあたって、麻谷と風の性質の話を引証として、このテキストを通じて示してきた教説を説明しておられるのです。

この話における「風の性質《ウィンド・ネイチャー》」とは、仏性《ブッダ・ネイチャー》のことを言っています。ある僧が問うているのは、宝徹が仏性を、風の性質のように、あらゆる時間に常に存在していて、あらゆる空間に充満しているものとして考えているのか、ということでした。大乗仏教の歴史を勉強すると、これが、もともとの仏性の考えとは非常に異なったものであることがわかります。

インドでは、「タターガタ・ガルバ」という言葉が、「ブッダター（仏の性質）」という言葉よりずっと一般的でした。「ガルバ」とはサンスクリット語で「子宮」あるいは「胚」という意味であり、したがって「タターガタ・ガルバ」とは「タターガタすなわちブッダの、子宮あるいは胚」と訳すことができます。別の言い方をすれば、「タターガタ・ガルバ」とは、すべての生き物は、タターガタすなわちブッダの、胚を宿した子宮であるということです。もしこの胚が十分な世話をされれば、胚は未来において成熟したタターガタとして生まれ、あるいは育ってゆくのです。

「タターガタ・ガルバ」の同義語である「仏性」という言葉は、『大乗《だいじょう》大般《だいはつ》涅槃《ねはん》経《ぎょう》（ニルヴァーナへまさに入られることに関しての大乗経典）』で初めて使われました。仏性についての最も有名な言明は、「例外なくすべての生き物が仏性を持っている〔一切《いっさい》衆生《しゅじょう》悉《しつ》有《う》仏性《ぶっしょう》〕」であり、これは私たちにとって非常に親しみのある言明です。中国において、仏性という用語は、タターガタ・ガルバという用語よりも、よりよく知られるものとなりました。

ともあれ、仏性とはもともと、隠され、休眠し、潜在的になっているが、発見され磨かれればタターガタになる可能性であると定義づけられたものでした。それはすべての生き物に生まれつき備わっているものとされました。有名なアナロジーとして使われているのは、岩や汚れに覆われたダイヤモンドのイメージです。ダイヤモンドはわれわれすべてのなかに存在する仏性を表しています。つまり、それはいつもわれわれと共にあるが、迷いという岩と汚れの下に隠されているというものです。それで人は、まずはこのダイヤモンドを発見し、それから汚れと岩を取り除いて、仏教の修行によってそれを磨かなければならないのです。ある人が悟ったブッダとなるときにだけ、ダイヤモンドの真の美しさが十全に現れるのです。

もともと、一般の有情の存在がどのようにしてブッダになることができるのかを説明するために発展した、タターガタ・ガルバすなわち仏性の理論は、仏教哲学の歴史を通じてずっと問題含みのものでした。その理由は、この理論が、古代ヒンドゥー教の理論で、シャカムニ・ブッダが明確に否定した、アートマンの考えに見かけ上似ているからです。この理論によれば、アートマンとは、肉体に閉じ込められた、純粋で、変化することのない霊的な性質のことです。アートマンが身体の中に囚われていることが迷いと汚れの根源と見られていて、アートマンが身体に囚われているかぎり、人はカルマを作り、サンサーラのなかを転生していくものと考えられていました。それで古代インドでは、宗教的な修行は、アートマンを物質的肉体の牢獄から解き放つことだと考えられたのです。

タターガタ・ガルバあるいは仏性の理論は、『大乗起信論《だいじょうきしんろん》（大乗の信仰を呼び覚ます）』と題された書物に影響をうけて、中国仏教の多くの学派の教えの基礎となりました。この書物が言うこととは、一心《ワン・マインド》あるいは「衆生の心（衆生心《しゅじょうしん》　文字通りには「生きているものたちの心／心臓」）」には二つの側面があるということです。一つは絶対からの、タタター（それであること）という心の側面。もう一つは、現象からのサンサーラ（生と死の環）の心の側面です。このテキストによれば、この二つの側面は互いに包含しあっているものです。絶対的なタタターは水のよう、そしてサンサーラに生きているものは水の波のようで、無明《イグノランス》の「風」によって造られます。この風は、水の静けさを妨げ、また一つである水を個別である波に分離します。絶対的タターの側面からは、すべての生き物（波）は本質的にタター（水）なのであって、はじめから悟っていることになります。この側面の生命実物は、「original enlightenment もともとの悟り（本覚《ほんがく》）」あるいは「ultimate reality 絶対的生命実物（理《り》）」と呼ばれます。しかしながら生き物は無明の風の影響を受けるので、カルマを作りそれを原因にしてサンサーラのなかを輪廻転生してしまうのです。この教えの基本の考えは、私たちは無明から自由となり、本覚に還るために修行しなければならない、というものです。生命実物のこの側面は「the process of actualization of enlightenment 悟りの実現の過程（始覚《しかく》）」あるいは「concrete reality 具体的生命実物（事《じ》）」と呼ばれます。

要するに、『大乗起信論』の教説とは、絶対的生命実物（理）においては、すべての生きている存在は初めから悟ったブッダだが、現象的生命実物（事）においては、われわれは迷っている存在なので、それでわれわれは、自分のもともとの悟り《エンライトメント》を回復してブッダになるために、勉強と修行が必要なのだということです。

禅における仏性

頓悟《とんご》と漸悟《ぜんご》についての、中国禅の南宗《なんしゅう》と北宗《ほくしゅう》とのあいだでの有名な対論は、一心の教説に基づいて始まりました。伝統的に、南宗はもともとの悟り（本覚）を強調し、一方北宗は、悟りの現実（始覚）を強調している、と考えられています。この対論は、大鑑慧能《だいかんえのう》の伝記のうちに見える第五祖からの第六祖への伝法の話に、はっきりと表現されています。

この話のなかで、玉泉神秀《ぎょくせんじんしゅう》（六〇五～七〇六）は、五祖の会下の中での先輩僧として、一編の詩を示しました。

体はボーディの樹
心は明るい鏡の台のよう
いつでもそれを磨くことに努めなければならない
塵やほこりをあつめないように(55)

身《み》は是《こ》れ菩提樹《ぼだいじゅ》
心《こころ》は明鏡台《めいきょうだい》の如《ごと》し
時時《じじ》に勤めて払拭《ほっしき》して
塵埃《じんあい》を惹《ひ》かしむる莫《なか》れ

その時、その僧堂の在家の労働者であった慧能は、これに応答して一編の詩を作りました。

ボーディにはもともと樹はない
明るい鏡にも台はない
根本的にひとつとしてものなどないのだ
どこにほこりが立ち得ようか(56)

菩提は本《も》と樹《き》無《な》し
明鏡はまた台《うてな》に非ず
本来無一物《ほんらいむいちもつ》
何《いず》れの処《ところ》にか塵埃を惹かん

この一対の詩は、「悟りへの段階を踏まず一足飛びに本覚に帰るアプローチ（頓悟）」と、「段階を踏んで漸進的に本覚を回復しようとするアプローチ（漸悟）」の対照であると考えられています。神秀の詩は、もともとの悟りは、迷いの「ほこり」を、修行で「磨いて」取り除くことで回復されるべきであると言っています。一方、慧能の詩では頓悟の教えを示していて、根本的な生命実物に目覚めることとは、何もなさを（無一物――鏡もなく、ほこりもない――）を即座に実現することであると言っています。今日の学者たちは、これは、当時比較的無名の祖師とされた慧能の地位を第六祖に引き上げるために、慧能のあとの世代が作り上げた創作的な逸話であると考えています。しかしながら、中国の宋王朝の時代（十～十二世紀）から二十世紀半ばまで、この話は禅仏教における歴史的事実だと考えられてきました。

　多くの禅の研究者が信じるところでは、馬祖道一が、「すぐさまの、具体的な現実の禅（頓悟禅《とんごぜん》）」を強調した当事者であるということです。後の禅匠たちは、自分たちの行為は、タタターすなわちそれ《サッチネス》であることを明らかにすること以外のなにものでもないと説きました。馬祖と彼の弟子たちによる有名な二つの言葉は、「心はそれ自体がブッダである（即心是仏《そくしんぜぶつ》）」と「通常の心が道である（平常心是道《へいじょうしんぜどう》）」でした。具体的な現象（事）のただなかに絶対的な生命実物（理）を見いだすことが、これらの祖師たちの教説の基礎でした。つまり、彼らは仏性を、衆生のうちに隠されているなにものかではないと教えたということです。むしろ、すべての具体的現象とすべての存在そのものが、タタターすなわち絶対的な生命実物の現れであるということでした。

「現成公按」巻の最後の逸話で、ある僧が「風の性質は常に存在し、あらゆるところに充満している」と言ったとき、僧は、仏性が常に明らかであり決して隠れていないという、禅の伝統的な教えを述べたのです。とはいえ、この考えは別の問題を生みました。もしこの教えが真実だとするならば、麻谷はどうして、風（仏性）を明らかにするために扇をあおぐ必要があったのでしょうか。もし、すべてのものが絶対的な生命実物（タタター）の現れであって、われわれは初めから悟っているのであれば、どうして私たちは参究し修行する必要があるのでしょうか。これはきわめて自然な疑問です。実際に、伝統的には、この疑問に対する答えを探すことが、道元禅師が中国へ渡られる動機となったと言われています。

しかしながらこの逸話のなかで、麻谷はこの疑問に理論的な説明で答えたのではなかったのでした。そのかわりに、彼はただ扇をあおぐことを続けただけでした。ここで道元禅師は、修行は哲学的討論なのではないと示されているのです。私たちは自分たちの師匠や別のだれかと終わりなく議論することができます。しかし、道元禅師は、シンプルに、議論することをやめて、扇をあおぐやり方を知っている人に、つまり、修行のやり方を知っている人に対して礼拝すべきであると勧めておられるのです。おそらく、この忠告はわれわれを次のように自分自身に問うように促すでしょう。「はたして私はいままで、実際に扇をあおいだ人物に出会えただろうか。そのような人に対して、私は全心からの礼拝を行うことができるだろうか」。そして、「扇をあおぐという行為の価値とはなんだろうか。そしてそれはわれわれの修行に何を告げているのだろうか」と。

道元禅師と本覚

これまで述べたように、修行の価値や意味についての疑問は、人生のある時点まで、道元禅師自身にとっての問題でした。道元禅師が天台僧として出家されたとき、「天台本覚法門《てんだいほんがくほうもん》（もともとの悟りという法の門）」として知られる風潮が、非常に盛んでした。その理論は、具体的な現象（事）を、絶対的、究極的生命実物として強調しました。言い換えると、迷っている衆生が実際には悟っているブッダなのだと説いたのです。

道元禅師の伝記によれば、この理論に対して疑問を持たれたのは、道元禅師が十代のときでした。禅師は次のように問われました。「もしすべての存在が初めから仏性であるならば、なぜすべてのブッダは菩提心を起こし、困難な修行に従事し、悟りを得て、ニルヴァーナに入る必要があったのか」。くわしく検討してみると、道元禅師の、本覚の理論に対する疑問と、僧の麻谷宝徹への質問が同じであることがはっきりします。双方がこのように問うているのです。「もし、すべての現象がそれ自体究極的生命実物であり、生きているものすべてがそれ自身仏性であるとするなら、なぜわれわれは勉強し、修行する必要があるのか。なぜわれわれは自分自身や世界をよりよくしようとこのような努力をする必要があるのか」と。

道元禅師は、この質問を彼の師である天童如浄禅師に提出し、その対話はのちに『宝慶記《ほうきょうき》（宝慶時代の記録）』に記録されました。こうした対話のうちの一つは、次のようです。

過去と現在の祖師たちは、魚が水を飲んで冷たいか温かいかがわかるような自己認識、この智恵こそが悟《アウェイクニング》りであり、悟りの実現であると言っています。私（道元）はこの理解を批判いたします。もし、自己認識が真の悟りであるなら、すべての衆生は、そのような認識を持っています。すべての衆生が彼ら自身（冷たいか温かいか、かゆいか痛いか）を知っているのだから、彼らはすべて真の悟りを得たタターガタなのでしょうか。ある人々は次のように答えました。「そうだ。すべての衆生はもともと、はじめなきはじめからタターガタなのだ」。別の人々は言いました。「すべての衆生は必ずしもタターガタではない。それはなぜかと言うと、もしかれらが自己認識と自然な知恵が（至高の悟りである）と知っているなら、彼らはタターガタであるけれども、もしこれを知らないなら、そう（タターガタ）ではない」。これらの意見は仏法なのでしょうか、そうではないのでしょうか。

古今の善知識の曰く、「魚の水を飲んで冷煖自知《れいだんじち》するがごとき、この自知《じち》即《すなわ》ち覚《かく》なり。これをもって菩提の悟りとなす」と。道元、難じて云く、もし自知即ち正覚《しょうがく》ならば、一切の衆生にはみな自知あり。一切衆生は自知あるに依って、正覚の如来たるべきや。ある人は云く、「然《しか》るべし、一切の衆生は無始本有《むしほんぬ》の如来なり」と。ある人は云く、「一切の衆生は、必ずしもみなこれ如来なるにはあらず。所以《ゆえ》はいかんとならば、もし、自覚性智《しょうち》即ちこれなりと知る者は、即ちこれ如来なるも、未だ知らざる者は、これならざればなり」と。かくのごとき等の説は、これ仏法なるべしや、否や〈原漢『全集』第七巻六～七頁〉。

天童如浄禅師は道元禅師の疑問にこのように答えられています。

もし人々が、すべての衆生ははじめからブッダであると言うならば、彼らは非仏教の自然主義者と同じである。比較して、自己や自分の感覚機能をブッダだと思うのは、まだ到達していない者たちを到達した者と考え、いまだ悟っていない者を悟ったと考えることにほかならない。

もし、一切衆生本《もと》よりこれ仏なりと言わば、かえって自然外道《じねんげどう》に同じきなり。我我所《ががしょ》をもって諸仏に比《たくら》ぶるは、未だ得ざるを得たりとおもい、未だ証せざるを証せりというを免《まぬが》るべからざるものなり〈原漢 同〉。

ここで如浄禅師は、自分の感覚的認識を真の悟《アウェイクニング》りだと考えるのは仏教の教えに適《かな》うものではないと言われています。如浄禅師が言われるのは、こうした理解は、ものごとそれ自体の自然の状態が悟《エンライトメント》りに等しいという非仏教者の理解と、同じものだということです。如浄禅師によれば、こうした人々が言っているのは、「修行も含めて、すべて人間が意図的にするもの（有為法《ういほう》）は、迷いを基にしているので、必要でないばかりか、有害ですらある」ということです。それに対して、如浄禅師が教えられるのは、われわれは生命実物や修行をただ絶対の観点（迷いなく、悟りなし）からのみ見てはならない、ということです。すべてのものがすでに悟りであるから修行など必要ないと言うことは、原因と結果の相対的生命実物を否定することになります。人間は迷いと悟りの双方を表現する能力を持っているために、私たちは、真の目覚め、すなわち仏性を明らかにするための修行を行わなければなりません。しかし、如浄禅師の言われるところは、「理として仏性を持っていても現実にわれわれは迷っているのだから、悟りを得るための手段として修行しなければならない」という「始覚の修行」とも違います。この如浄禅師からの回答は、修行とさとりが一つであるという教えの基礎を含んでいるために、日本にご帰国後、道元禅師ご自身の教説の基礎となりました。

「現成公按」巻の探求にもどるまえに、道元禅師が「現成公按」巻の直前に書かれたテキストを少し見ておきましょう。日本に帰国してすぐ、道元禅師は『普勧坐禅儀（広く勧める坐禅の教え）』という題の坐禅修行についての指導的な文章を書かれました。この文章は次のように始まっています。

もともと、道は完全で全世界的である。どうすればわれわれは修行を悟りから判別することができようか。生命実物の乗り物は自己の内にある。どうしてわれわれは、それを獲得しようと努力して時間を浪費すべきだろうか。またさらに、全体の身体は世の中の塵から自由である。なぜわれわれはそれを掃きのける方法を信じられようか。道はいまわれわれがいるところから決して分離することはない。どうしてあちらこちらとさまようべきだろうか。とはいえ、もしわずかな分離があると、あなたと道との隔たりは、天と地ほどにもなってしまう。もし不都合な、あるいは好都合の状況がわずかでも起これば、あなたは混乱のなかで自分を見失ってしまうだろう。（中略）さらにまた、生まれたときからさとっていたシャカムニ・ブッダのことを考えてみれば、正しい姿勢で六年間坐っていたそのありようを今日までわれわれは聞くことができるのである。さらに心の印を伝えてくれた菩提達磨については、九年間壁を向いていたことの名声をあなたは聞くことができるではないか。これらの古代の聖人たちがこのように修行してきたのである。どうして今日のあなたがたが修行を差し控えられるのか。

原《たず》ぬるに夫《そ》れ道本円通《どうもとえんづう》、いかでか修証を仮らん、宗乗自在、なんぞ功夫《くふう》を費《ついや》さん。いわんや、全体はるかに塵埃《じんあい》を出づ、たれか払拭《ほっしき》の手段を信ぜん。おおよそ当処《とうじょ》を離れず、あに修行の脚頭《きゃくとう》を用《もち》うるものならんや。然《しか》れども、毫《ごう》釐《り》も差《しゃ》あれば、天地はるかに隔《へだた》り、違順《いじゅん》わずかに起れば、紛然《ふんぜん》として心を失す。（中略）いわんや、かの祇園の生知《しょうち》たる、端坐《たんざ》六年の蹤跡《しょうせき》見つべし。少林の心印を伝うる、面壁九歳《めんぺきくさい》の声名《しょうみょう》なお聞こゆ。古聖《こしょう》すでに然り、今人《こんじん》なんぞ弁ぜざる〈原漢『全集』第五巻四〜五頁〉。

ここで道元禅師は、道は完全で全世界的であるが、シャカムニ・ブッダや菩提達磨が行ったように、そこでもなお修行を行わなければいけないと、はっきりと述べておられます。なぜそのように言われるのでしょうか。道元禅師は、深く掘り下げた説明をされません。ただ、偉大な聖人たちが修行を行っていたから私たちも修行すべきだと、シンプルに言われるだけです。私の考えでは、道元禅師は、彼に先行する人々の修行の行いを、何も考えずに見習うことを意図されているわけではないのです。むしろ禅師が言われるのは、私たちは偉大な聖人たちが実現したものと同じ生命実物に目覚めるべきであるが、それは私たちが自分のそれぞれの修行によって、行わなければならない、ということです。私たちは、ただシャカムニ・ブッダや菩提達磨を、彼らが実現した修行の真実に入った後に、ただそれを見習うことができるだけです。それはちょうど、魚は飛ぶよりも泳がなければならず、鳥は泳ぐよりも飛ばなければならないように、われわれ自身の身と心を用いて、自分たちの文化や時代のただなかで修行しなければならない、ということです。修行を通じてわれわれがさとりを表現したものが、シャカムニ・ブッダや菩提達磨が現したものと同じさとりであったにしろ、だれも私の代わりに修行できる人はいないのです。

『辦道話（全心の修行についての講話）』は道元禅師の二番目の著作で、中国から帰国して四年後の一二三一年に書かれました。ここでは坐禅は「自受用三昧《じじゅゆうざんまい》（自分が受け、自分が使用するサマーディ）」であると述べ、次のように言われます。「私たちが真っすぐの姿勢で坐るときに、全世界がさとりとなる」。道元禅師にとって坐禅が修行の中心点であるのです。

『辦道話』の後半部分には、一連の問答が含まれていて、道元禅師は修行とさとりについての多種多様な見方について議論しています。この部分を勉強すると、われわれは、道元禅師が仏法を探求するうえで出会った見解のいくつかの例を見ることができます。たとえば、第十問答と第十六問答とは、仏性についての、ある見解に向けられています。この考えは、すべての存在は仏性を持っている（本覚）のだから、はじめからブッダなのだということです。この観点からは、「自分はブッダだ」と知ることで十分なので、修行の必要はないとしています。

第七問答では、修行は悟りを得るために必要であって、ひとたび悟りに到達すれば、修行はもはや必要ない、という意見を扱っています。これは臨済禅においては一般的な理解なのですが、道元禅師は承認されません。以前に私が論じましたように、この見方は、「悟りの実現する過程（始覚）」を強調する見方です。この見方によれば、われわれがすべてはじめから悟っているという究極的な生命実物のただなかで、しかし実際には迷っているということです。そのために私たちは、仏性を再び見つけるまで修行しなければならないと言います。この再発見は「見性」体験によって得られますが、これに到達したそのあとは、もはや坐禅修行は必要なくなるというのです。

これらの疑問は、道元禅師が「なぜ修行するのか」という疑問への答えを探求した際に出会った、相反する二つの思潮の例を私たちに教えてくれています。

「現成公按」は、『普勧坐禅儀』『辦道話』「摩訶般若波羅蜜」巻のあと、第四番目に書かれたテキストで、ご自身の叢林《そうりん》（修行道場）である興聖寺を建立した一二三三年秋に書かれました。道元禅師はこの手稿を在家の弟子である楊光秀《ようこうしゅう》に与え、のちに『正法眼蔵』の劈頭《へきとう》にこの巻を置かれました。「摩訶般若波羅蜜」巻は、道元禅師が『正法眼蔵』の第二巻に置いた著述ですが、実際には「現成公按」巻以前、一二三三年夏に書かれました。私はこの二つの著述は緊密に関連していると考えます。そこで、「現成公按」巻を考察する最後に近づいているので、私はもう一度両者を比較しておきたいと思います。

思い出してみると「摩訶般若波羅蜜」巻の冒頭で、道元禅師は『心経』を要約されていました。

> アヴァローキテーシュヴァラ〔観世音〕菩薩が、深いプラジュニャー・パーラミター〔般若波羅蜜〕を実践しているとき、五つのあつまりが空であることをみきわめた全身であった。五つのあつまりとは、形・知覚・感覚・心理形成・意識であり、これらは五つのプラジュニャーである。明晰に観ることそれ自体がプラジュニャーである。（『般若心経』における）この根本の真実を展開し明らかにすると、「形は空であり、空は形である」とある。形は形以外ではなく、空は空以外ではない。百の草々であり、万のものである。
>
> 十二の感覚の場所は、プラジュニャー・パーラミターの十二の実例である。それから、十八のプラジュニャーの実例がある。眼・耳・鼻・舌・身体・意識、視界・音・匂い・味わい・触感・意識対象、眼・耳・鼻・舌・身体・意識の意識である。それから、プラジュニャーの四つの実例がある。苦痛、その原因、苦痛の停止、

〔停止への〕道である。また、プラジュニャーの六つの実例がある。布施、浄い戒律、安らかな忍耐、精勤、閑かな瞑想、そして智慧である。また一つの般若の実例とは、それ自身が今ここで現れているプラジュニャーである。それは無上の、完成された、完全な覚《アウェイクニング》りのことだ。また、プラジュニャーの三つの実例がある。過去・現在・未来である。そしてまた、プラジュニャーの六つの実例がある。土・水・火・風・空間そして意識である。また、プラジュニャーの四つの実例がある。歩くこと、立つこと、坐ること、横になることである。

観自在菩薩の行深般若波羅蜜多時《ぎょうじんはんにゃはらみったじ》は、渾身《こんじん》の照見五蘊皆空《しょうけんごおんかいくう》なり。五蘊は色《しき》・受《じゅ》・想《そう》・行《ぎょう》・識《しき》なり、五枚の般若なり。照見、これ般若なり。この宗旨《しゅうし》の開演現成《かいえんげんじょう》するにいはく、色即是空《しきそくぜくう》なり、空即是色《くうそくぜしき》なり。色即色なり、空即空なり。百草なり、万象《ばんぞう》なり。般若波羅蜜十二枚、これ十二入なり。また十八枚の般若あり。眼《げん》・耳《に》・鼻《び》・舌《ぜっ》・身《しん》・意《い》、色《しき》・声《しょう》・香《こう》・味《み》・触《そく》・法《ほう》、および眼・耳・鼻・舌・身・意識等なり。また四枚の般若あり。苦《く》・集《しゅう》・滅《めつ》・道《どう》なり。また六枚の般若あり、布施《ふせ》・浄戒《じょうかい》・安忍《あんにん》・精進《しょうじん》・静慮《じょうりょ》・般若《はんにゃ》なり。また一枚の般若波羅蜜、而今現成《にこんげんじょう》せり、阿耨多羅《あのくたら》三藐三菩提《さんみゃくさんぼだい》なり。また般若波羅蜜三枚あり、過去・現在・未来なり。また般若六枚あり、地・水・火・風・空・識なり。また四枚の般若あり、よのつねにおこなはる、行《ぎょう》・住《じゅう》・坐《ざ》・臥《が》なり〈『全集』第一巻八頁〉。

以前に見たことを繰り返して言えば、ここで道元禅師は、プラジュニャー〔智慧〕とはわれわれが自分たちの身と心の全体を使って行う修行のことであると言われています。身と心の全体がはっきりと五つのまとまり〔五蘊〕の空性を見るのですが、この知覚とは、身と心の全体が表れているものにほかなりません。五つのあつまりそれ自体が〔アヴァローキテーシュヴァラ菩薩によって表されて〕、五つのあつまりの空性を見るのです。ですからこのプラジュニャーは、主体が客体を見るという形での特定の見方なのではありえないのです。別の言い方をすれば、それは単なる別なる「視点」という形をとることができないということです。「現成公按」巻の冒頭で、道元禅師はこの点について見事に詳しく論じ、それ以降の箇所では、この理解に基づいていかに修行するべきかを示しておられます。

道元禅師によれば、自分たちの仏性を回復する一度きりの悟りの経験に到達することは、修行の終着点ではありません。道元禅師にとって修行とは、そのなかで私たちが一日一日、一瞬一瞬、自分の理解を深め、広げてゆく継続する活動です。さとりとは、ちょうどわれわれの肉体を育てなければならないように育てていくべき、生き生きとした生の活動のことです。生き続けるためには、われわれは毎日食べる食事を消化しなければなりませんし、一瞬一瞬呼吸しなければなりません。同じように、目覚めを明らかにするためには、われわれは一日一日、一瞬一瞬、目覚めた状態に戻らなければならないのです。私たちが目覚めからはぐれていると気が付いたときはいつでも、私たちは修行のうちで、目覚めに戻らなければなりません。

われわれの坐禅修行は菩薩の修行であり、それは四つの菩薩の誓願の基礎となります。菩薩の誓願は、禅堂の外でのわれわれの修行の基礎となるものです。

生きているものは数えきれない。私は彼らを自由にしようと誓願する
迷いは尽きることがない。私はそれらを終わらせようと誓願する
ダルマの門は境界がない。私はその全てを学ぼうと誓願する
ブッダの目覚めは限りなく高い。私はそれを実現しようと誓願する

衆生は無辺なれども度するを誓願せん
煩悩は無尽なれども断ずるを誓願せん
法門は無量なれども学ばんと誓願せん

仏道は無上なれども成らんと誓願せん〈原漢「四弘誓願文《しぐせいがんもん》」『曹洞宗日課聖典』〉

われわれが四つの菩薩の誓願によって修行を始めるときに、遅かれ早かれ、われわれは自分の修行の不十分さがわかり、自分たちが菩薩の道から外れてしまっていることを認めることになります。坐禅のときに姿勢を戻すように、私たちは菩薩の誓願の道に戻ることで懺悔《さんげ》を勤めるのです。禅堂にいても日々の日課へ向かうときにも、一瞬一瞬、私たちはシンプルに、純粋な修行のうちで、目覚めに戻るのです。われわれはこのことを繰り返し繰り返し行わなければなりません。それでわれわれの修行は終わりがないのです。

生き生きとした働きを表現する

「現成公按」巻で、道元禅師が麻谷の扇をあおぐ話を示した重大な理由の一つは、この一瞬また一瞬の修行の重要性を強調しようとしたことです。このテキストの結論近くの、風性と扇の話の解釈は、道元禅師の教えの中心原理を表しています。

仏道の純粋な経験と、正しく伝えられた生きた道とはこのようである。風の性質が常に存在しているので扇をあおがなくてよいと言ったり、自分たちが扇をあおがないときにも風を感じるべきだと言うのは、常に存在するということも、風の性質ということも知らないのである。

仏法の証験《しょうげん》、正伝の活路《かっろ》、それかくのごとし。常住なればあふぎをつかふべからず、つかはぬおりも風をきくべきといふは、常住をもしらず、風性をもしらぬなり。

この「現成公按」巻最後の説に示された話のなかで、麻谷は、僧が常に存在する風の性質については知っていても、それがすべての場所に浸透しているありようを理解していないと言っています。扇をあおぐやり方とは、われわれの一瞬一瞬の修行であり、麻谷によればこのような修行によって、風の性質はすべての存在に浸透することが可能なのです。しかしながら道元禅師は、この点について麻谷よりもずっと厳格でした。僧は、風が常に存在していることについても、それがあらゆるところに浸透していることとおなじように、まったく知らないのだと言われるのです。

この話のもともとのヴァージョンでは、——道元禅師が『真字正法眼蔵』で引用されたものですが——、麻谷は僧の礼拝のあと、もう一言言明を行っています。麻谷は「もしわしが一千人もの僧を持っていても、彼らが生き生きとした働きをしなければ、彼らになんの利益があろうか」と言いました。ですから、もとの話では、麻谷がこの僧の礼拝を認めたのかどうかは、明らかではないのです。つまり、麻谷がこの僧の礼拝を、いまだ生き生きとした働きを露わにするのを仕損じている、と思った可能性もあるのです。私は、道元禅師が麻谷の最後の言明を省略されたのは、この僧の最後の礼拝の行為が、風を起こす扇のあおいでいることの例として見えるためだったと考えます。あるいは、この僧が麻谷のあおぐ風によって包まれることで、僧は修行の要点を理解して、自分の理解を、礼拝を行じる修行によって表したと言ってよいかもしれません。どちらにしても、僧は言葉をしゃべることではなく、礼拝という修行の行為によって、生き生きとした働きを表現したのです。

ついでながら、棚橋一晃《たなはしかずあき》氏とジョン・大道・ローリー師が『真字正法眼蔵』を翻訳した“*The True Dharma Eye: Dōgen's Three Hundred Kōans*”では、麻谷の最後の言葉は省略されています。これはおそらく、翻訳者が「現成公按」巻中の道元禅師の解釈との一貫性をこの話にもたらしたかったためだと思います。

ブッダの家族の風

風の性質は常に存在しているのであるから、ブッダの家族の風は、われわれに、大地の黄金を実現させ、長い河（の水）をクリームに変えさせるのである。

風性は常住なるがゆえに、仏家《ぶっけ》の風《ふう》は、大地の黄金なるを現成せしめ、長河の蘇酪《そらく》を参熟《さんじゅく》せり。

魚にとっての水のように、また鳥にとっての空のように、「大地《ザ・グレート・アース》」が象徴しているのは、私たちがそのなかで生きている世界であり、また「長い河の水」が象徴しているのは、われわれの生の流れです。「ブッダの家族の風」とは、われわれの止むことのない誓願と懺悔の修行の産物であって、これは只管打坐、すなわちただ坐ることに、しっかりと根差しているものです。この止むことのない修行が、われわれの世界を黄金のように貴いものに変え、われわれの生をクリームのように栄養豊富なものにするのです。ここで道元禅師はふたたび、自己と自己の世界（万法）を、その真実のありようである全体的な相依的関係性として明らかにしているのです。

人間は通常、自分たちは個別の存在で、他者と世界とから分かれていると考え、あまつさえわれわれ現代人は、自分たちは世界の中心で、世界に含まれているすべてのものの所有者だと信じているように見えます。私たちは、自分がこの環境を、自分たちの欲望を満たし自分たちを幸福にする資源として使うことができる資格があると考えます。自分自身と残りの世界とのあいだに壁をつくり、壁の内側のすべてのものを「自分の領地」あるいは「自分の所有物」と考えています。そして壁の内外《うちそと》で、収入と支出とがどれくらいかをずっと休まず計算し続けているのです。もし、流入が流出よりも大きいと計算したときに、われわれの生は成功していると判断します。

ときには、私たちは自分たちのまわりの人々を操作し、自然環境を利用し、もっと大きな収入を作り出そうとします。しかし、どれほどの富がわれわれの作り上げた壁の内側に積み上がっているにしても、世界と自分の生に対する自己中心的な態度は、世界を黄金に作ることもできないですし、われわれの生を変化させて栄養豊かなクリームにすることもできないのです。われわれの坐禅修行は、この世界と自己についての根本的に逆倒した見方を反転することを可能にし、そのときにわれわれの菩薩の誓願は、すべての存在とともに生かされている生のガイドラインとなるのです。われわれが自分の修行が不十分だと感じ、菩薩の道から外れてしまっていると感じたときには、懺悔の修行をして、自分たちの誓願に戻っていきます。これが、菩薩の修行がわれわれの生を尽きることなく豊かにするその道なのです。

水にいる魚のように
空にいる鳥のように
魚は泳いで魚に似る
鳥は飛んで鳥に似る

——奥村正博

原註（《 》は訳者補記）

（1） 私は単語「repentance」を中国語「懺悔（chanhui）」の日本語発音である「懺悔《さんげ》」の翻訳語として使っている。「懺悔（chanhui）」は、サンスクリット仏教用語 kṣama の翻訳語である。「懺《さん》」は、サンスクリット語 kṣama を中国語に音写した言葉「懺摩（chanma）」の始めの部分から取られており、「悔やむ」「残念に思う」という意味。「懺悔」の「悔《げ》」も同じく、元の中国語では「悔やむ」「残念に思う」という意味。

（2） これはブッダの十の別名の一つ。サンスクリット語は puruṣa-damya-sārathi 。日本語では「調御丈夫《ちょうごじょうぶ》（調教師の意）」。

（3） 拙訳。なにも註がない場合には、すべて拙訳をあげる。

（4） 第百六十偈。内山老師が『自己』（一九六五年）『現代文明と坐禅』（一九六七年）に引かれた『ダンマパダ』の言葉「自己の拠りどころは自己のみなり」を英訳した。この引用の典拠は辻直四郎訳『法句経』（『南伝大蔵経』二十三・小部一・四二頁）である《章末付記参照》。

（5） この沢木老師の造語にかかる独特の用語は、英語と同様に、日本語においてもなぞめいた言葉である。沢木老師は「する」をつけて造語を行ったが――「する」は、日本語においていかなる単語でも動詞に変えてしまうものである――、「自分」につけることで、主語の意味の「自分」と目的語の意味の「自分」とをつないでいる（自分が〔主語〕、自分を〔目的語〕自分する〔動詞〕）。

（6） 特に臨済の伝統では、「参禅」とはしばしば、禅匠への個人的なインタヴューのことを言う。しかし『正法眼蔵』「坐禅儀」巻では、道元禅師は「参禅とは坐禅である〔参禅は坐禅なり〕」と書かれた。ここで如浄禅師は、この語を坐禅と同義として使っておられる。

(7) 因果の法（カルマ）とダルマの教えに対する疑い。この疑いは、仏教の教えを理解し、その教えに従って修行することができるかという、能力に対する不安感も含んでいる。

(8)『摩訶止観』の「止観（shikan）」は、「只管打坐」の「只管（shikan）」と同じ発音ではあるが、全く異なった単語である。「只管打坐」の「只管」は「ただ、それだけ」の意味。『摩訶止観』の「止観」は、パーリ語 samatha と vipassanā の翻訳語で、「止」とは「止める」の意味、「観」とは「見る」の意味。

(9) 左手の親指を握りこんで、その上に右手をかぶせ置いて、その両手を胸の高さに置いている姿。

(10) 漢訳『法華経』からの拙訳。

(11) 初期仏教の修行階梯における最高の位。アラハット（阿羅漢）は、完全な悟りと永遠のニルヴァーナに到達したものと言われている。

(12) 師僧や導きなく悟りに到達したもの。プラティエイカ・ブッダ（縁覚仏）は悟りに至る方法を他人に教えないものと言われている。

(13) シャカムニ・ブッダのはじめの弟子。サンスクリット語 śrāvaka は、文字通りには、「(ブッダの声を) 聞いた者」の意味。初期大乗仏教では、声聞乗は、大乗仏教の経典にあらわれるブッダが示す完全なダルマを受け入れないために、「より小さな乗り物（小乗）」の信奉者とされた。

(14) われわれが存在する世界、三つの世界の一部。三つの世界とは、欲望の世界〔欲界《よくかい》〕、物質的世界〔色界《しきかい》〕、非物質的世界〔無色界《むしきかい》〕のこと。『宝慶記』での如浄禅師の言葉によれば、すべての存在を救うという誓願を発しているために、菩薩は欲望の世界のただなかで修行する。

(15) 伝統的仏教の世界観によれば、通常の人間が住む南方の大陸のこと。

(16) Kazuaki Tanahashi, ed., *Moon in a Dewdrop : Writings of Zen Master Dōgen* (New York: Norton Point Press, 1985), p.167.

(17) Burton Watson, trans., *The Zen Teaching of Master Lin-chi* (New York: Columbia University Press, 1999), p.70.

(18) 引用記号内の一文は、中国の偉大な禅匠である馬祖道一（七〇九〜七八八）の言葉。

(19) Gudo Nishijima and Chodo Cross, trans., *Master Dōgen's Shobogenzo* (Working, Surrey: Windbell, 1977), bk.3, pp.5-6.

(20) Shohaku Okumura, ed., *Dōgen Zen And Its Relevance For Our Times* (San Francisco: Soto Zen Buddhism International Center), p.39 参照。《『道元禅師シンポジウム――Dōgen Zen and Its Relevance for Our Time』所収、三四頁、曹洞宗宗務庁、二〇〇〇年》

(21) Nishijima and Chodo Cross, trans., *Master Dōgen's Shobogenzo*, bk.2, p.256.

(22) 『大般涅槃経』に出てくるセーニカ（先尼）とは、シャカムニと心／身の本性についての対話を行った非仏教徒である。対話においてセーニカは、身体を超越する永遠の自己という理論を提示しているが、のちにはブッダによって説かれたアナートマンの教えを受け入れ仏教僧侶となった。

(23) Shohaku Okumura and Taigen Daniel Leighton, trans., *The Wholeheated Way: A Translation of Eihei Dōgen's Bendōwa, with commentary by Kōshō Uchiyama Rōshi* (Boston: Tuttle, 1997), p.32.

(24) これは第六祖の別名であり、教えを説いた場所の山の名である。

(25) Norman Waddel and Masao Abe, trans., *The Heart of Dōgen's Shōbōgenzō* (Albany: State University of New York Press, 2002), p.51.

(26) 私はこの箇所と考察において、「change 変化する」「transform 変容する」などの単語ではなく、「negate 否定する」という単語を使っている。それは、種の性質は植物となる潜在能力を蓄えてはいるが、にもかかわらず種は種のダルマの位置において百パーセントの種であるからである。こうした理由で、たとえば、種を「未発達の植物」とは呼ばないし、植物を「大きくなった種」とも呼ばない。けれども「replace 入れ替わる」という単語も、種とは全く分離して種とは別の植物なるものが、種の場所を占めていくという様子を連想させ、この場合はもちろんそうではないので、適当ではない。といって、「reject 拒絶する」「deny 拒否する」といったネガティブなニュアンスを含ませたくないので、私としては、「negate 否定する」という単語が道元禅師が「現成公按」巻でのダルマの位置についての考察において意図した意味に最も近いもののように思える。

(27) Robert Thurman, trans., *The Holy Teaching of Vimalakirti* (University Park: Pennsylvania State University Press, 1976), p.31.

(28) 漢字を、日本語音の単語を音写するために使った方法である万葉仮名は、ひらがなとカタカナが発明される以前に使用された。万葉仮名と名付けられているのは、奈良時代（七一〇～七九四）に編集された日本最古の日本語の詩集である『万葉集』において、この方法が使われたからである。

(29) 如如《にょにょ》　如水中月《にょすいちゅうげつ》　水月《すいげつ》　水如《すいにょ》　月如《げつにょ》　如中《にょちゅう》　中如《ちゅうにょ》　如《にょ》　如是《にょぜ》。

(30) Nagarjuna: *A Translation of His Mulamadyamakakarika,* with an introductory essay by Kenneth Ikeda (Tokyo: Hokuseido, 1970), 2-4/8-10, p.146; 24/18, p.148.

(31) Andy Ferguson, *Zen's Chinese Heritage; The Master and Their Teachings* (Boston: Wisdom Publications, 2000), p.147.

(32) 一心一切法、一切法一心。

(33) Shohaku Okumura, trans., *Shōbōgenzō Zuimonki* (Sotoshu Shumucho, 1988), 5-12, p.178.

(34) Kōshō Uchiyama, *The Zen Teaching of Homeless Kōdō* (Wisdom, 2014), pp.96-98.《内山興正『宿なし興道法句参』八〇頁、柏樹新書、一九七五年》。本書は、内山老師が師の沢木興道老師の言葉を取り上げてそれに解説を行ったものである。本書には沢木老師の多くの引用が載っている。

(35) Ibid.《同八一頁》

(36) 摩尼珠《まにじゅ》はそれ自体透明な宝石であるが、触れるものの色に変化する。これは如意宝珠《にょいほうじゅ》とも呼ばれる。『法華経』のなかでは、観音菩薩が衆生の解脱の願いを究極的にかなえるために摩尼珠を使用するとされる。大乗仏教の多くの逸話や教えのなかに登場し、救済の方便、仏教への信心、空、相依生起などの象徴として表される場合もある。

（37） Okumura, *Shōbōgenzō Zuimonki*, 5-16, p.187.

（38） Kōshō Uchiyama, *Opening the Hand of Thought*, trans, and ed. Tom Wright, Jisho Warner, and Shohaku Okumura（Boston: Wisdom Publications, 2004）, p.xxxvii.《内山興正『いのち楽しむ――内山興正老師遺稿集』二一八頁、大法輪閣、一九九九年》

（39） By Audrey Yoshiko Seo（Boston: Weatherhill, 2007）.

（40） この一節は、禅の六祖である大鑑慧能と弟子である南嶽懐譲とが、初めて出会った時に交わされた会話の逸話であり、伝統的な公案を述べたものである。

慧能が南嶽に言った。「どこから来たのかね」。

南嶽が応えた。「嵩山より来ました」。

慧能は言った。「なにがこのように来ているのだね」。

南嶽は応えられなかった。

八年の後、南嶽は悟りを得た。彼は六祖に告げた。「私は今わかりました」。

六祖は尋ねた。「それはなんだね」。

南嶽が応えた。「それについて一言でも言えばもう的はずれです」。

六祖は言った。「修行――さとり（修証）は有るのかね、無いのかね」。

南嶽は言った。「修行――さとり（修証）が無いとは言えませんが、染汚《ぜんな》することはできません。」

六祖は言った。「染汚することができないということこそ、すべてのブッダが認め継続してきたそのことだ。おまえもそうだ、私もそうだ」。

《祖問う、「什麼《なに》の処より来たる」。師云く、「嵩山安禅師の処より来たる」。祖曰く、「什麼物《しもぶつ》か与麼《よも》に来たる」。師、語ること無し。八載《はちさい》を経る。忽然《こつねん》として省《しょう》あり。乃《すなわ》ち祖に白《もう》して云く、「某甲箇《ぼうこうこ》に会処《えしょ》あり」。祖云く、「作麼生《そもさん》」。師云く、「一物《いちもつ》を説似《せつじ》するに即ち中《あた》らず」。祖云く、「還《は》た修証《しゅしょう》を仮《か》るやまた無しや」。師曰く、「修証は即ち無きにあらず、敢えて染汚《ぜんな》せず」。祖曰く、「ただこの不染汚、これ諸仏の護念なり。吾もまたかくのごとし、汝もまたかくのごとし。」〈原漢『天聖広灯録』六五〇頁上、『卍続蔵経』一三五巻〉》

道元禅師は六祖の「それでは修行——さとり（修証）は有るのか、無いのか」という疑問に関して、「ここに修行——さとりがある」と述べておられるのである。

（41）この引用の最後の部分は、洞山良价によって示された「鳥の道」と名付けられた公案に関連している。「本来人とはどういう人ですか」という質問に対して洞山は「鳥の道も行かない人だ」と答えた。これは、鳥の道と、鳥の動きと、鳥そのものとは分離していない、ということを意味している《章末付記参照》。

（42）Okumura and Leighton, *Wholehearted Way*, pp.22-23.

（43）これは洞山の「鳥の道」の公案のもう一つの関連個所である。この公案で洞山は、鳥が「足元に糸くず一本残さない」という言い方で、固定された客観物からの助けをなにも必要としないと言った。

（44）Burton Watson, trans., *Chuang Tzu: Basic Writings*（New York, Columbia University Press, 1968）, p.23.

（45）Ibid., p.25.

（46）Ibid.

（47）Ibid., p.26.

（48）註16参照。

（49）Taigen Daniel Leighton and Shohaku Okumura, trans., *Dōgen's Pure Standards for the Zen Community*（Albany: State University of New York Press, 1995）, p.34.

（50）この話は Watson, *Zen Teaching of Master Ling-chi*, p.12 に見える。

（51）Ibid.,p.98.

（52） Ibid.,p.59.

（53） John Daido Loori and Kazuaki Tanahashi, trans., *The True Dharma Eye: Zen Master Dōgen's Three Hundred Koans* (Boston: Shambhala, 2005), p.164.

（54） Okumura, *Shobogenzo Zuimonki*, 6-7, p.207.

（55） McRae John, *Seeing Through Zen* (Barkley: University of California Press, 2003), p.61.《ジョン・マクレー著、小川隆解説『虚構ゆえの真実——新中国禅宗史』九〇頁、大蔵出版、二〇一二年》

（56） Ibid., pp.61-62.《同九〇頁》

参考文献（《　》は訳者補記）

Cook, Francis, trans., *The Record of Transmitting the Light: Zen Master Keizan's Denkōroku*（Boston: Wisdom, 2003）, pp.266-273.

Heine, Steve, *Did Dōgen Go to China?*（Oxford: Oxford University Press, 2006）section 5, pp.155-188.

石井修道　『道元禅の成立史的研究』四一五〜四八五頁、六二五〜七一四頁（大蔵出版、一九九一年）

鏡島元隆　『道元禅師』一四三〜一五〇頁（春秋社、一九九七年）

鏡島元隆　『天童如浄禅師の研究』一二二〜一三三頁（春秋社、一九七三年）

Kim, Hee-Jin, *Eihei Dōgen, Mystical Realist*（Boston: Wisdom, 2004）, pp.13-49.

松岡由香子　「道元禅師の身心脱落承当の時」（『宗学研究』三七号、一九九五年）

McRae, John, *Seeing Through Zen*（Barkley: University of California Press, 2003）p.121.《ジョン・マクレー著　小川隆解説『虚構ゆえの真実――新中国禅宗史』大蔵出版、二〇一二年》

Okumura Shohaku, trans., *Shōbōgenzō Zuimonki*（Sotoshu Shumucho, 1988）, 2-5. p.75.

佐藤秀孝　「如浄禅師示寂の周辺」（『印度学仏教学研究』三四－一、一九八五年）

杉尾玄有　「ご教示を仰ぎたき二問題――面授時脱落の事および普勧坐禅儀の書風のこと」（『宗学研究』一九号、一九七七年）

山内舜雄　『道元禅と天台本覚法門』八八〜九九頁、六四二〜六七三頁（大蔵出版、一九八五年）

訳注

〈1〉著者は「現成公按」を「Actualization of Reality」と訳す。たとえば西嶋&クロスは「The Realized Universe」と訳し（*Master Dōgen's Shobogenzo*［Working, Surrey: Windbell, 1977], bk.1）棚橋一晃は「Actualizing the Fundamental Point」（*Treasury of the True Dharma Eye*［Shambhala, 2013]）と訳した。それに対して「公按」を「reality」と翻訳することは著者の最大の特徴である。著者の考えるrealityは、内山興正師の用語における「生命の実物」のことであり、抽象的な、概念的な意味ではなく、現実の生命の「現ナマ」の働きを指す。著者の「日本語版によせて」を参照のこと。

〈2〉相依生起はinterdependent originationを訳したもの。これはサンスクリット語（pratītya-samutpāda）を英訳したもの。文字通りには相互に影響しあい生起しているものの意。漢訳では通常「縁起」と訳される。「相互に影響しあい生起するもの」という意味は、本来、「固定した個別性などは存在せず〔無自性〕」、「すべてのものは非永遠の、移り変わりのうちにある〔無常〕」ということがらと連動するものだが、「縁起」という言葉に日本人が感じる陳腐さは、そのような語義の展開を阻害してしまいかねない。そこで原著者との協議のうえ、「interdependent origination」を「相依生起」という新たな用語に当て、読者が新鮮に意識を向けてもらえるようにした。

〈3〉十二巻本『正法眼蔵』は、昭和五（一九三〇）年に石川県永光寺で発見され話題となったが、一九八〇年代後半に入ってから改めて問題とされた。それは、曹洞宗が抱える差別事象の確認とその克服を目指す過程で、差別的体質が宗門の「本覚思想」的教説のうちにあることが指摘され、十二巻本こそは、その克服を目指した「道元禅師が最晩年に認めた唯一最高の真実の考えを述べた親撰」だと主張されたことによる（角田泰隆編著『道元禅師研究における諸問題』五一頁、春秋社、二〇一七年）。つまり、十二巻『正法眼蔵』の問題は、人権問題、「本覚思想」批判ということがらと連動して考察の対象となった。その論争の中で七十五巻本が否定され、十二巻本こそが道元禅師の真の教説であるとの主張がなされ論議を呼んだ。十二巻本の問題についての討議は、前出角田（二〇一七年）のほか、『十二巻『正法眼蔵』の諸問題』（大蔵出版、一九九一年）『十二巻正法眼蔵と道元禅』（『道元思想体系』第十一巻、同朋舎、一九九五年）などにまとめられている。また奈良康明監修『ブッダから道元へ』（東京書籍、一九九二年）五・七も参照。

〈4〉 第十八偈第二句「我説即是無」は梵文原文に照らせば「我説即是空」であるべきである（『中論』下註二一九〜二二〇頁、『国訳一切経』中観部一）。第十八偈の青目《ピンガラ》の注には次のようにある。「衆因縁生法、我れは即ちこれ空と説く。何となれば、衆縁具足和合して物生ず。この物は衆因縁に属するが故に自性なし。自性なきが故に空なり。空もまたまた空、但た衆生を引導せんがための故に仮名を以て説く。有無の二辺を離るるが故に、名づけて中道となす」（原漢 同二一七頁）。

奥村正博　著作リスト

Shikantaza: An Introduction to Zazen, translation by Shohaku Okumura, Kyoto Soto Zen Center, 1985
英文で解説された「坐禅の仕方」「禅堂での作法」、また英訳の「坐禅の意義」（道元禅師「普勧坐禅儀」『弁道話（抄）』『正法眼蔵』「坐禅儀」巻「三昧王三昧」巻、懐奘禅師『正法眼蔵随聞記（抄）』『光明蔵三昧（抄）』、瑩山禅師『坐禅用心記（抄）』、大智禅師「十二時法語」、面山禅師「自受用三昧（抄）」、沢木興道老師「法語」、内山興正老師「坐禅について」）が収められている。奥村師はこれらのすべての解説、英訳、編集を行っている。のちに曹洞宗国際センターにおいて改訂され、「A Path of Just Sitting」「History and Teaching of Sōtō Zen」と僧堂での偈文類（定型の唱えごと）の英訳が加えられ、*Sōtō Zen: An Introduction to Zazen* と改題、曹洞宗宗務庁から教化資料として刊行されている。

Shōbōgenzō-Zuimonki: Saying of Eihei Dōgen Zenji recorded by Koun Ejō, translated by Shohaku Okumura. Kyoto Soto Zen Center, 1988
『正法眼蔵随聞記』（面山本、岩波文庫版）の英語訳。現在は曹洞宗宗務庁から教化資料として刊行されている。

Dōgen Zen: Practice without Gaining-mind, translation by Shohaku Okumura, Kyoto Soto Zen Center, 1988
のちに改訂し、*Heart of Zen: Practice without Gaining-mind* と改題、曹洞宗宗務庁より教化資料として刊行されている。
道元禅師『学道用心集』、面山禅師『自受用三昧』、内山老師『宗教としての道元禅（抄）』の英語訳。

Dōgen's Pure Standard for the Zen Community: a Translation of Eihei Shingi, translated by Taigen Daniel Leighton & Shohaku

Okumura, State University of New York Press, 1996
『永平清規』の英語訳。

The Wholehearted Way: A Translation of Eihei Dōgen's Bendōwa with Commentary by Kōshō Uchiyama Roshi, translated by Shohaku Okumura and Taigen Daniel Leighton, Tuttle Publishing, 1997
内山興正著『正法眼蔵弁道話を味わう』（柏樹社、一九八一年）の英語版。*Bendōwa: Talk on Wholehearted Practice of the Way* として京都曹洞禅センターから一九九三年に刊行されたものを復刊。

Sitting Under The Bodhi Tree: Lectures on Dogen Zenji's Bendowa, edited by Shohaku Okumura, Soto Zen Buddhism International Center, 2001, a collection of lectures by 7 American Soto Zen teachers including Okumura
タサハラ禅マウンテン・センターで行われた接心において奥村師を含む七人が行った講義をもとに、国際センターにおいて作成した講義録。

Nothing is Hidden: Essays on Zen Master Dōgen's Instruction for the Cook, edited by Jisho Warner, Shohaku Okumura, John McRae, and Taigen Dan Leighton, Weaterhill, 2001
永平寺より刊行された『傘松 臨時増刊号　特集 典座教訓の参究』（四二〇・四二一号、一九七八年）の英語訳。

A prime for selecting Dharma Names, compiled by Gengo Akiba, Shohaku Okumura, Kazuaki Tanahashi, Mel Weitsman, Michael Wenger, San Francisco Zen Center, Soto Zen Buddhist Association, Soto Zen Buddhism International Center, 2001
アメリカ人指導者のための法名を作成するマニュアル。

Dōgen Zen and Its Relevance for Our Time: An International Symposium Held in Celebration of the 800th Anniversary of the Birth of Dōgen Zenji, edited by Shohaku Okumura, Sōtō Zen Buddhism International Center, 2003, a collection of presentations by 10 Soto teachers and scholars including Shohaku Okumura
一九九九年に道元禅師生誕八〇〇年を記念してスタンフォード大学において行われた『道元禅師シンポジウム』での奥村師を含む発表の記録。

Dōgen's Extensive Record: a Translation of the Eihei Kōroku, translated by Taigen Dan Leighton and Shohaku Okumura, Wisdom, 2004
『永平広録』の英語全訳。

Opening the Hand of Thought: Foundations of Buddhist Practice, Kōshō Uchiyama, translated and edited by Tom wright, Jisho Warner, and Shohaku Okumura, Wisdom, 2004
内山興正老師の『生命の実物』（柏樹社、一九七一年）、『現代文明と坐禅』（曹洞宗宗務庁、一九六七年）を中心とした著作の英語版。フランス語、スペイン語、ポーランド語に翻訳されている。

Realizing Genjōkōan: The Key to Dōgen's Shōbōgenzō, Shohaku Okumura, Wisdom, 2010
『正法眼蔵』「現成公按」巻の解説書。本書の原著。フランス語、ドイツ語、イタリア語に翻訳されている。

Dōgen's Genjokoan: Three Commentaries, translations and commentaries by Bokusan Nishiari, Shohaku Okumura, Shunryu

Suzuki, Kosho Uchiyama, Sojun Mel Weitsman, Kazuaki Tanahashi, and Dairyu Michael Wenger, Counterpoint, 2011
『正法眼蔵』「現成公案（按）」巻の西有穆山、鈴木俊隆、内山興正各老師による提唱の英語版。奥村師は内山老師の提唱「現成公案を味わう」の英語訳を担当。

Living By Vow: a Practical Introduction to Eight Essential Zen Chants and Texts, Wisdom, 2012
『曹洞宗日課聖典』から「四弘誓願文」「般若心経」「参同契」などを解説したもの。イタリア語に翻訳されている。

LIFE-AND DEATH: Selected Dharma Poems by Kosho Uchiyama Roshi, translated by Daitsu Tom Wright and Shohaku Okumura, Sanshin Zen Community, 2013
三心寺創立十周年を記念して刊行された、内山老師『生死法句詩抄』の英語版。二〇一八年、高橋慈正師の写真を収録して新版が刊行された。

The Zen Teaching of Homeless Kodo, Wisdom, 2014
内山興正著『宿無し興道法句参』（柏樹社、一九六六年）の英語訳に奥村師の解説を加えたもの。イタリア語に翻訳されている。京都曹洞禅センターから一九九〇年に刊行されたものの新訳（新訳原本は、二〇〇六年、大法輪閣版）。

Zen of Four seasons: Dōgen Zenji's Waka, translation and comments by Shohaku Okumura, Dōgen Institute, 2014
『道元禅師和歌集』から四季についての和歌十四首を選んで、英語訳したものに奥村の解説を加えたもの。Dōgen Institute は三心寺内にあり、奥村師がこれまで行われた講義などを随時編集、出版、あるいは画像を公開する機関。

Handbook of Zen, Mindfulness, and Behavioral Health, Akihiko Masuda, William T. O, Donohue Editors, Springer, 2017

『今を生きるための般若心経の話』所収の「只管打坐の道」のもとになったエッセイ「The Path of Just sitting」を寄稿。

Deepest Practice, Deepest Wisdom: Three Fascicles from Shobogenzo with Commentary, translated by Daitsu Tom Wright and Shohaku Okumura, Wisdom, 2018

『正法眼蔵』「有時」「諸悪莫作」「摩訶般若波羅蜜」巻についての内山老師の提唱の英語訳。奥村師は「摩訶般若波羅蜜」巻の提唱を担当。

The Mountains and Water Sutra: A Practitioner's Guide to Dōgen's "Sansuikyo", Shohaku Okumura, Wisdom, 2018

『正法眼蔵』「山水経」巻の解説書。

Boundless Vows, Endless Practice: Bodhisattva Vows in the 21st Century, Sanshin Zen Community, Dogen Institute, 2018

三心寺創立十五周年記念出版。奥村師が序文として初期曹洞宗の祖師方と内山老師の誓願について書かれ（Original Vow and Personal Vow）、師の弟子十人が同じテーマで書いた文集。

『今を生きるための般若心経の話』（港の人、二〇一八年）

奥村師初の日本語単著。一九八六年から行われた「東西の会」での講義をまとめたもの。

Squabbling Squashes: By Carol Lingman & Shohaku Okumura, Illustrated by Minette ‘うち Mangahas, Wisdom, 2021

内山老師が『生命の実物』で紹介された、カボチャの絵をもとに絵本にしたもの。

Ryokan Interpreted: by Shohaku Okumura with Tonen O' Connor.
奥村師の良寛詩についての講義をもとにした解説と、Rev. Tonen O' Connor 師のエッセイ、Rev. Hoko Karnegis 師の越後での写真、Rev. Tomon Marr 師のアートワークをまとめたもの。二〇二一年九月に Dogen Institute より出版予定。

Dogen's Shobogenzo Zuimonki: the New Annotated Edition also including Dogen's Waka Poetry with Commentary, Eihei Dogen, translated and introduced by Shohaku Okumura.
長円寺本『正法眼蔵随聞記』の翻訳と注釈に、道元禅師の和歌の英訳・解説をあわせたもの。二〇二二年春に Wisdom より刊行予定。

日本語版によせて――あとがきに代えて

一　序文

宮川敬之師が翻訳してくださって、拙著 *"Realizing Genjōkōan"* が日本の人々に読んでいただけることになったことを有り難く思っています。「現成公按」は、高校生の時に初めて読んで以来、五十年以上親しんできた、と言うよりも、私の生き方を導いていただいた指南書です。日本で生まれ、日本で仏教を学び、日本の伝統の中で坐禅修行をさせていただいたにもかかわらず、内山老師が私の二十六歳の時に引退されて間もなく渡米し、成人してからの人生ではアメリカでの生活の方が断然長くなりました。日本の人々にお返しをすることがほとんどなく老人になってしまいましたので、拙いこの本ですが、少しでも、日本の伝統の中だけでは見えてこなかったものを、お知らせできていれば幸いに存じます。

この本は、原著の序文に書きましたように、二十年以上前の講義のトランスクリプションをもとに加筆訂正し、多くの人々の協力をえて、二〇一〇年に出版されたものです。宮川師の翻訳作業をお手伝いする過程で、いくつもの不備が見つかり、訂正できるものは訂正させていただきました。この機会を得たことに感謝します。だいぶ前に書いたものですので、誤りというよりも、現在の私の理解とは違っている部分もあり、今の私の理解に基づいて書き直したいという気もしましたが、それは、時間的、体力的に無理ですし、その時の私の理解の仕方をまとめたものとして、明らかな誤り以外は原著のまま翻訳していただいた方がいいと思い直しました。ただ二点だけ、述べさせていただきます。「生命実物」という内山老師の基本用語についてと、「身心脱落」について近年考えていることです。

二 「生命実物」について

「生命実物」と言う表現は師匠の内山老師のお言葉をお借りしました。英語の原著では、ほとんどの場合、Reality あるいは Reality of Life という表現を使いました。内山老師は「法」、「仏法」の話をする時に「生命実物」あるいは「ナマの生命」という表現を使われていました。そして、この「実物」は英語に訳す時は Reality とする他はないだろうけれども、英語の Reality では、本当の意味は伝わらないと言われていました。

後年の老師のご著書や提唱では、いちいち意味を説明することなく頻繁にこの表現を使っておられました。老師の学人として、不注意に聞いていると、「生命の実物」という言葉さえ使えば、仏法や坐禅修行について何か言っているような気になる危険性を感じていました。しかし、拙著が日本語に訳され、私が英語で使った Reality が、「生命実物」と訳され、しかもそれが一冊の本の中で三百回以上も使われていることに愕然としました。老師は『正法眼蔵現成公案を味わう』〈柏樹社、一九八七年〉の中で、道元禅師の基本語である「仏法」を、宗門の伝統では、意味を吟味することなく、符牒のように使用されてきたことを嘆いておられますが、私自身が老師の基本語である「生命の実物」について正確な意味を吟味することなく、オールマイティな、しかしその故に、ほとんど意味のない言葉として乱発しているのではないかと反省させられました。それで、老師がどのようにして「生命の実物」という表現を長年の坐禅修行と仏法の参究、綿密な思索のすえに作り出されたのか、それを私自身はどのように理解しているかを簡略に書かせていただこうと思います。

老師は十代の頃に「真実」というテーマでご自分の人生を生きたいと決心されました。「真実」とは何かを探究するために大学で西洋哲学を学び、神学校で哲学と数学を教える傍らキリスト教神学を学ばれ、そのあとで、「自己」を究明するために沢木興道老師について出家得度されました。その時点ですでに仏教は自己を究明し、自己を拠り所とし、自己に安らう宗教であることを理解しておられました。その点では一生、ぶれることはありませんでした。

出家後十年ほどは苦悩の時を過ごされましたが、沢木老師の「仏法は無量無辺。小さなお前の思惑を、物足りさすもので、あろうわけがない」という言葉で、「坐禅はサトリを『手籠め』にしたいという『思い』の手段となるべきではなく、かえって、坐禅とは本来『手放しの身構え』である。それでこの『無量無辺』を『無量無辺』ならしめる『手放しの身構え』に、ただまかせてゆくことが坐禅というものであり、また真実の自分というものでなければならない。つまり『私が坐禅する』のではなく、『坐禅で私をする』ことこそが、真実というものなのだ」と決着されたのでした。一九六五年に刊行された老師の最初の著書である『自己』の序話に書かれているこのことが、その後の老師の教説の根幹になるものであり、全体の構造を言い止めたものでした。

「無量無辺の仏法」と、「物足りようの思いを手放しにする身構えである坐禅」、それがそのまま「真実の自分」であること、「坐禅で私をする」こと。沢木老師の指導と、戦中戦後の貧しく困難な修行生活のなかで、実践し、決着されたこの真実を、他の人々にわかるように表現し、次の世代に伝えたいというのが、それ以降およそ四十年の老師の生涯の誓願であり、実践されたことでした。そのことはその後の老師の著作を読めば理解できます。

『自己』が出版された一九六五年の十二月に沢木老師が遷化され、四十九日間の接心葬のあと、十年間と期間を限定して安泰寺の堂頭になられた一九六六年、『正しい坐禅のすすめ——ほんとうのホトケさまをする仕方』という小冊子を執筆され、これから安泰寺で修行してゆく坐禅の意味と坐り方を鮮明にされました。この著作の中で、道元禅師の「坐禅は自己の正体なり」（『随聞記』）という言葉の現代的表現として「自己の実物」「自己の生命の実物」という表現が初めて使われました。その後も思索を重ねられ、数作の著作を書かれた後、一九七一年に出版された『生命の実物 坐禅の実際』〈柏樹社〉のなかで、「生命の実物」という表現が老師の教説の基本語として確立され、それからは、ほとんど説明なしに、この表現が縦横無尽に使用されることになりました。一九八七年の『現成公案を味わう』では、四文字熟語「生命実物」となり一冊の本の中に百五十回以上使われています。

「生命の実物」という表現の意味を考えるときに、まず確認しておかねばならないのは、この言葉は、老師が坐禅修行で体験されたことを、どうにか他の人々に伝え、理解してもらい、そして、同じ態度で修行してもらうことができるようにとの願いから、長年の思索の上で生み出されたものだということです。つまり、「行」から生まれた「行」についての表現であり、人々に「行」ずることを勧めるための表現だということです。この点で、学者が研究室で昔の文献を読み、それを辞書を片手に現代語に訳そうとする作業とは根底的に違います。むしろ、釈尊の菩提樹下の経験を、五比丘を教化して以降、相手に応じて言語化されていかれたのと似ています。

「自己の生命の実物」の反対語は「自己の生命の非実物」ということになりますが、「非実物」というのは、「物足りようの思い」を根底に持つ思量分別によって掴まれた「実物」についての「概念」や「観念」であり、いわば「干物」のようなものです。それに対照させて「生命の実物」は、「アタマ」で料理される前の「ナマの生命」とも呼ばれます。こうした意味で「生命の実物」を理解すると、坐禅とは「アタマ」の「オモイ」によって、加工され、「概念」になってしまった「自己」を手放しにして、「ナマの生命」としての自己に帰ることになります。

普通の多くの「概念」はその「反対概念」の否定であり、反対概念とは相対的な関係にあります。一方が正しければ、もう一方は間違い、一方を実行している時にはもう一方を実行することは不可能です。ただ坐禅という「行」の表現としての「生命の実物」がそういう具合に一筋縄でいかないのは、「生命の実物」には、人間の能力として「アタマ」の「オモイ」を使って、経験することを「概念化」する能力も含まれていて、それらを単純に撲滅することによって「実物」が現れてくるというわけにはいかないことです。「非実物」化する能力も、「非実物」である「概念」や「言葉」も「実物」の一部分だということになります。それらを無くしてしまえば、「実物」が回復できるとは言えないのです。

もう一つは、「アタマ」の「オモイ」を使って「何か」対象物を分別し、概念化しているときには、観察者（主観）と「観察する」という動作と「被観察物」（客観）とその結果得られる「知見」とは別々のものです。ところが、坐禅という「行」の中では、それらは全部「生命の実物」として一つなのです。しかし、「実物」は「非実物」ではないということになります。「実物」には「非実物」も含まれるが、「非実物」は「実物ではない」という「アタマ」では考えにくい構造を持っています。伝統的な仏教語でいえば不一不二です。

これが、『普勧坐禅儀』で言われる、「兀兀坐定、思量箇不思量底。不思量底如何思量。非思量。（兀兀と坐定して、箇の不思量底を思量せよ。不思量底如何が思量せん。非思量。）」で表現されている自己の正体としての坐禅の構造なのです。

坐禅の行の中での「思い以上の自己」を「自己の実物（正体）」と呼び、「思い」がありながら「思いによって対象としてつかまれた自分」と区別されるだけではなく、坐禅以外の、例えば典座やそのほかの日常の行動をしている場合にも、また生まれてから死ぬまで人間として生きる一生の生きる態度の中にも、これと同じ構造があることを示すために「自己の実物」だけではなく、「生命の実物」を付け加えられたのだと思います。「現成公按」巻のなかで、「以水為命しりぬべし、以空為命しりぬべし。以命為鳥なるべし、以命為魚なるべし。」とある

「鳥」や「魚」が自己に当たり、「命」が生命に当たります。「水」や「空」は自己が生きる世界です。自己は具体的な身体と心を持っていますが、生命は形のないものです。身心を持つ自己がかたちなき生命を生き、形無き生命が具体的な自己、鳥、魚としていまここに生きています。それは、水や空の環境世界とも不可分な生命です。

区別されるけれども全体が一つとして働いているという、やはり不一不二の構造があります。

典座の場合は、「竟日通夜《ひねもすよもすがら》、物来って心にあり、心帰して物にありて、一等に他と精勤弁道す」〈『典座教訓』『全集』第六巻六～七頁〉と言われます。台所という世界の中で、典座と典座の仕事と、食材、水、火、鍋、釜などとは個別でありながら一つのものとして働きます。そして料理した食べ物を食べる人たちも、叢林の構成員として一つの生命です。個別でありながら、一つである、ここにも不一不二の構造があります。

この不一不二の構造は、『法華経』「方便品」に出てくる「諸法実相」から取り出されたものだと私は理解しています。諸法実相は、十如是（相、性、体、力、作、因、縁、果、報、本末究竟等）と表現されます〈『法華経』上、六八～六九頁、岩波文庫、一九六二年〉。最初の五つは、個別者の特徴です。一つ一つが違った、姿、性質、からだ、エネルギー、働きを持っています。しかし個性的な存在は実体がなく、時間的（因、果）、空間的（縁、報）な繋がりの中でしか存在することができません。最後の「本末究竟等」というのは、最初の「相」から、第九番目の「報」までの項目が別々のものではなく、全体的に一つのものとして働いているということです。

道元禅師は『正法眼蔵』「諸法実相」巻のなかで、諸法の実相とそれを究尽する諸仏の関係、個別の存在である諸法と実相との関係、諸法の個物同士の関係、因縁果報の時間、空間の中での関係がそれぞれみな不一不二だと言われています。「生命の実物」とは、これら全ての不一不二の関係のことを言われているのだと私は理解しています。「現成」と「公按」との不一不二の関係も同じことです。

三　身心脱落について

Realizing Genjokoanを書いてから後のことですが、道元禅師の「身心脱落」は釈尊の正覚の体験、大乗仏教の空観と真っ直ぐに繋がっているのではないかと考えるようになりました。

パーリ・ニカーヤの相応部経典「羅陀相応」の「摩羅」(増谷文雄編訳『阿含経典』第二巻二一八頁、筑摩書房、一九七九年)というスッタで、釈尊は魔(マーラ)とは「五蘊」のことだと言われています。そして、同じ相応部「蘊相応」「味い《ママ》(I)」(同四四頁)というスッタでは、まだ正覚を実現しない求道者であったころ、このように考えた、と言われています。

「かの色《しき》(肉体)によって生ずる楽しみや喜び、それが色の味いである。だが、その色は、無常であり、苦であって、変易《へんやく》するものである。それが色の禍《わざわ》いである。そこで、その色において、欲のむさぼりをさり、欲のむさぼりを断つ。これが色から脱出する道である。」

五蘊の一々について同じことを繰り返されました。しかし、「五蘊(五取蘊《ごしゅうん》)について、このように、その味わいはこれこれであり、その禍いはこれこれであり、また、それらから脱出する道はこれこれであると、あるがままに知るにいたらなかった間は、わたしは、最高の正等覚を実現したとは称さなかった」。そして、「それらをあるがままに知るにいたった」とき、「最高の正等覚を実現したと称した」と言われました。(同四六頁)

五蘊が五蘊自身に執著しているとき「五取蘊」とよばれ、それがマーラです。そして五取蘊の味わい、禍い、脱出について、「ありのままに知る」に至ったときに正等覚を実現したと言われたのです。釈尊はその経験によってマーラを降伏し、仏陀となられたのですが、マーラである五蘊を殺してしまわれたわけではありません。そのあと、四十年間衆生教化をされる間、釈尊の身心(五蘊)として釈尊ご自身だったのです。その違いは欲が脱落し「五取蘊」（非実物）がただの「五蘊」（実物）として働くようになったということです。

そして、同じく相応部「蘊相応」の「泡沫」というスッタでは、五蘊はどれも、聚沫《しゅうまつ》、水泡、陽炎《かげろう》、芭蕉の木、魔術のように見掛けだけのもので、実体もなく、本質もないと言われました（同一七九頁）。これは、『般若心経』の「照見五蘊皆空、度一切苦厄」と全く同じことを言われたのです。五蘊を空とみることによって、「五取蘊」がただの「五蘊」になったのです。つまり大乗仏教の『般若心経』の空観は、釈尊の教えにすでにあったけれども、部派の「アビダルマ仏教」では忘れられていたことを再発見したのだと言えると思います。

そして、道元禅師の「身心脱落」の身心は、要するに五蘊のことです。これも、五取蘊であった身心から取（執著）が脱落して、空であるただの五蘊にかえり、五蘊として働くようになったのです。この場合、五取蘊が「物足りよう」のオモイでつかまれた身心であり、脱落することによって五蘊としての実物に帰ったということなのだと今では理解しています。ですから、釈尊の正覚から、大乗の空観を通して、道元禅師の身心脱落、内山老師の「生命の実物」は、一本の糸で結ばれているのだと現在では考えています。

二〇二一年七月一日

奥村正博

訳者解説――「世界基準」の『正法眼蔵』

本書は Shohaku Okumura *"Realizing Genjōkōan――The Key To Dōgen's Shōbōgenzō"* Wisdom Publications, 2010. の全訳である。

著者の奥村正博師は、一九四八年大阪府に生まれ、一九七〇年二十二歳のときに内山興正師の弟子の曹洞宗僧侶として出家得度、一九七五年二十七歳のときに渡米以来、三十年以上にわたってアメリカで坐禅の実践と指導、道元禅師の著作の英語への翻訳と解説に尽力されてこられた方である。その半生については、本書の序文や第十一章などをお読みいただきたいが、さらにくわしく知りたい方は、奥村師の初の日本語単著である『今を生きるための般若心経の話』（港の人、二〇一八年）所収の「只管打坐の道　私の歩み」をおすすめする。率直な言葉でおだやかに語られているその半生は、語り口とは対照的に峻烈・強靭であり、読む者を深い沈思と静かな解放に導くものである。

奥村師の業績については、さきの『今を生きるための般若心経の話』巻末の著作一覧を元に、加筆して本書に転載させてもらったのでぜひご覧いただきたい。英語で上梓された著作の数は二十冊以上にのぼり、そのいくつかはフランス語・ドイツ語・イタリア語・ポーランド語などにも翻訳されている。奥村師はまた欧米圏に二十人以上の僧侶の弟子を育てられ、内山師から継承された「思いの手放し」を実践する坐禅を、世界中の坐禅修行者とともに行じ、伝えておられる。曹洞宗北米開教センター（現・曹洞宗国際センター）初代所長を十二年勤められたあと、現在はアメリカ中西部のインディアナ州ブルーミントンにご自身が二〇〇三年に開かれた三心寺(Sanshin Zen Community)にてご住職を勤められ、副住職の法光・カーネギス師と分担しながら、毎日の坐禅修行や日曜日ごとの法話のほか、一日に十四炷の坐禅と経行だけの接心を年に五回、『正法眼蔵』の一巻を参究する英語での眼蔵会を年に三回行われている。新型コロナのパンデミックが続く二〇二一年七月現在、三心寺は閉鎖されているが、接心や眼蔵会はパソコン上のZoomを使ってヴァーチャルに行われて、昨年十一月の眼蔵会では世界各国から百名近い参加者が聴講した(私も聴講させていただいた)。また、奥村師がこれまで行われてきた講義などを随時編集、出版、あるいは画像を公開する機関として三心寺内に「道元禅師研究所(Dogen Institute)」が設立され、メンバーによって運営されている。これらの三心寺での活動については、くわしくは三心寺ホームページ(http://www.sanshinji.org/)をご覧いただきたい。ここには奥村師ご自身による日本語のブログもあり、師の近況をうかがうことができる。

このような奥村師の活躍は、しかし、日本ではほとんど知られていない。これまで日本語で上梓された単著も、上述の『今を生きるための般若心経の話』だけである。奥村師の言葉が日本語の著書として発表されることは、今までほとんどなかった。本書『「現成公按」を現成する』は、奥村師のこうしたアメリカでの三十年以上の坐禅辦道と、英語による道元禅師の著作の読解解説の努力が結実した労作であり、道元禅師の教えの基本構造を解き明かし、正法眼の蔵《くら》を開く鍵となる、文字通り師の主著といえる。原著前言冒頭、太源・レイトン師は「この著作は宝である」と最大級の賛辞を述べたが、その評を証明するように、二〇一〇年の発刊以来すでに世界的に高い評価を得て、フランス語・ドイツ語・イタリア語にも訳されている。今回、拙訳を上梓する運びとなり、奥村師の主著が日本語圏へ還流するようになったことは、大きな喜びとするところだ。

本書の特徴をあえて一言で言えば、「世界基準」の『正法眼蔵』を提示していることだと言えるだろう。十三世紀の日本語で書かれた『正法眼蔵』を現代の世界語である英語に翻訳し、読解する、その基準を与えている、という意味である。それについて、つぎの五つの点を挙げることができる。

A　坐禅の実践と修行の実際に照らして読解している。
B　その坐禅のやり方は、内山老師から伝えられた「思いの手放し」を行うものである。
C　異文化者にも理解できるよう、『正法眼蔵』の語彙をふくむすべての仏教用語を分解解説し、首尾一貫して理解できるように英語で再構成している。
D　その再構成の際、異文化の坐禅修行者たちと共に、読みあい、一語一語検討を行っている。
E　これらの成果を英語によって発表し、世界に発信している。

『正法眼蔵』を英訳し解説しているという点から見れば、本書できわだって見えるのはまずCの点である。たとえば第二章、第三章では、初期仏教における「縁起」「無常」「無自性」、大乗仏教における「空」「諸法実相」、道元禅師の著作における「正法眼蔵」「現成公按」「身心脱落」まで、それぞれの用語が示すことがらを、仏教を知らない異文化者にも理解できるよう、分解し、解説している。この分解と解説の明晰さ、わかりやすさには、誰もが驚くことだろう。それは陳腐さに陥らず、言葉と体験の新鮮な断面を、われわれに見せてくれているからである。たとえば『正法眼蔵』の最も伝統的な『正法眼蔵抄』詮慧注の一節を敷衍して、「現成公按」の「公」と「按」を納得できるようにかみくだいて分析し、それを解釈の基盤に置いて全編を読解されている点は、これまでの汗牛充棟の如くある日本の『正法眼蔵』解釈書のなかにも類を見ず、私自身翻訳をしながら驚嘆し続けた。そのように本書の解説は、仏教に慣れ親しんでいるはずの日本人こそ読むべきものだと思える。異文化者にもわかるように述べられた本書の具体的かつ明確な解釈の「世界基準」は、仏教の漢語を「わかったつもり」でごまかし、お茶を濁しがちな日本のわれわれにとって、非常に新鮮な刺激を与えてくれるからである。

こうした解説の明晰さ、わかりやすさを奥村師が獲得できたのは、異文化の坐禅修行者との読解であり、質疑応答であった。それがDの点である。原著前言で太源・レイトン師が述べ、また『今に生きるための般若心経の話』の序で藤田一照師が証言しているように、奥村師は「英語を母国語とする坐禅修行者たちと翻訳チームをつくり、原文の詳細なニュアンスを彼が英語でできる限り正確に説明し、共同の議論を通して原文についての共通の理解を得てから、訳文を選んでいくという実に気の長い地道なやり方をずっと実行してきた」(同一二頁)。こうしたDのやり方を持続して、Cの解釈の基礎とされていることには、やはり驚かざるをえない。奥村師の、訳文を検討する際のねばり強さ、誠実さは、太源師も原著前言で驚きと共に報告されている。さらに本訳書へ寄稿して頂いた「日本語版によせて」でも、訳語を正確に伝えようとする誠実さと情熱を見ることができる。

こうした成果がまとめられて、原著はEのようにして発表された。そこには詳細な注釈、参考文献、語彙集(本訳書では割愛した)が付けられ、専門研究者の読解にも耐える学問的強度を備えて、世界に発信されているのである。

このような「世界基準」の提示は、だが、文字の解釈にとどまるものではない。本書はなにより、奥村師自身の坐禅修行の実践を根底にして発出し、そしてそこにもどる形でなされているからである。本書序文で奥村師は次のように言われている。

> 結局のところは、(中略)道元禅師の著述を、自分自身の坐禅と日々の修行の経験を助けとして読まなければなりません。これが、私が「現成公按」巻を理解してきた方法であり、みなさんとここで共有しようとして

いる読み方です。

本書の基本姿勢が、坐禅修行から発し、坐禅修行へもどること、すなわちAの点であることが、ここで明言されている。奥村師は自らをあくまで「坐禅修行者（zazen practitioner）」と認じ、その姿勢をゆるがせにしない。本書はそのように、まずは実践書として提示されているのである。このような本書の根本的態度は、奥村師へつながる法系である、沢木興道師――内山興正師へと次第する、坐禅の行を根底にしながら学問的強度をもって一般にわかりやすく伝える実践を行ってきた家風として、受け継がれたものである。だから奥村師の坐禅修行は、沢木師から内山師を通って奥村師に至るまでの少なくとも百年以上の、坐禅に没頭し、すべてをそこからはじめ、すべてをそこに帰る家風の伝統を担ったものと言えるのである。それがBの点である。この坐禅から始まり坐禅に返す解釈こそ、『正法眼蔵』解釈の「世界基準」として最も世界に伝えなければならない点であるが、本書はその点においても成功している。こうして本書では、『正法眼蔵』の解説が、坐禅修行の実践書として提示され、説明が明晰で具体的でわかりやすく、しかも学問的強度をもちあわせて、英語によって世界に発信されている。本書のこれら一つ一つの特徴が同時に備わっていることがどれほど奇跡的なことであるのかは、世に満ちている多くの『正法眼蔵』の解説や翻訳と比べてみるとき、容易に明らかとなることだろう。

このように本書は、「世界基準」の『正法眼蔵』を提示している。この「世界基準」とは、「世界への基準となる読解（Standard reading to the world）」という意味である。しかしAの点を基本姿勢として貫くことで、本書は「世界基準」のもう一つの意味も実現しているのである。それは、「世界を基準とする読解（Reading from the Universe as standard）」というべき意味である。後者における「世界」とは、われわれがそれぞれに影響しあい、すべてのものと相互に関連しながら一つの世界を生きている現実そのものを指す。奥村師はこの後者の「世界」を「Reality（生命実物）」と呼び、また、「Interdependent origination（相依生起）」とも呼ばれている。私たちは、相依生起（縁起）する生命実物（現実）に生きている。しかし、自分たちの知覚でもってそれを都合よく分断し、自分を主人公にして、自分の価値によって善悪を分かって、それを現実としてしまっている。坐禅は、「思いの手放し」を行って、この相依生起の生命実物、すなわち「世界」にすでにつながっている自己を実現することである。そのように「世界 the Universe」を基準とする読解という意味でも、本書は「世界基準」としての『正法眼蔵』を提示していると言えるのである。

ここで注意したいのは、『正法眼蔵』を、あるいは禅の文献を、こうした一体的な「世界」を基準において読解するというのは、実はかつてから行われてきた、ある種伝統的な読み方であるということだ。一体的、全体的な「世界」は、沢木師や内山師も「天地とぶっつづき」「生命の実物」「仏のおんいのち」などと言われ、自身の坐禅修行や『正法眼蔵』解釈の核として語られてきたものである。したがって一体的「世界」を基準にして読解すること自体は奥村師の解釈の独自性ではない。奥村師の独自性はむしろ、こうした解釈に対するある種の抑制にある。奥村師は、この一体的な「世界」を基準にしながらも、一体的「世界」そのものは必ずわれわれの知覚を超えていて、客観的対象として捉えることができないことを強調している。なぜ捉えられないのかと言えば、われわれがすでにその「世界」の一部である以上、客観的な視点を得ることができないからだ。奥村師はつぎのように言われている。

私たちは移ろいゆく、小さい人間存在であるために、生命実物の真のすがたである全体性を対象として見ることはできません。この生命実物の内部で生まれ、生き、死んでゆくために、それを内側から見ることしかできないのです。生命実物の内側に位置しているために、自分の個人存在によって隠されている部分を見ることはできません。（中略）／とはいえ、私たちには以前に見たことがらを記憶する能力がありますので、それらを、現在見ているものと総合していきます。こうした具合に私たちは三六〇度の視覚を映し出す心理的画像を作り出すことができるのですが、これと同じようにして、全体的生命実物についての自分たちの考えの心理的画像を作り出すことが可能になるわけです。しかしながら理解しておかなければならないのは、このようなイメージは、われわれの心のうちでわれわれが作り出した、世界についての心理的画像にすぎないのだということです。（中略）全体が一つだと見えたときに、それも分別する視覚であり、心理的構築物にほかならないと見ることが、真の生命実物を見始めることなのです。私たちが迷っているのだと見ることそのことが、われわれの生の真の生命実物を見る智慧なのです。

奥村師はこのように、われわれが「世界」の内部にいること自体が、「世界」全体を見ることができない理由であることを説明されている。これは二つの抑制という点で独自性を持つ。一つは、一体的「世界」の不可知性を超越性や神秘性へと安易に読み替えることを抑制している点。もう一つは、一体的「世界」の知覚を獲得したという劇的な体験（つまり「さとった」という体験）を、体験すること自体をも抑制している点である。一体的「世界」を基準にしながらも、それとの同化と特化を安易に認めない奥村師のこうした強い二重の抑制は、異なった宗教を掲げる武力衝突（一体的「世界」の複数の主張）や異なった主義と人種による衝突（「普遍」についての複数の主張）が日常的に起こっている欧米圏でのリアルと、さらに禅仏教の第二次大戦下での戦争協力の反省を踏まえたものであるだろう。奥村師はこの二重の抑制によって、一体的「世界」は、修行によって獲得すべき「目標」としてではなく、すでにわれわれがそこにいるが、知覚はできず、行為によって具体的に生きるべき大地＝基準として見るようにくりかえし主張されているのである。本書における真の独自性とは、こうしたわれわれの世界―内―存在性と、そのことによる不可知性とを示し、自分中心の逆倒した見方を「正見」にもどすために「思いを手放しする」ことを仏教徒としての行のありかたとして定めたところにある。そのことによって個別性と全体性との二側面を持つわれわれが、その両方を「健全に」生きる道をガイドしているのが仏道であると、言われるのである。それがもう一つの（そして真の）「世界基準」の意味するところだが、同時にそれは「現成公按」の意味、さらに「正法眼蔵」の意味でもあると論じられている。十年以上前の著作にかかわらず、この洞察は今回の新型コロナ・パンデミックの世界的混乱と衝突のありように完全に照応するように思える。そのような「現実的な意味」の提示こそ、本書の真髄であると思われるのである。

私が奥村師と初めてお会いしたのは、大本山永平寺に安居修行中の三年目に、海外研修僧として三か月間アメリカに派遣してもらった二〇〇〇年の時までさかのぼる。当時奥村師は北米開教センターの所長であられ、アメリカ各地の禅センターにて接心を指導されていた。私はペンシルベニア平等山禅堂での五日間接心に参加させていただいた折、奥村師の英語での法話《ダルマ・トーク》を初めてお聞きし、英語日本語の違いを超えて言葉が直接身体にしみこんでくるような、非常な感銘を受けた（お話は、良寛さんの和歌と托鉢、無所得の坐禅についてであった）。以来、奥村師の著書は機会があるたびに購入していたし、師の眼蔵会にいつかは参加したいと長年念願し続けていたのである。はるか後年、二〇一八年にようやくその機会を得て、友人たちと四人でアメリカへ行き、念願の三心寺眼蔵会に参加させて頂いた（講本は「春秋」巻であった）。その際、奥村師に直接、本書の翻訳の許可を願い出た。この前年に私は本書の原著を購入していて、著述の綿密さ、明晰さ、そして画期的な説明に驚いていたからである。とはいえ実のところは、自分が翻訳者の任に堪えるとは到底思えず、その時まで、だれかが翻訳してくれないだろうかと他人頼みにしていたのである。しかし三心寺で、七十歳を超えてもたゆまぬ歩みで英語での読解に挑まれている奥村師の辦道のお姿を間近に見て、私もまた、自分の辦道として翻訳をしたいと願うようになっていた。奥村師からその場で快諾を頂いて、私は本書を翻訳することになった。

帰国後早速翻訳にとりかかったが、力不足のうえに日常のあれこれに時間をとられ、一年たっても三分の一くらいしか訳せなかった。このままずるずるとしてはダメだと思っていた矢先、思わぬ事態が出来した。二〇二〇年、新型コロナウイルスの世界的流行である。非常事態宣言が発令され蟄居が強いられる中で、改めて本書の翻訳に向かった。翻訳のあいだは世界中の混乱をこの時ばかりは忘れ、奥村師の声だけに浸る豊かな時間となった。集中して翻訳を進めた結果ようやく第一稿を訳了し、奥村師にメールで送って、検討をお願いすることができた。「日本語版によせて」のなかで、奥村師は「翻訳のお手伝い」をしたと言われたが、実際は「お手伝い」どころか、私が翻訳者とクレジットされることが恥ずかしいほどの徹底的な訂正・修正を頂いたのである（各章における奥村師の日本語版付記は、このとき加筆されたものである）。師の「大斧」によって、素人の生硬な和訳文がようやくこなれた日本語になった。原著者に多大な負担を掛けた私は翻訳者として失格であり、慙愧に堪えない。本書の翻訳と、直接のお教えは私にとって、僧侶としての骨格をあらためて造り上げていただくほどの修行となった（朱で真っ赤になって送られてきた原稿は私の宝物である）。奥村師にはどのように感謝しても足りない。ありがとうございました。たいへんなご負担をかけたが、この翻訳が、奥村師が改めてご自身の著書を細かく点検され、加筆・訂正する機会となったならば、それは素直にうれしい。そしてなにより、世界中で読まれている原書の改訂・決定版が日本語版の本書となり、日本の読者に届けられるのは誇らしいことである。とはいえもちろん、本訳書の不備は全て私の責任に帰するものである。

編集では春秋社の佐藤清靖氏・柳澤友里亜氏を煩わせた。この世界的に困難な状況の中、出版を決断され、陰になり陽になりお支え頂いたことに深甚の謝意を表したい。南直哉師、藤田一照師、岩橋央明師、和久野賢正師、木村就芳師、木堂岬氏、鈴木龍太郎氏には通読をしていただき、貴重なご助言を頂戴した。南師と藤田師は奥村師をよく知る方々であるので、推薦の辞も頂戴した。石上公望師にはZoomで『正法眼蔵』素読会を主宰され、私も参加させてもらい、修行者方と会えない中でも刺激と激励を毎週頂いた（これは現在も続いている）。宇野全智師には関係論文の探索と送付を何度もお願いした。岩垣英雄師にはパーリ語原語の調査を行っていただいた。そしてお寺のスタッフは私の翻訳の時間を作ってくれるために仕事をいろいろ肩がわりしてくれた。お寺の檀家さんは変わらずお寺を支えて下さった。その他多くの方にご助力を頂いた。それぞれ衷心からの謝意を申し上げる。最後に家族へ。朝から夜中までカビくさい本に埋もれて原稿と格闘しているふしぎな夫／父を、しずかに見守っていてくれてありがとう。

「世界基準」の『正法眼蔵』へ参加・実践しようという方たちへ、本書が届くことを切に願っている。

二〇二一年七月

宮川敬之

「現成公按」を現成する
――『正法眼蔵』を開く鍵

2021年9月30日　第1刷発行

著　者――――奥村正博
訳　者――――宮川敬之
発行者――――神田　明
発行所――――株式会社　春秋社
〒101-0021　東京都千代田区外神田2-18-6
電話　03-3255-9611（営業）
03-3255-9614（編集）
振替　00180-6-24861
https://www.shunjusha.co.jp/
装　画――――今尾栄仁
装　幀――――本田　進
印刷・製本――萩原印刷株式会社

定価はカバーに表示してあります。
ISBN 978-4-393-15230-0

著者略歴

奥村正博（おくむら しょうはく）

曹洞宗僧侶。アメリカ合衆国インディアナ州 三心寺住職。曹洞宗北アメリカ開教センター（現・曹洞宗国際センター）初代所長。

1948年、大阪生まれ。1970年、紫竹林安泰寺で内山興正老師より出家得度を受ける。1975年に渡米。1981年までパイオニア・バレー禅堂創立にかかわる。その後、日本に帰国し、京都禅センターにて坐禅の指導、道元禅師や内山興正老師の著書の翻訳を始める。1993年に再渡米、ミネソタ禅センター主任教師を務めた後、1996年、三心禅コミュニティを創設、2003年インディアナ州ブルーミントンに三心寺を創設する。「正法眼蔵随聞記」「永平清規」「永平広録」、内山老師の著書の英訳、英語による仏典の解説書など、多くの著書・訳書をもち、それらの一部は、フランス語、イタリア語など各国語に翻訳出版されている。

訳者略歴

宮川敬之（みやがわ けいし）

曹洞宗僧侶。鳥取県天徳寺住職。

1971年、鳥取県生まれ。東京大学大学院人文社会系研究科博士課程修了。大本山永平寺に安居修行。主な論文に「中国近代佛学の起源」「異物感覚と歴史」など。著書に『和辻哲郎――人格から間柄へ』（講談社学術文庫）。

現成公按 GENJOKOAN

〈『全集』第一巻　ただし「現成公案」は「現成公按」に改めている〉

(1)　When all dharmas are the Buddha Dharma, there is delusion and realization, practice, life and death, buddhas and living beings.

すべての法が仏法である場合に、迷いがあり悟りがあり、修行があり、生と死があり、ブッダたちと衆生がいる。

諸法の仏法なる時節、すなはち迷悟あり、修行あり、生あり、死あり、諸仏あり、衆生あり。

(2)　When the ten thousand dharmas are without [fixed] self, there is no delusion and no realization, no buddhas and no living beings, no birth and no death.

万法が（固定された）自己なしでいる場合、迷いもなくさとりもなく、ブッダたちも衆生もおらず、生もなく死もない。

万法ともにわれにあらざる時節、まどひなく、さとりなく、諸仏なく、衆生なく、生なく、滅なし。

(3)　Since the Buddha Way by nature goes beyond [the dichotomy of] abundance and deficiency, there is arising and perishing, delusion and realization, living beings and buddhas.

仏道はそもそも豊かさと乏しさ（の二分法）を超越しているので、生ずることがあり、滅することがあり、迷いとさとりがあり、衆生とブッダたちがいる。

仏道もとより豊倹《ほうけん》より跳出《ちょうしゅつ》せるゆえに、生滅あり、迷悟あり、生仏《しょうぶつ》あり。

(4)　Therefore flowers fall even though we love them; weeds grow even though we dislike them. Conveying oneself toward all things to carry out practice-enlightenment is delusion. All things coming and carrying out practice-enlightenment through the self is realization. Those who greatly realize delusion are buddhas. Those who are greatly deluded in realization are living beings. Furthermore, there are those who attain realization beyond realization and those

who are deluded within delusion.

そのように、花は私たちが愛していても散ってしまい、草は私たちが嫌悪しても生えるのである。私たち自身を動かして修行——さとりを実行させることは、迷いなのだ。すべてのものごとがやってきて、修行——さとりを私に実行させるということがさとりなのである。迷いをしっかりと明らかにするものこそがブッダたちである。さとりについてはなはだしく迷ってしまうものが衆生である。さらにまた、さとりを超えたさとりを得るものもいるし、また迷いにさらに迷うものもいる。

しかもかくのごとくなりといへども、花《はな》は愛惜《あいじゃく》にちり、草《くさ》は棄嫌《きけん》におふるのみなり。自己をはこびて万法を修証《しゅしょう》するを迷《まよい》とす、万法すすみて自己を修証するはさとりなり。迷《めい》を大悟するは諸仏なり、悟《ご》に大迷《だいめい》なるは衆生なり。さらに悟上に得悟する漢あり、迷中又迷《めいちゅううめい》の漢あり。

(5) When buddhas are truly buddhas they don't need to perceive they are buddhas; however, they are enlightened buddhas and they continue actualizing buddha. In seeing color and hearing sound with body and mind, although we perceive them intimately, [the perception] is not like reflections in a mirror or the moon in water. When one side is illuminated, the other is dark.

ブッダたちが真にブッダであるときは、彼らは自分がブッダだとは感じる必要がない。そうでありながら彼らはさとりを得たブッダたちであり、ブッダを実現化することを続けているのである。身と心で色を見て、音を聞くときに、その色や音を親しく感じるのであるが、（その知覚は、）鏡がものを映すようなものではなく、また水が月を映すときのようではないのである。片方が照らされれば、片方は暗くなるからだ。

諸仏のまさしく諸仏なるときは、自己は諸仏なりと覚知することをもちいず。しかあれども証仏なり、仏を証しもてゆく。身心《しんじん》を挙《こ》して色《しき》を見取《けんしゅ》し、身心を挙して声《しょう》を聴取《ちょうしゅ》するに、したしく会取《えしゅ》すれども、かがみにかげをやどすがごとくにあらず、水と月とのごとくにあらず。一方を証するときは一方はくらし。

(6) To study the Buddha Way is to study the self. To study the self is to forget the self. To forget the self is to be verified by all things. To be verified by all things is to let the body and mind of the self and the body and mind of others drop off. There is a trace of realization that cannot be grasped. We endlessly express this ungraspable trace of realization.

仏道を参究することとは自己を参究することである。自己を参究することとは自己を忘れることである。自己を忘れることとは万法に証明されることである。万法に証明されることとは、自己の身と心、他者の身と心を脱け落とすことである。それ自体を把捉することができないさとりの軌跡は存在する。われわれはこの把捉することができないさとりの軌跡を、限りなく表現するのである。

仏道をならふといふは、自己をならふなり。自己をならふといふは、自己をわするるなり。自己をわするるといふは、万法に証せらるるなり。万法に証せらるるといふは、自己の身心および他己の身心をして脱落せしむるなり。悟迹《ごしゃく》の休歇《きゅうかつ》なるあり、休歇なる悟迹を長長《ちょうちょう》出《しゅつ》ならしむ。

(7) When one first seeks the Dharma, one strays far from the boundary of the Dharma. When the Dharma is correctly transmitted to the self, one is immediately an original person.

If one riding in a boat watches the coast, one mistakenly perceives the coast as moving. If one watches the boat [in relation to the surface of the water], then one notices that the boat is moving. Similarly, when we perceive the body and mind in a confused way and grasp all things with a discriminating mind, we mistakenly think that the self-nature of the mind is permanent. When we intimately practice and return right here, it is clear that all things have no [fixed] self.

人が始めに法を求めようとするときには、その人は法の境界からはるか遠いところに留まっている。法が正しく自己に伝えられたときには、その人はすぐさま本来の人物となる。

人が、舟に乗りこんで岸を見てみると、岸が動いているように誤って感じてしまう。舟そのものを（水面との関係で）見れば、舟が動いていることがわかるのである。同じように、私たちが自分の身と心とを、取り違えたやりかたで知覚し、区別する心でもってすべてのものごとを捉えてしまうと、私たちは、自己の心性が永久なものであると誤って考えてしまうのだ。親しく修行を行い、今ここに帰るならば、すべてのものごとには、（固定した）自己などはないことがわかるのである。

人、はじめて法をもとむるとき、はるかに法の辺際《へんざい》を離却《りきゃく》せり。法、すでにおのれに正伝《しょうでん》するとき、すみやかに本分人《ほんぶんにん》なり。

人、舟にのりてゆくに、目をめぐらしてきしをみれば、きしのうつるとあやまる。目をしたしく舟につくれば、舟のすすむるをしるがごとく、身心を乱想して万法を辧肯《べんこう》するには、

自心自性は常住なるかとあやまる。もし行李《あんり》をしたしくして箇裡《こり》に帰《き》すれば、万法のわれにあらぬ道理あきらけし。

(8)　Firewood becomes ash. Ash cannot become firewood again. However, we should not view ash as after and firewood as before. We should know that firewood dwells in the dharma position of firewood and has its own before and after. Although before and after exist, past and future are cut off. Ash strays in the position of ash, with its own before and after. As firewood never becomes firewood again after it has burned to ash, there is no return to living after a person dies. However, in Buddha Dharma it is an unchanged tradition not to say that life becomes death. Therefore we call it no-arising. It is the established way of buddhas' turning the Dharma wheel not to say that death becomes life. Therefore, we call it no-perishing. Life is a position in time; death is also a position in time. This is like winter and spring. We don't think that winter becomes spring, and we don't say that spring becomes summer.

薪は灰となる。灰は薪になることはできない。しかし、灰が後で薪が先だと見るべきではないのだ。薪は薪のダルマの位置に生きていて、それ自体の前と後とを持っているのである。前と後とは存在するが、過去と未来は切断されている。灰は灰の位置に留まっていて、それ自身の前も後もある。薪は燃えて灰になってしまってからふたたび薪となることが決してないように、人が死んでのちに生き返ることはない。しかしながら、仏法において、生が死になると言わないのは、変わることのない伝統なのである。このために、これを不生と言うのである。死が生になると言わないのは、ダルマの車輪をブッダが回す方法として確立されているのだ。そのために、これを不滅と言うのである。生は一時の位置であり、死もまた一時の位置である。これは冬と春のようなものだ。われわれは冬が春になると考えないし、春が夏になるとは言わないのだ。

たき木、はいとなる、さらにかへりてたき木となるべきにあらず。しかあるを、灰はのち、薪はさきと見取《けんしゅ》すべからず。しるべし、薪は薪の法位に住して、さきあり、のちあり。前後ありといへども、前後際断《ぜんごさいだん》せり。灰は灰の法位にありて、のちあり、さきあり。かのたき木、はいとなりぬるのち、さらにたき木とならざるがごとく、人のしぬるのち、さらに生《しょう》とならず。しかあるを、生の死になるといはざるは、仏法のさだまれるならひなり、このゆえに不《ふ》生《しょう》といふ。死の生にならざる、法輪のさだまれる仏転なり、このゆえに不滅といふ。生も一時のくらいなり、死も一時のくらいなり。たとへば冬と春とのごとし。冬の春となるとおも

はず、春の夏となるといはぬなり。

(9) When a person attains realization, it is like the moon's reflection in water. The moon never becomes wet; the water is never disturbed. Although the moon is a vast and great light, it is reflected in a drop of water. The whole moon and even the whole sky are reflected in a drop of dew on a blade of grass or a single tiny drop of water. Realization does not destroy the person, as the moon does not make a hole in the water. The person does not obstruct realization, as a drop of dew does not obstruct the moon in the sky. The depth is the same as the height. [To investigate the significance of] the length and brevity of time, we should consider whether the water is great or small, and understand the size of the moon in the sky.

人がさとりを得るときは、ちょうど水に月が映るときのようだ。月は決して濡れることはない。水は決してかき乱されない。月は広く大きな光であるにもかかわらず、水の一滴にも映し出される。月の全体と空《そら》全体ですら、草の葉の露にも、一滴の水にも映し出されるのである。さとりが人を破壊しないのは、ちょうど月が水に穴を開けないようなものだ。人がさとりを邪魔しないのは、水滴一滴が空《そら》の月を邪魔しないようなものだ。深さが高さと同じなのだ。時間の長さと広さ（の意義を究明するために）は、われわれは、水は大きいのか小さいのかを考慮し、空の月の大きさを理解すべきである。

人の、さとりをうる、水に月のやどるがごとし。月ぬれず、水やぶれず。ひろくおほきなるひかりにてあれど、尺寸《しゃくすん》の水にやどり、全月《ぜんげつ》も弥天《みてん》も、くさの露にもやどり、一滴の水にもやどる。さとりの、人をやぶらざること、月の、水をうがたざるがごとし。人のさとりを罣礙《がいげ》せざること、滴露の、天月を罣礙せざるがごとし。ふかきことは、たかき分量なるべし。時節の長短は、大水・小水を撿点《けんてん》し、天月の広狭を辨取《べんしゅ》すべし。

(10) When the Dharma has not yet fully penetrated body and mind, one thinks one is already filled with it. When the Dharma fills body and mind, one thinks something is [still] lacking. For example, when we sail a boat into the ocean beyond sight of land and our eyes scan [the horizon in] the four directions, it simply looks like a circle. No other shape appears. This great ocean, however, is neither round nor square. It has inexhaustible characteristics. [To a fish] it looks like a palace; [to a heavenly being] a jeweled necklace. [To us] as far as our eyes can see, it looks like a circle. All the myriad things are like this. Within the dusty world

and beyond, there are innumerable aspects and characteristics; we only see or grasp as far as the power of our eye of study and practice can see. When we listen to the reality of myriad things, we must know that there are inexhaustible characteristics in both ocean and mountains, and there are many other worlds in the four directions. This is true not only in the external world, but also right under our feet or within a single drop of water.

ダルマが身と心に浸透していないときには、人はすでに十分満ちていると思ってしまう。ダルマが身と心とを満たすときには、なにかが（いまだ）欠けていると思うのである。たとえば、舟で海にこぎ出し、陸がもはや見えないときには、われわれの眼は（水平線の）四方を見るが、そのときに海はただ円いように見えるだけだ。それ以外の形が見えることはない。しかしながら広い海は、円いのでも四角でもない。海には尽くすことのない性質があるのだ。（魚にとっては）それは宮殿に見えるし、（天上の者たちにとっては）宝石の首飾りに見える。（私たちにとっては）われわれの目の届くかぎりにおいて、円く見えるのである。万法がこれと同じようなのだ。塵にまみれた世界にいるのもいないのも、そこには数えきれない側面と性質とがあるのである。私たちは、自分の参究と修行の眼が見ることのできる力の範囲で、ものを見、掴むことができるだけなのだ。万法の現実を聞くときに、海と山の両方に尽くすことのできない性質があり、さらに四方には多くの他の世界もあるということを知るべきなのである。これはただ外側の世界においてだけではなく、私たちのまさに足元の世界にも、また水の雫一滴のなかにでもあるものなのだ。

身心に、法いまだ参飽《さんぽう》せざるには、法すでにたれりとおぼゆ。法もし身心に充足《じゅうそく》すれば、ひとかたはたらずとおぼゆるなり。たとへば、船にのりて山なき海中にいでて四方をみるに、ただまろにのみみゆ。さらにことなる相、みゆることなし。しかあれど、この大海、まろなるにあらず、方《ほう》なるにあらず、のこれる海徳、つくすべからざるなり。宮殿《ぐうでん》のごとし、瓔珞《ようらく》のごとし。ただわがまなこのおよぶところ、しばらくまろにみゆるのみなり。かれがごとく、万法もまたしかあり。塵中《じんちゅう》・格外《かくがい》、おほく様子を帯《たい》せりといへども、参学眼力《さんがくがんりき》のおよぶばかりを、見取《けんしゅ》・会取《えしゅ》するなり。万法の家風をきかんには、方円とみゆるよりほかに、のこりの海徳・山徳おほくきわまりなく、よもの世界あることをしるべし。かたはらのみかくのごとくあるにあらず、直下《じきげ》も一滴もしかある、としるべし。

（11） When a fish swims, no matter how far it swims, it doesn’t reach the end of the water. When a bird flies, no matter how high it flies, it cannot reach the end of the sky. Therefore,

since ancient times, no fish has ever left the water and no bird has ever left the sky. When the bird's need or the fish's need is great, the range is large. When the need is small, the range is small. In this way, each fish and each bird uses the whole of space and vigorously acts in every place. However, if a bird departs from the sky, or a fish leaves the water, it immediately dies. We should know that [for a fish] water is life, [for a bird] sky is life. A bird is life; a fish is life. Life is a bird; life is a fish. And we should go beyond this. There is practice-enlightenment—this is the way of living beings.

魚が泳ぐときに、どれほど遠く泳いでも、水の果てに達することはない。鳥が飛ぶときに、どれだけ高く飛んでも、空の果てまで達することはできない。そのようにして、魚も鳥も、昔から水や空を離れたことはない。鳥にとっての必要性、魚にとっての必要性が大きくなれば、その（行動範囲の）広さも大きくなる。必要が小さくなれば、その（行動範囲の）広さも小さくなるのだ。こうして、魚一匹ごと、鳥一羽ごとに、空間の全体を使い、すべての場所に精力的に活動するのである。とはいえ、もし鳥が空と分かれ、魚が水を離れてしまうと、彼らはたちまちに死んでしまう。（魚にとっては）水がいのちであり、（鳥にとっては）空がいのちであると知るべきなのだ。鳥がいのちであり、魚がいのちなのだ。いのちが鳥であり、いのちが魚であるのだ。そうして私たちはここから一歩を進めなければならない。これが修行——さとりであり、生きているものの道であるのだ。

魚《うお》、水を行くに、ゆけども水のきはなく、鳥、そらをとぶに、とぶといへどもそらのきはなし。しかあれども、うを・鳥、いまだむかしよりみづ・そらをはなれず。ただ用大のときは使大なり、要小のときは使小なり。かくのごとくして、頭頭《ずず》に辺際《へんざい》をつくさずといふことなく、処処《しょしょ》に踏翻《とうほん》せずといふことなしといへども、鳥、もしそらをいづれば、たちまちに死す、魚、もし水をいづれば、たちまちに死す。以水為命《いすいいみょう》しりぬべし、以空為命《いくういみょう》しりぬべし。以鳥為命《いちょういみょう》あり、以魚為命《いぎょいみょう》あり。以命為鳥《いみょういちょう》なるべし、以命為魚《いみょういぎょ》なるべし。このほかさらに進歩あるべし。修証あり、その寿者命者《じゅしゃみょうしゃ》あること、かくのごとし。

(12) Therefore, if there are fish that would swim or birds that would fly only after investigating the entire ocean or sky, they would find neither path nor place. When we make this very place our own, our practice becomes the actualization of reality *(genjokoan)*. When we make this path our own, our activity naturally becomes actualized reality *(genjokoan)*. This path, this place, is neither big nor small, neither self nor others. It has not existed before this

moment nor has it come into existence now. Therefore [the reality of all things] is thus. In the same way, when a person engages in practice-enlightenment in the Buddha Way, as the person realizes one dharma, the person permeates that dharma; as the person encounters one practice, the person [fully] practices that practice. [For this] there is a place and a path. The boundary of the known is not clean: this is because the known [which appears limited] is born and practice simultaneously with the complete penetration of the Buddha Dharma. We should not think that what we have attained is conceived by ourselves and known by our discriminating mind. Although complete enlightenment is immediately actualized, its intimacy is such that it does not necessarily form as a view. [In fact] viewing is not something fixed.

そのようであるから、海全体、空全体を知り尽くしてからでなければ、泳ごうとしない魚、飛ぼうとしない鳥がいるならば、それらは道も場所も見つけることはできないだろう。今のこの場所を自分の場所とすることができれば、われわれの修行は生命実物の実現（現成公按）となるのだ。今のこの道を自分の道とすることができれば、われわれの活動は自然と実現化された生命実物（現成公按）となるのである。この道、この場所は、大きくもなく小さくもなく、自分のものでもなく他のものでもない。それはこの瞬間以前に存在したものでもなく、また今はじめて存在するものでもない。だからこそ（すべてのものの生命実物とは）こうなのだ。同じように、人が仏道において修行——さとりに従事しているときに、その人は一つのダルマを実現し、そのダルマに通暁しているのである。さらに、その人が一つの修行に出会ったならば、その人は（十分に）その修行を修行するのである。（このために）場所と道があるのだ。知られる境界は、はっきりとはわからない。そのわからない理由とは、（限定されて現れる）知られたものは、仏法に完全に通暁して、それと同時に生まれ、修行するものであるからだ。われわれが得たものが、われわれによって知覚され、われわれの分別する心でもって知られると考えるべきではない。完全なさとりはすぐさま実現するが、その親密さは、必ずしも、目に見えるものとしてかたちをなすのではない。（事実として）見方は固定したなにかではないのだ。

しかあるを、水をきわめ、そらをきわめてのち、水・そらをゆかんと擬《ぎ》する鳥魚あらんは、水にもそらにも、みちをうべからず、ところをうべからず。このところをうれば、この行李《あんり》したがひて現成公按す。このみちをうれば、この行李したがひて現成公按あり。このみち、このところ、大にあらず小にあらず、自にあらず他にあらず、さきよりあるにあらず、いま現ずるにあらざるがゆえに、かくのごとくあるなり。しかあるがごとく、人もし仏道を修証

するに、得一法通一法《とくいっぽうつういっぽう》なり、遇一行修一行《ぐういちぎょうしゅいちぎょう》なり。これにところあり、みち通達《つうだつ》せるによりて、しらるるきはのしるからざるは、このしることの、仏法の究尽《ぐうじん》と同生《どうしょう》し同参するがゆえに、しかあるなり。

得処《とくしょ》かならず自己の知見となりて、慮知《りょち》にしられんずるとならふことなかれ、証究《しょうきゅう》すみやかに現成すといへども、密有《みつう》かならずしも見成《げんじょう》にあらず。見成これ何必《かひつ》なり。

(13) Zen Master Baoche of Mt. Magu was waving a fan. A monk approached him and asked, "The nature of wind is ever present and permeates everywhere. Why are you waving a fan?"

The master said, "You know only that the wind's nature is ever present—you don't know that it permeates everywhere."

The monk said, "How does wind permeates everywhere?"

The master just continued waving the fan.

The monk bowed deeply.

The genuine experience of Buddha Dharma and the vital path that has been correctly transmitted are like this. To say we should not wave a fan because the nature of wind is ever present, and that we should feel the wind even when we don't wave a fan, is to know neither ever-presence nor the wind's nature. Since the wind's nature is ever present, the wind of the Buddha's family enables us to realize the gold of the great Earth and to transform the [water of] the long river into cream.

麻谷山の宝徹禅師が、扇を使っている。一人の僧がやってきて彼に問うた。「風の性質は常に存在し、あらゆるところに浸透しています。なんで扇をあおぐのですか。」

師は言った。「お前は、風の性質が常に存在していることだけは知っているが、あらゆるところに浸透しているということは知らないな。」

僧は言った。「風があらゆるところに浸透しているとはどんなことでしょうか。」

師はただ扇をあおいでいるだけであった。

僧は深く礼をした。

仏道の純粋な経験と、正しく伝えられた生きた道とはこのようである。風の性質が常に存在しているので扇をあおがなくてよいと言ったり、自分たちが扇をあおがないときにも風を感じるべきだと言うのは、常に存在するということも、風の性質ということも知らないのである。風の性質は常に存在しているのであるから、ブッダの家族の風は、われわれに、大地の黄金を実現させ、長い河（の水）をクリームに変えさせ

るのである。

麻谷《まよく》（浴）山宝徹《ざんほうてつ》禅師、あふぎをつかふちなみに、僧きたりてとふ、風性常住《ふうしょうじょうじゅう》、無処《むしょ》不周《ふしゅう》なり、なにをもてかさらに和尚あふぎをつかふ。師云く、なんぢただ風性常住をしれりとも、いまだところとしていたらずといふことなき道理をしらず、と。僧曰く、いかならんかこれ無処不周底《てい》の道理。ときに、師、あふぎをつかふのみなり。僧、礼拝す。

仏法の証験《しょうげん》、正伝の活路《かっろ》、それかくのごとし。常住なればあふぎをつかふべからず、つかはぬおりも風をきくべきといふは、常住をもしらず、風性をもしらぬなり。風性は常住なるがゆえに、仏家《ぶっけ》の風《ふう》は、大地の黄金なるを現成せしめ、長河の蘇酪《そらく》を参熟《さんじゅく》せり。

The First Chapter of Shōbōgenzō (The True Dharma Eye Treasury)

Genjōkōan (Actualization of Reality)

『正法眼蔵（真の法眼の宝蔵）』の第一章　「現成公按（生命実物の実現）」

正法眼蔵現成公按第一

This was written in mid-autumn in the first year of Tenpuku era [1233] and given to my lay disciple, Yō Kōshu, who lived in Chinzei (Kyūshū).

これは天福時代の最初の年（1233年）の秋のさなかに書かれ、鎮西（九州）に住んでいた在家の弟子の楊光秀に与えられた。

これは天福元年中秋のころ、かきて鎮西の俗弟子楊光秀にあたふ。

Compiled in the fourth year of Kenchō [1252]

建長時代の第四年目（1252年）に編集した。

建長壬子拾勒

宏智禅師「坐禅箴」ZAZENSHIN

〈原漢『全集』第一巻 113 頁〉

The essential-function of each buddha and the functioning-essence of each ancestor.

それぞれのブッダたちの本質的はたらきと、それぞれの祖師たちのはたらきの本質

仏仏《ぶつぶつ》の要機《ようき》、祖祖《そそ》の機要《きよう》

Knowing without touching things,

ものごとに触れることなく知る

事《こと》に触《ふ》れずして知り

Illuminating without facing objects,

対象に対面することなく照らし出す

縁《えん》に対《たい》せずして照らす

Knowing without touching things—the wisdom is by nature inconspicuous.

ものごとに触れることなく知る——その智慧は自然に目立たない

事に触れずして知る、其《そ》の知《ち》、自《おのずか》ら微《び》なり

Illuminating without facing objects, the illumination is by nature subtle.

対象に対面することなく照らし出す——その照明は自然に微妙である

縁に対せずして照す、其の照《しょう》、自ら妙《みょう》なり

The wisdom, by nature inconspicuous, never has discriminative thoughts.

自然に目立たない智慧は、分別する思考を全く持っていない

其の知、自ら微なるは、曾《かつ》て分別《ふんべつ》の思い無し

The illumination, by nature subtle, never has the slightest separation.

自然に微妙な照明は、わずかの分離も全くない

其の照、自ら妙なるは、曾て毫忽《ごうこつ》の兆《ちょう》無ければなり

The wisdom that never has discriminative thoughts has no dichotomy but sees oneness.

分別する思考を全く持っていない智慧は、二分法に陥らず一なるものを見る

曾て分別の思い無く、其の知、偶《ぐう》すること無《の》うして奇《き》なり

The illumination that never has the slightest separation has no attachment, but is evident.

わずかの分離も全くない照明は、執著することなく明らかである

曾て毫忽の兆無く、其の照、取ること無うして了《りょう》なり

The water is clear to the bottom; a fish is swimming slowly, slowly.

水は底まで透き通っている、魚はゆっくり、ゆっくり泳いでいる

水《みず》清《きよ》うして底《そこ》に徹《とお》り、魚《うお》行いて遅《ち》遅《ち》たり

The sky is infinitely vast; a bird is flying far, far away.

空は限りなく広大である、鳥は遠く、遠く飛んでゆく

空《そら》闊《ひろ》うして涯《かぎ》りなく、鳥《とり》飛《と》んで杳《よう》杳《よう》たり

道元禅師「坐禅箴」ZAZENSHIN

〈原漢 同 117 頁〉

The essential-function of each buddha and the functioning-essence of each ancestor--
それぞれのブッダの本質的働きと、それぞれの祖師の働きの本質
仏仏の要機、祖祖の機要

Being actualized within not-thinking,
考えの及ばないうちで実現されてゆく
不思量《ふしりょう》にして現《げん》じ

Being manifested within not-interacting.
相互に作用しないうちに明らかにされる
不回互《ふえご》にして成《じょう》ず

Being actualized within not-thinking, the actualization is by nature intimate.
考えの及ばないうちで実現されてゆく——その実現は自然で親しいものである
不思量にして現ず、其の現《げん》、自ずから親しし

Being manifested within not-interacting, the manifestation is itself verification.
相互に作用しないうちに明らかになる——その明確化はそれ自体証明である
不回互にして成ず、其の成《じょう》、自ずから証なり

The actualization, by nature intimate, never has defilement.
自然で親しい実現は、いままで汚されたことはない
其の現、自ずから親しし、曽《かつ》て染汚《ぜんな》無《な》し

The manifestation, by nature verification, never has distinction between absolute and relative.
自然な証明による明確化は、いままで絶対と相対とを区別されたことはない
其の成、自ずから証なり、曽て正偏《しょうへん》無《な》し

The intimacy without defilement is dropped off without relying on anything.

汚れがない親しさは、なにかに頼ることがなく脱落している

曽て染汚無きの親、其の親、委すること無うして脱落《だつらく》す

The verification beyond distinction between absolute and relative is making effort without aiming at it.

絶対と相対の区別を超えた証明は、狙うところのない努力である

曽て正偏無きの証、其の証、図《はか》ること無うして功夫《くふう》す

The water is clear to the earth; a fish is swimming like a fish.

水は地面まで透き通っている、魚は魚のように泳ぐ

水清《みずきよ》うして地に徹す、魚行《うおい》いて魚に似《に》たり

The sky is vast, extending to the heavens; a bird is flying like a bird.

空は広大で、天まで広々している、鳥は鳥のように飛んでいる

空闊《そらひろ》うして天に透《とお》る、鳥飛《とりと》んで鳥の如《ごと》し